# 我的
# 经济学思维课

张军 / 著

人民东方出版传媒
东方出版社

图书在版编目（CIP）数据

我的经济学思维课/张军 著.—北京：东方出版社，2020.6
ISBN 978-7-5207-1486-0

Ⅰ.①我… Ⅱ.①张… Ⅲ.①经济学—通俗读物 Ⅳ.①F0-49

中国版本图书馆CIP数据核字（2020）第041649号

我的经济学思维课
（WO DE JINGJIXUE SIWEI KE）

| 作　　者： | 张　军 |
| --- | --- |
| 责任编辑： | 李　烨 |
| 出　　版： | 东方出版社 |
| 发　　行： | 人民东方出版传媒有限公司 |
| 地　　址： | 北京市西城区北三环中路6号 |
| 邮　　编： | 100120 |
| 印　　刷： | 北京联兴盛业印刷股份有限公司 |
| 版　　次： | 2020年6月第1版 |
| 印　　次： | 2021年12月第6次印刷 |
| 开　　本： | 880毫米×1230毫米　1/32 |
| 印　　张： | 13.25 |
| 字　　数： | 229千字 |
| 书　　号： | ISBN 978-7-5207-1486-0 |
| 定　　价： | 68.00元 |
| 发行电话： | （010）85924663　85924644　85924641 |

版权所有，违者必究
如有印装质量问题，我社负责调换，请拨打电话：（010）85924602　85924603

# 目　录

| 序　幕 |

推荐语……………………………………………… 003
推荐序　张军 vs 吴晓波：看破朋友圈中的经济谣言 …… 007
序　和大师对话，掌握最精华的经济学思想………… 051
导论　打好地基：经济学的核心概念………………… 057

| 第一部分 |
## 公司是如何运用经济规律的？

比起含金量，学历更多是一种信号………………… 067
高薪背后隐藏的逻辑………………………………… 073
人力资本：教育给你的回报有多大？……………… 079
ofo 破产都怪阿里腾讯？…………………………… 086
委托代理："胡萝卜加大棒"是有效管理吗？……… 092

交易成本：公司的规模是怎么决定的？……………… 099
有限理性：决策者不可能全知全能，怎么办？………… 107
MM 定理：公司缺钱，应该借钱还是发股票？………… 115

| 第二部分 |
## 家庭生活也离不开经济学思维

两个孩子分蛋糕，怎么做到每个人都满意？………… 125
婚姻是一份合同，什么条件下应该签？………………… 132
家庭其实是个分工协作单位………………………………… 139
"要不要生孩子"的收益成本分析 ………………………… 145
犯罪是一种理性的职业选择？……………………………… 153

| 第三部分 |
## 投资要掌握的经济常识

应对投资风险，先理解什么是分散投资………………… 163
有效市场理论：股票价格到底反映了什么？…………… 173
股市泡沫是怎么来的？……………………………………… 182
期权价格：怎么给看不到的未来定价？………………… 192

行为经济学："避害"比"趋利"更重要？ ……………… 200

替代效应：苹果涨价了我们会吃更多梨吗？ …………… 208

市场失灵：同一件商品，为何在不同店里价差可能

　很大？ ……………………………………………………… 216

逆向选择：经济学家为什么说二手车市场注定失败 …… 222

信息不对称：银行为了赚钱，为什么不把贷款利息定得

　高一点？ …………………………………………………… 229

价格发现：市场是怎么确定商品价格的？ ……………… 238

| 第四部分 |

## 贫富的陷阱

穷者恒穷的因果循环 ……………………………………… 249

造成饥荒的原因从来不是食物不够 ……………………… 255

农民穷是因为缺乏知识和经济头脑吗？ ………………… 262

二元经济：欣欣向荣的城市和萧条停滞的农村为什么

　共存？ ……………………………………………………… 270

制度的作用：富裕与贫穷的分流 ………………………… 276

| 第五部分 |

# 看懂宏观经济

中国人储蓄率高不是因为更节约……………………… 287

增长模型：效率是经济增长的神秘因素………………… 295

失业是个自然现象吗？……………………………………… 303

物价上涨都是因为钱变多了吗？………………………… 311

经济波动每二十年一个周期？…………………………… 318

政府干预能在多大程度上抚平经济波动？…………… 325

平等和效率是矛盾的吗？………………………………… 332


| 第六部分 |

# 政治也会用到经济学思维？

意大利黑手党都逃脱不了的"路径依赖"是什么？……… 341

如何让自己变得更有领导力？……………………………… 347

博弈论：威慑战略与边缘政策……………………………… 353

为什么论资排辈没有看上去这么糟糕？………………… 359

## 第七部分
# 为什么会出现全球化？

生产率最低的国家也能从国际贸易中获益·············· 369
为什么国际贸易大量发生在发达国家之间？·············· 376
汇率：蒙代尔不可能三角·············· 384
棉花种植、奴隶制与美国内战·············· 390
结语　让经济学帮你更好地决策·············· 397

# 张军下午茶

马丁·沃尔夫：美国并不过分依赖中国市场·············· 405
匈牙利经济学家为何能深刻影响中国？·············· 408

后记·············· 414

# 序 幕

# 推荐语

经济学是一门研究如何在一定限制条件下做选择的科学，其道至简，其用至广，大到国家战略，小到日常衣食住行，处处皆有经济学。张军教授是一位通悟经济之道的学者，聆听他的一堂课，可收胜读十年书之效。

**林毅夫　著名经济学家、北京大学新结构经济学研究院院长**

张军教授是经济学家，学术造诣精深，也桃李满天下。今天他推出经济学思维课，把三十多年的经济学研究和教学的精华汇集一起，让更多朋友受益，这是张教授做的又一件了不起的事！我极力推荐张军教授的课。

**陈志武　香港大学冯氏讲席教授与亚洲环球研究所所长、原耶鲁大学金融学终身教授**

虽然现实中中国经济学并没有所谓"南派""北派"这一分法，但我觉得张军教授的身上还是有着一些南派的、南方的特质——他非常理性、专业，而且对于理论和生活之间的结合有着深刻的洞察，没有很强烈的意识形态色彩。

多年以来，我一直在关注张军教授的经济学研究，以及基于他的研究，对于社会，对于经济政策，对于我们的资本市场、金融等方方面面的一些洞见。

作为他的校友，也是长期的关注者，我希望大家都能够有机会看到这么好的内容。

秦朔　资深财经媒体人、商业文明联盟创始人、<br>秦朔朋友圈发起人

今天我要为一位经济学界的大咖张军教授打 call，张教授是复旦经济学院的院长，是我的好朋友，也是我的好老师。

提到经济学家，公众往往有很多的误解。比如有个经典的故事，说一个物理学家、一个化学家和一个经济学家，大家被困在一个孤岛上，孤岛上只有一个罐头，大家只有打开这个罐头才能够活下去。物理学家就开始想办法制造一个杠杆或者一把撬刀；化学家开始寻找一些化学成分，看看能不

能制造一些炸药，希望能把这罐头炸开；而经济学家坐在那里说，假设我现在有一把开罐头的刀……这是一个调侃，意味着经济学家们喜欢务虚，喜欢沉浸在自己的世界里，不接地气。但是，和前面这些误解恰恰相反的就是，张军教授在经济学界的造诣和他的风格。张教授之前最为公众所知晓的，应该就是他关于中国统计数据的一些深刻思考，他认为根据他的一些研究，可以证明中国现在一些核心的宏观经济数据，包括固定资产投资这样非常重要的数据其实是存疑的——这是一个经济学家的精神和良心所在。更重要的是很多人虽然学的是经济学，但是发现经济学虚无缥缈，很难解决我们生活当中的现实问题。比如说经济下行了，经济学教材会告诉你，我们之前遇到过经济下行，会出现"口红效应"，会出现"裙摆效应"，会出现经济和金融的危机，政府会逆周期去调控，会有货币因子……听懂了吗？其实听不懂。

还好，我们知道有一些经济学的大家，他们会为我们解读一下，真正的经济学的逻辑和概念在我们日常生活当中会有什么样的应用。比如星巴克推出一款杯子叫作猫爪杯，现在非常畅销，原来定价200元的杯子，现在市场当中的交易价格已经到了上千元，这背后有可能就是一个比较有趣的经济现象。

当然，我对这些现象的理解和案例的解读是远达不到张军教授的水平的。读者可以看看张军教授在这本书中所列出来的教学案例，涉及职场、家庭，以及事业的发展，希望这门课程能让经济学的理论和逻辑在读者的日常生活当中生根发芽。

**马红漫　著名财经主持人、财经评论家**

# 推荐序
# 张军 vs 吴晓波：看破朋友圈中的经济谣言

**主持人：**今天我们请到了两位重磅嘉宾，一位是著名经济学家、教育部长江学者、复旦大学经济学院院长张军老师，另一位是著名财经作家、中国企业史研究第一人吴晓波老师。

先请教一下，张老师您开设的普及性经济学课程，给本科生上了多久？

**张军：**三十年。

**主持人：**您估算一下有多少人听过？

**张军：**这个数字应该是很大的，基础课多的时候会有几百人同时听课，而我在这三十年间的经济学基础教学基本上没有中断过，累计听课人数应该不少。

**主持人：**张军老师的经济学思维课在学校里面就已经经过同学、老师三十年的共同检验，而现在它即将走出校门，拿到线上，拿到课堂外。我想知道张老师在做这样一门课程的时候，有什么样的个人心得体会和想法想要传达给我们普通的受众？

**张军：**这门线上课程对我来说包含着很多挑战，首先就是眼前没有学生面对我。当你走进教室，看到乌压压一片的学生时，就会有一种成就感。假如我现在要跟学生讲课，身后有好几块黑板可以很潇洒地写板书，我就希望写点东西。但是网上授课就很不一样，实际上我是给自己讲课，这令我很不适应。其次，网课的时间限制要求老师要在十几分钟里面讲明白一个非常重要的概念或理论。在十几分钟之内讲明它的来源、含义，精巧的地方，我觉得能做到这点是很难的。过去或许一个概念我可以讲五六节课，现在我却要用十几分钟去完成这个任务，所以我觉得讲好这门网课蛮难的，是一项巨大的智力挑战。

**主持人：**张老师为这门课程花费了很多的心血。张老师说，走进课堂，底下都是学生期盼的目光，其实现在隔着网络的那一边也有期盼的目光。晓波老师做节目的经验就更多一点，从您的角度来讲，比如您在做经济史研究时，可能会发现在课程前期有很多听众提到，大家很需要，特别是非经济学专业毕业的听众朋友很需要具备经济学思维。那么，您如何看待张老师开设的这门经济学思维课？

**吴晓波：** 张老师开设这门课真的是一件特别不容易的事情。我是做媒体出身的人，我长期写作是面对一般的公众，而张老师面对的主要是学生，当然大部分是经济学院的学生，或者是企业家、或者是官员，他的受众圈长期处在特别精英的状态。知识付费浪潮兴起的这两年以来，我对一件事感受很深：我感觉知识永远在阁楼里面生产，但是原料却从田野中产生，最终孤独地在阁楼中加工成知识。而知识付费则是一个共享的广场，中国有很多知识分子待在阁楼上不愿意下来——愿不愿意下来是一个事，能不能下来是另一个事，还不一定下得来。张老师的课未来可能会有几万人甚至十几万人来听，我认为这实际上就是一个知识分子从阁楼下到广场里面普及经济学知识的过程。因为经济学本身就是一个跟现实生活有关的事情，它跟交易有关，跟价格有关，跟时间有关，跟价值有关，而对这些因素的研究最终会汇聚于消费。无论生产思想还是生产茶杯，只要发生购买就会产生交易，所以我觉得经济学实际上是一门特别务实的学科，但是真正能够跟老百姓，跟每一个普罗大众讲清楚经济学理论也是件挺难的事。张老师开这门课，在我看来是大家的福分。

**张军：** 我也是鼓足了勇气。

**吴晓波：** 刚才张军老师讲到面对着一个喇叭讲课特别难，我深有体会。我讲《每天听见吴晓波》的速度比平时外出做讲座的速度快大概三分之一到三分之二。话赶话，但是台下没人回应是一件特别痛苦的事。

## 股市的信心

**主持人：** 刚刚晓波老师讲得很有意思，把线上课比作从阁楼下到广场上。听两位老师说起才发现，平日张老师、晓波老师在家里对着器材在录节目，其实就是在阁楼里做着广场上的事。房间虽小但是效果堪比广场宣讲，具有启蒙的意义和普世的价值。而经济学思维对我们普通人来说也是十分需要的，所以刚刚晓波老师的评论可以说是非常务实的。

两个月前我跟晓波老师还做过一次活动，当时也问过您关于宏观经济的问题。我们现在从晓波老师这里开始提问。您当时提出接下来面对经济问题的关键词是"信心"，而今天的对话主题是"带你看破朋友圈的经济谣言"。举个例子，这两天炒股的朋友就很有信心。从您的角度看到这些经济现象的时候，比如看到股票这两天的走势，您会有怎样的观感？

**吴晓波：** 大家都知道我是做产业经济研究的，至少从我接触的企业家朋友来看，我认为现在中国经济的基本面还不算好。我举两个简单的例子：第一个是我前两天剪头发，问理发店的朋友生意好不好。他说不好，原来理发的顾客都办8000元的年卡，现在都办短期的季卡。办年卡的8000元没有了，而办一张季卡最多2000元，由于不确定性增加，理发的消费减少了四分之三。第二个例子是我有一个朋友在杭州开一家便民餐厅，人均消费大约是五六十元，原来一天翻三桌，现在一天只翻两桌。至少从这些剪头发、开餐厅等最基本面的东西来看，产业的基本面还不算好。但是股票趋势好起来了，突破了3000点。股票好来自另外一层的信心，大家对政策有信心，未来会有很多的减税？未来对股市会不会更加放松？或者现在的科创板要出来了，未来会不会有更多的社保资金进入股市？等等。大家的信心来自对政策的预期，所以我觉得这一轮的牛市，是挺脆弱的。

**主持人：** 张老师对这个问题怎么看？张老师上课的时候会不会讨论到这些？

**张军：** 刚刚晓波讲股市好坏都是取决于大家信什么东西，这是有一定道理的。这次大家看到政策的基本面会有一些改变，但是经济的基本面其实压力很大，在这次（2019年）的政府工作报告中，李克强总理也谈到经济下行压力依然非常大，政府无非在托住一个底而已。现在和过去不一样，过去政府一直压顶防止经济过热，担心经济往上冲，我们把它压下去；现在经济老往下掉，政府只能托个底，保持一定的增长。所以这几年经济的增长还是比较保守的。

**吴晓波：** 增长率保持在 6.6%—6.9% 之间。

**张军：** 反正是在 6.5% 左右，就是托住整个基本面而已，目前整体经济还没有实质性的回升。如果持续几年经济低迷，就会发生整体的就业的问题，现在就业压力很大，这次李克强总理也强调要把就业放在最优先的位置。然后说说收入的增长，实际收入的增长肯定是逐年地下降。大家开始觉得未来有一些不明朗，或者说接下来经济到底怎么样我们都不知道，这个时候个人、家庭、企业都要调整支出的结构或者预算，所以出现了晓波谈到的理发店都能感觉到年卡没有市场了，现在顾客倾向于季卡，大家开始变得短期化，因为看不清楚半年以后的情况。这次的股市利好我感觉可能跟货币政策的宽松有一点关系，包括海外离岸市场的资金也会进来享受政策红利。我觉得还有一个重要的原因就是科创板概念的兴起，由于我们未来要推出科创板，但是现在 2000 多点的股市市值不足以支持科创板发展，我们总是希望股市在科创板开盘之前能够先热起来，然后慢慢地营造一个科创板所需要的基本氛围。在这次股市利好中科创板肯定扮演了很重要的角色，至少在每个投资者的心目中觉得现在科创板要推出，股市肯定要好，不好这个科创板是出不来的，这种心理在市场上也支配了很多人的行为。

**吴晓波：** 在经济学界很少讨论股票是会涨还是会跌，但是经济学家其实研究过这个问题。我记得2013年诺奖得主是两个做市场分析的经济学家，一个是芝加哥大学教授尤金·法玛（Eugene F. Fama），另一个是耶鲁的教授罗伯特·希勒（Robert J. Shiller）。他们两个"死对头"吵了三十年，一个支持有效市场假说，一个认为市场是非理性繁荣。有效市场假说认为在公开股票市场上，资本市场上所有的价格都是透明的，所有的投资者都是理性的，市场信息都是公开的，你不用猜测企业表现怎么样，股票价格已经完全反映了企业的好坏。非理性繁荣则认为这都是不可能的，市场信息是不可能完全公开的，投资人也是不可能完全理性的，企业行为存在着巨大的不确定性，认为即便有繁荣也是非理性的繁荣。这两个经济学界中非常极端的持相反意见的教授，在2013年却同时获得了诺贝尔经济学奖。

**张军：** 2016 年希勒教授到上海访问时我和他有一场类似这样的对话。我开头就问他，尤金·法玛跟你的看法是完全相反的，为什么诺贝尔奖委员会会同时颁奖给你们两个人？我觉得他们两个人的理论都对，只是每个人都只讲了这个市场的一部分现象而已。主流的看法就是人是理性的，所以市场上不可能有泡沫，所有的东西对市场的影响都会被价格吸收掉，股市价格应该会反映所有的东西。有效的概念是指所有的东西，包括所有的政策出台、谣言传播，都会对股市产生影响，股市会吸纳所有的东西加工成价格信号反映出来。希勒直到现在还是对整个市场运作当中个人的行为有一些不同的看法，他认为人有一点动物精神，会有羊群效应，所以每个人对股市都并不是十分了解，只是跟随其他人行动而已，于是就会出现追高杀跌的现象。

**吴晓波：** 股票的长期波动对个体投资人是没有意义的，在长期理性环境下购买的价值型股票在短期甚至会有不小的亏损，人们往往会因为股票短期的表现做出非理性的决策。

**张军：** 你可以将尤金·法玛理解为一个市场的原教旨主义者，从长期来讲市场一定是具有价格反映的功能，但是他的理论对投资者没有指导意义，投资者只看眼下的收益，就像凯恩斯说过"在长期我们都不在了",所以我觉得他们的理论都对。

**吴晓波:** 经济学是一个特别有趣的学科,所有的议题都来自我们生活中的每一件事情。亚当·斯密(Adam Smith)的理论来自商品的交易,那时候盛行自由贸易,他研究自由贸易从而写出了《国富论》;像希勒、尤金·法玛的理论源泉是股票,股票怎样从经济学的角度来解释,有各种各样的理论。经济学特别有趣的地方、特别烧脑的地方也是在这里。

## 经济学家是最冷血的

**主持人:** 张老师,刚刚讲到人是非理性的甚至是有些盲目的,在现在基本面不是太乐观的环境当中,我认为投资者会有两种想法,一种是回归理性,一种是走向悲观。回归理性在我们看来某种程度上也是回归到知识本身,用更理性的方法看待经济现象。在您做这门课程的过程中有没有想过,包括刚才讲到的股票,接下来会提到的房价现象,我们普通人应该如何把经济学的思维应用到现在的经济现象分析中?

**张军:** 经济现象是无穷的,会出现很多的改变。我们谈论同样一个话题,可能明天看到的东西跟今天是不一样的,所以经济世界是一个多变的世界。但是经济学是不变的,最基本的看待经济现象的概念框架是不变的。我记得张五常老先生讲过一句话，经济学即使将所有东西都扔掉，有两样东西也不能扔掉——供给和需求。通俗讲就是买和卖，因为市场是不能消灭的。计划经济试图取缔各种各样的交易，但是黑市还是会猖獗。我们现在看到很多"黄牛"，就是因为所有管制的东西背后还是有交易，只不过躲在暗处而已。我觉得这点是很重要的，因为市场是消灭不了的，只是改变它的形态或者形式，只要有市场就有买卖，有买卖就有经济学。经济学就是供给和需求，我们刚才讲的股票市场上其实也有供给和需求，只是我们在任何市场上都看不见供给线和需求线在哪里。如果我们学了经济学，脑子里面就会有供给线和需求线，所有影响股市的，外部、外生的东西都会让需求改变，从而需求线会移动，需求线移动就可以解释很多市场的现象。所以应用经济学思维是不难的，但是你要始终保持头脑的芯片当中要有这两条线，尽管现实中没有一个市场上能够找到这两条线。供给和需求只是一个概念，但是这个概念非常有用，这就是经济学厉害的地方。

**主持人：** 在变化万千的经济现象背后有着亘古不变的真理。晓波老师您接触过很多经济现象，对很多即时发生的经济现象或者经济事件都有迅速的反应，您自己头脑中的这两根线是什么？

**吴晓波**：我头脑中也有经济学的分析框架。刚才张军老师讲到在经济学里面有供给和需求的工具，而我们研究企业有的时候也会应用各种各样的工具。比如说我们会看周期，经济有经济周期，具体到某个产业讲就是产业周期。我前两天到一个鞋厂调研——我二十多年前就去泉州做过鞋子的调研，泉州的鞋厂是三十多年前从韩国和中国台湾转移过来的——今天我去看它的鞋子的时候就会联想到二三十年的制鞋历史。我也会了解为什么有些鞋厂今天去了越南，有些还留在泉州，留在泉州的哪些鞋厂效益好，哪些可能已经破产倒闭，这些问题我就会从产业周期角度去看。有的时候还有企业分析，一家存续十八个月的企业和一家存续十八年的企业肯定是不一样的，企业有其发展的生命周期，这些都是在经济学或者管理学中经过了很多学者研究验证的东西。这些工具，比如我讲的企业生命周期、产业生命周期、宏观波动周期，张军老师讲的供给—需求曲线等，都不是我们发明的，都是学堂里面的东西。但是把它们应用到生活中，对我们的工作、职业就会有帮助，我们会慢慢地变得趋于理性。

**主持人：** 张军老师，我们这门经济学思维课肯定不会仅仅是一门简单的经济学知识课，您准备怎么在课程当中把经济学的思维方式，比如您说的两条曲线教给大家？

**张军：** 思维听起来好像是一个很简单的事情，但是真的要习惯用经济学来思考问题其实不容易。

**吴晓波：** 思维更偏工具化。

**主持人：** 思维更偏向方法论的角度。

**张军：** 我觉得思维就是一个看问题的视角。其实我时常提醒自己要保持经济学思维，比如说我经常接受媒体的采访，就要提醒自己作为经济学家谈这个问题跟其他人有什么不同，我觉得这点很重要。在职业上我们是有相对优势的，看问题的角度不一样。虽然我们没有人能够找到真理、找到答案，但是我们可以用不同的视角看待同一个问题，这样大家就可以相互补充。我时常提醒自己要在任何的场合，回答关于经济的任何问题，要表现出是训练有素的，拥有经济学的思维。坦率地讲做到这点不容易。所以在这门课程中我也在试图把自己的体会，包括所谓经济思维的视角贯穿其中。我举一个最简单的例子，我有一堂课讲关于犯罪的问题，在经济学跟法律结合之前，法律有一套非常完整的公正、正义的理念，用这套理念来制定所有的法律，判案也是根据这个。经济学家一旦介入，首先考虑的是能不能找到一个办法，跟秉持公平、正义的结果是一样的，但是实行的成本更小。比如说我们要把犯人量刑收监，这是司法通常的办法。可是实行起来成本很高，要建监狱，要雇警察，这些开支都要从纳税人的钱里支出。要花费那么大的代价才能把这些人抓住着实不划算，那么有没有别的办法可以替代，比如靠罚款能不能解决？再比如靠增加对罪犯的抓捕频率，就可以很容易地抓到罪犯，就像现在装了很多治安摄像头，要侦破一个案子很容易。通过这种方式威慑减少犯罪，跟把罪犯放在监牢里也许结果是一样的，但是我们要找对社会资源占用最少、社会成本最低的做法。经济学的理念一旦跟法律结合，我们就会发现有很多法律判决的做法是值得修改的，换句话说就是我们有很多路。我觉得这样就像打开了一个脑洞，并不见得一件事情只有一个处理办法，其实可以有很多办法。经济学思维就是更多地考虑消耗更少的社会资源以达到与传统做法同样的结果。

**主持人：** 我留意到张军老师刚才讲到一句话叫"有很多路"，条条大道通罗马，经济学思维其实就是另外一条通向罗马的道路。

**吴晓波：** 经济学就是有限条件下的效率最大化。给定一个前提，在这个前提下我能够把效率做到最大化。管理学家是热血的，管理学家很讲人性，讲求通过某种组织激励的方式提高效率；而经济学家却是冷血的，经济学家想的是从A点到B点如何能够将成本降到最低，效率提到最高，治理国家也是这样。

**张军：** 我觉得学习经济学思维，关键在于要更多地接触、了解经济学家发明的那些用于理解经济现象的概念。在这门思维课里面，每一堂课都是在和大家分享一个非常重要的概念。比如说"效率工资"这个概念，听起来效率跟工资十分不搭，但效率工资其实是非常有趣的一个概念，你了解了效率工资就知道为什么有些公司情愿付给员工比市场上更高的工资。所以我觉得经济学的思维并不抽象，其实质就是由过去两百多年间经济学家发明的一系列概念构成的。概念是由我们人类的智慧创设的，原来不存在某个说法，可是一旦有关这个说法的概念产生，就会让你茅塞顿开，让你看问题的思路豁然开朗。所以我们说理论很复杂，但是概念很简单。有的时候我觉得就像现在的技术发明一样，经济学家是不断地产生概念的这批人，如果能有好的概念，过去不见得意识到有更好办法来解决的那些问题，其实突然就有了改进的思路。知识分子，特别是经济学家、社会科学家，很重要的一个任务就是发明概念，发明非常重要的概念，我觉得这对思维习惯的培养形成是至关重要的。

## 股市到底有没有泡沫

**主持人：** 晓波老师出席过很多场合，我相信经常会有人问您关于房价、股票、就业等的经济问题。很多人的焦虑是很真实的，您觉得他们的焦虑是否可以通过学习一点经济学思维来化解，学会用经济学思维分析问题后，可能他们就会平静很多，或者对他们的生活会有更大的帮助？

**吴晓波：** 就像张军老师讲的那样，经济学只是一种工具，应用这个工具看待问题就会得出你自己的结论，任何一门好的学科都不会教给你终极答案。有人问我该读什么书，该不该买房，该不该买股票，我也没办法回答他——没有一个人能回答他。唯一的办法是学会一种思维方式，或者掌握某种工具、方法论以后自己得出答案，经济学家解释历史也是这么一个过程。刚才张军老师讲到的罗伯特·希勒教授，他之所以那么出名是因为他写了一本书叫《非理性繁荣》，面世于 2000 年。希勒教授在书中把美国一百四十年间的股票波动——自有股票以来的股票波动曲线画了一遍。画完以后发现股市曾经出现过几个高峰点，而高峰点出现后马上就会发生断崖式下滑。他发现写这本书的时候正好是第六个高峰点，所以认为股票价格可能会下跌，果不其然，这本书出版的时候股价就开始下跌了。他不是会预知未来的神仙，只是通过对美国一百四十年间股票历史的研究，用他的非理性繁荣理论对未来做出了预测。他预测股票可能会跌，但是不知道到底是一个月以后跌还是两个月以后跌，是纳斯达克交易所跌得多还是纽交所跌得多。这就是工具的力量，我们学习经济学最重要的收获就是学到很多工具。房价会不会涨？股票会不会跌？哪些城市人口会增加？哪些城市人口会减少？我们是该在上海求职还是该回到自己的家乡？这些问题没有人可以回答，但是我们可以应用社会学、经济学、历史学的一些工具和理论来分析问题，帮助我们得出自己的结论。这就是听张老师讲课最重要的收获。

**张军：** 即使像希勒教授这样，认为股市的繁荣有泡沫的成分，也没有办法预测具体崩盘的时间。我听说格林斯潘曾经在东京参加活动时，在演讲中使用了"非理性繁荣"这个词。作为当时美联储的主席，格林斯潘对市场的影响力比作为大学教授的希勒大得多，所以演讲过后人们纷纷开始担忧泡沫的存在——连美联储的主席都说市场是"非理性繁荣"。为了及时止损，投资者纷纷离场，反而加速了股票的崩盘。我认为经济学家是没有办法能够准确地预测未来的，曾经有很多人在我下课休息时来向我咨询未来经济的走势，我也爱莫能助。

## Q&A

**Q：小白如何学经济学？**

**主持人：** 我相信两位老师都有很多类似的经历，比如找你们"算命"宏观经济的走势，或者问个人财产配置的决策如何进行。刚才我们讲到，经济学思维的重要性其实在于帮你学会如何"找方法"，那么从两位老师过去的学习经验出发，如果要想学好经济学，我们普通的"小白"应该做一些什么样的准备，或者遵循什么样的路径？

**吴晓波：** 我是学新闻出身的，所以无论是学历史学、经济学，还是学政治学，对我来讲，其实都是一个不断地从自己身边学习的过程。我觉得学习经济学要从自己生活中遇到的问题出发，比如我在采访调研工作中会面临很多需要解决的问题，如果有合适的分析工具和解释方法，就能迅速提高对问题的认知效率。所以我认为大家学经济学思维课的第一要义是要认认真真地听张老师讲课，因为我们是在利用碎片化的时间学习——在车上的时候、刷牙的时候、在咖啡馆等人的时候，这跟一般学堂里面关起门来系统地学一两个学期不一样。我觉得学这门课有两个心得：第一，通过这样的课程我们能够学到很多概念，原来我们只听过供给、需求、价格等经济学名词，现在能够知道它们具体是怎么回事。第二，最好每学完一节课后都能跟自己的生活结合起来做一些推演。经济学本身就是研究身边的经济问题，就连星巴克都有一门"星巴克经济学"，专门讲经济学在星巴克生产经营里面各种各样的应用，比如为什么会排队，为什么它的大杯、中杯、小杯要如此设计，这些问题里面都有很多的经济学意义。如果能够把经济学知识投影到自己的生活中去，学习的效率就会得到很大提高。

**张军：**其实包括我在内，相信很多经济学家，即使是非常资深的经济学家也很关心身边的日常小事。

**吴晓波：**很多经济学家的理论，比如公地悲剧、佃农理论、蜜蜂寓言都是来源于生活的。

**张军：**很多经济学家都对司空见惯的事情抱有强烈的好奇心。张五常先生跟我讲过一个故事，他有一次到伦敦去看百老汇的音乐剧，买票的时候就十分好奇，如果你是一个剧院的老板，该如何对不同的位置定价？是先卖前排的位置还是先卖后排的位置？我们现在都知道，如果到开发商那里买房，一个新的楼盘推出，开发商肯定会把比较差的房子先拿出来卖掉，好的房子留待升值。最后张五常先生了解到，剧院和房地产是相反的，往往是先把好位置卖出。他就尝试着用经济学的思维去解释，为什么剧院倾向于先把好位置拿出来卖。这里面有好几个原因，最重要的是，如果你先卖后排的位置，而前排的位置没有全部卖出去，最后买了后排位置、付了比较低的价格的观众可以跑到前排去坐，这样就会引起人们的投机行为。反过来，如果把前面的位置优先卖掉，就能防止这样的现象，让整个剧场座位的分配达到一个最合理的结果。我记得他好像写过一篇论文来解释这个现象。这是件挺有意思的事。我觉得形成经济学的思维固然需要加深对很多概念的理解，但更重要的是要对司空见惯的事情多问为什么，保有一颗好奇心，因为这个经济世界中任何现象的出现一定是有其道理的。经济学家不一定是天才，但一定善于在长期的生活经验中总结规律。这个世界如此精彩，真的应该多去问为什么。即便你不见得能够得出答案，在好奇的基础之上思考用经济学的概念能不能对此做出合理的解释，也能够帮助你在思维层面上慢慢地掌握一些经济学思维的技巧。

**Q：** 市场有其非理性，而非理性在中国股市上体现得非常明显。现在比如科创板的设立、引进外资等市场化改革，能否把中国股市引向理性，也就是回归价值投资？

**吴晓波：** 我觉得巴菲特的价值投资理念在中国是很难被践行的，因为他一买股票就买十年、二十年、三十年，跟中国的资本市场有很大的差别。今天中国的资本市场跟前十年比已经理性很多了：第一，散户效应在慢慢递减，现在机构投资者占比已经超过60%，而七八年前机构投资者不到20%，券商在增加，基金在增加，市场会更加理性。第二，上市的规则更加完善，比如说现在有公司要在A股上市，证监会对其各方面的要求与六七年前相比真的差别很大。六七年前的上市活动中有很多寻租者，比如某企业要上市，就会有一些自称是某某权贵的孩子或者是某某基金的人来帮你上市，今天这种情况已经没有了，参与主体变得更加理性。另外现在对审计师事务所，对券商的惩罚性、追溯性的法律在不断地增加，未来几年内，如果能够把企业退市的问题真正地解决掉，中国的资本市场会更加理性化。中国的民营企业有2600多万家，从中挑出几千家优秀公司上市，任何一家企业只要努力经营都是有机会的。这次创立科创板采用了很多新的政策，比如允许亏损企业上市，允许 VIE 结构（可变利益实体）的公司在中国上市，要试行注册制改革，要推行更严格的退市制度等。总的来说，中国的股票市场跟五年前比已经有了非常大的进步。

**张军：** 怎么样让资本市场回归理性，这个是最典型的供给和需求的问题，也是一个老生常谈的问题。当然我觉得对每一个有限的生命来讲，我们的时间都很有限，我们很希望这个股市的波动能完全被预测——这样就没意思了，我们更希望这个股市很精彩，哪怕稍微有点惊心动魄也没问题。但是谈到如何回归理性：第一，股市上造假的人越来越少，保证人们的投资不会到一些假的公司里面去，投有所值。第二，股市要能够反映公司的价值，也就是所谓的价值发现，市场很重要的功能就是价值发现，就像晓波老师讲的一样，在供给层面上就要设立更多的监管。经济学家做过一个很有意思的研究，为什么市场上的有些行为不能用法律写清楚，反而要用监管的办法，才能够防止一些不当行为和漏洞。其实如果法律可以写清楚就不需要监管了，人类社会的方方面面都有法律，但是资本市场上能用法律明文规定的部分其实并不多，很多方面都要靠行政的监管来保证市场秩序，这就需要设置很多监管的指标，还要去主动地监管市场行为，这是一件很有趣的事情，也有很多经济学家做这方面的研究。除了从供给的角度分析以外，还有需求方，也就是刚才晓波老师谈到的，我们需要更多的机构投资者、更长期的资金进入到资本市场中，让这个市场不要过于波动、过于短视。发达国家的资本市场中有养老金、企业年金、公募基金，甚至有很多大学都是股市里面的机构投资人，中国在这方面还需要走很长的路，需要有更长期的资金入市。我们看到了发达国家资本市场的发展过程，这里面有很多值得我们学习的地方，我们也知道应该朝哪个方向走。所谓的"市场回归理性"不是一蹴而就的，不是方法的堆砌，而是一个循序渐进的过程。同时，资本市场活动对投资者来讲也是一个学习的过程，是一个不断失败，甚至要"付学费"的过程——在失败中成长，不断地"长记性"，所以资本市场是一个很有意思的地方。我真心不希望这个市场被完全管"死"了，变成一潭死水，那样大家就会慢慢地对市场失去兴趣；我希望市场总体上能够保证资产的价格在价值附近徘徊，短期还要有一定的波动。

吴晓波：理性和感性其实都是有边界的，人都是欲望理性加上精神感性，如果这个市场100%是理性的，其实也是一件挺倒霉的事情，当然100%都很感性也不行。我觉得这一轮股票上涨中的板块有些是理性的，有些是感性的。哪些是理性的板块？比如说基建和房地产股票最近的上涨我认为是偏理性的，总理说了公路建设加上高铁建设要追加投资2.4万亿元，钱当然会到相应的行业去。另一个涨得很猛的券商板块，我认为也是理性的，股票市场热了，券商的生意当然就好起来了。也有一些板块的上涨是偏感性的，比如新能源汽车板块，只要跟新能源汽车相关的股票都在涨，另外一块是跟人工智能相关的股票，有一只叫东方通信的股票一口气连续10个涨停板，这就是比较偏感性的上涨。所以无论是理性还是感性都有一个边界，全部是理性的很倒霉，全部是感性的也很倒霉。学习经济学最大的一个用处，就是教会大家：在有效的市场条件下，任何一个风险都是有边界的，不冒风险还叫什么企业家，没有不确定性的世界一点都不可爱。马克思讲历史发展是必然的，但是历史如果没有偶然性就一点都不"性感"，所以健康的资本市场一定是介于理性跟感性之间的，所谓对价值投资的回归本身也不能够绝对化。巴菲特的老师格雷厄姆有一个理论叫"捡烟蒂理论"，烟蒂虽然掉在了地上，但是仍有价值，吸两口再把它扔掉，这里面既有理性的判断，同时也有感性的决策。人一生都在理性跟感性之间做着均衡，往往走到生命终点也无法平衡好两者的关系。

**主持人：** 两位老师的对话让我想到了一本书名很有意思的书，叫《小规模荡气回肠》。

**张军：** 要做到"小规模荡气回肠"，市场制度性的基础还是要扎实，想要不翻船底部一定要稳，而底部稳则要靠供给和需求两方面的保障，供给侧要能够让市场遴选到有投资价值的公司，而不是劣币驱逐良币；另外，需求侧要有长期的资金稳住市场，保证短期资金高度流动并且不会造成市场剧烈波动，这点很重要。

**Q：** 怎么看待经济学考研非常火热的现象？如果只是去企业工作而不做学术研究，究竟是本科就出来积累工作经验比较好，还是继续提升学历比较好？

**张军：** 我正好有一堂课涉及这个问题——"比起含金量，学历更多是一种信号"。现在考研人数增长得很厉害，2018年环比增长了百分之二十几。

**主持人：** 您现在一年招几个研究生？

**张军：** 研究生招生的数量还是比较少的，现在还没有大规模地扩张，总体上还是稳定在一个规模。我觉得大家需要对接受研究生教育和考研的决策回归理性，因为劳动力市场现在变得越来越聪明了，专用的知识技能可能会越来越重要，而将来普世教育、博雅教育普及后大家可能都没有多大的区别，但真正意义上的专用技术还是有其稀缺性的，读研究生并不见得能增加这个东西。所以在接下来的思维课中，我有一节课专门谈到迈克尔·斯宾塞（A. Michael Spence）的理论，他观察到哈佛商学院的 MBA 学员，读了两年出去后年薪翻好几倍，难道是哈佛商学院改变了他们的生产力吗？其实应该没有，他们薪水的上升主要还是因为哈佛这块"金字招牌"，是 IP 的问题，后来他就此写了一篇重要的学术论文，提出一个概念叫信号传递。如果你真的是很有智商、很有创造力、很有能力的人，你就能相对容易地进入名校，能够进入名校就是你给市场传递的信号。拿了哈佛的学位市场就认可你，不是因为哈佛给了你多少生产力的提升，而是因为你比别人厉害才能进入哈佛，这是一个筛选机制。

**吴晓波：** 因为哈佛毕业的人工资高，所以很多人会考哈佛，从而哈佛选拔出来的人就会非常优秀，相对来讲就有可能真的比别的学校的毕业生能力强。

**主持人：** 十几年前李敖来复旦的时候说过一句话，"科以人重科亦重，人以科传人可知"。就是说可能这个人本身不够优秀，但是如果他是哈佛毕业的，别人就会多看得起他一点。

**Q：** 下一个十年中国经济发展的动力在哪里，哪些新兴行业的机会会更多一点？

**吴晓波：** 我有一个朋友是互联网企业家，他在 2018 年年底讲过一句话，"2019 年是过去十年中最差的一年，是未来十年中最好的一年"。后来我问他，他说这是误传。我认为谈论中国未来十年的经济增长还是要看供给和需求的大方面，这两方面我们还有很多进步的空间。比如说在需求侧部分，第一，我们现在有两亿人多的新中产阶级，这部分人群还在不断地增加，总书记讲到"我国社会主要矛盾已经转化为人民日益增长的美好生活需要和不平衡不充分的发展之间的矛盾"，这意味着中国消费市场会有巨大的产业转型空间，大家愿意为"美"和"好"去买单而不再仅仅为性价比买单。第二，今天中国的城市化率达到 60% 左右，李克强总理讲过一个数据，2019 年我们新增的城镇居民人口有 1360 多万，农村的脱贫人口也是 1360 多万，这是中国城市化未来发展的一个可能性。城市人口在不断地增加，老百姓对商品的需求发生了一个质的变化。在供给端也发生了一些新变化，比如说中国是制造业大国，我们现在能够生产全世界 60% 的产品，但我们从制造业中获得的利润却很少。我最近看到一个数据，2018年全世界的手机企业前十名中，第一名是苹果，然后是三星、LG，除去一个美国企业和两个韩国企业，另外七个企业都是中国的，咱们的手机品牌已经很强了。但是在前十名里面，苹果手机占到2018年总利润的62%，三星占了17%，加在一起79%。中国做得最好的华为占8%，小米占3%，vivo、OPPO加起来总共占了5%。如果我们能够把利润从20%提高到40%呢？我这次去泉州也发现了类似的情况，比如说我去的那个鞋厂原来生产的鞋，和耐克、阿迪达斯的鞋价差4倍，品质相同的鞋子耐克、阿迪达斯轻松卖到800元，我们卖上200元就心满意足了。我这次去的时候发现，现在他们的鞋也能卖到六七百元，也能够拿同样多的钱去和耐克竞争，成为冬奥会的战略合作伙伴。如果我们能把供给端60%的消费品完成产业的转型升级，我们就有增长的动力。在供给端还有另一个动力，就是中国的血肉长城——创业者。中国每年有300多万家创业企业，一年死掉200多万家，但依然还有300多万家冲进去。我认为创业者也是在不断地为供给加速，如果从这个层面来看，我认为"2019年是未来十年中最好的一年"，真的是以偏概全。我们至少可以看到经济变量中有很多积极部分的存在，但也有很多值得改进的地方。

我现在见到的每一个老板都在跟我讲税负太重，特别是所得税，这次总理讲到增值税税率从 15% 减到 13%，十分振奋人心，但是大家觉得所得税税负还是很重，连我们的副总理都说现在的社保费率太高了，证明我们还是有很大的改进空间。提高政府行政效率，给民营企业公平的社会地位等，我们还是有很多亟待改革的部分存在，如果一定要说现在是最好还是最坏的一年，我看不清楚。

**张军：** 刚才晓波讲到企业负担重，特别是中小企业抱怨税负重。其实用经济学的思维来讲，如果税率这么高，一定有很多人不愿意交税，很多人有动机去逃税、避税。所以后来有经济学家做了相关研究，发现其实在高税率的情况下，不交税的企业占大头，税负是由少数的、比较集中的一些企业承担的。所以税率高了以后，税收收入不一定会增加，相反，把税率降下来，可能很多企业就都愿意交税了，这个就是经济学思维。

**吴晓波：** 特朗普 2018 年降税，税收收入反倒增加了，这就是拉弗曲线。

**张军：** 税率制定得太高无异于变相鼓励大家避税、逃税，收税成本又会变得很高，是对社会资源的浪费，这就是典型的经济学思维分析。讲到未来十年，我同意晓波的看法，过去中国经济的增长主要是靠工厂，将来会变成靠"办公室"，而办公室必须是在大城市里面，在大公司里面。所以我觉得这是未来十年甚至更长时间中国经济改革的方向。如果我们确定了方向，那么所有的政策体制的改革，都要向有利于资源配置的既定目标去做，这样我们所谓的"经济转型升级"就比较顺畅了。如果我们反其道而行之，就会阻碍资源配置，浪费资源，这样是没办法在国际供应链当中，或者说生产链当中取得更优势的地位的。

**Q：** 中国未来二三线城市的房价会怎样？

**吴晓波：** 中国未来的十年应该是"超级城市"的十年，越来越多的人会向一些中心区域集中。2019年两会有一个特别重要的决定，长三角一体化上升为国家战略——这件事提了十七八年了。中国沿海有三个大的湾区，一个是京津冀环渤海湾区，有1.1亿人口；一个是南边粤港澳大湾区，有7000万人口；最大的长三角湾区，有1.5亿人口，超过了日本的总人口。一体化区域中产业配套速度和人口流动都会越来越快。放眼全国，这几年出现了一些明星级的城市。比如黄河流域的西安，2018年在全国省会城市经济增长中排在第一；郑州现在是全国唯一一个米字形的城市，它的交通设施是米字形的。我们在长江流域除了重庆和成都以外还有贵阳，贵阳这几年经济增长很快，现在中国的云服务都在贵阳那边。我们看到合肥这几年发展得也非常快；武汉为建设"大武汉"这几年进行了大规模的改革。南面还有南宁，每年都会召开东盟的峰会；昆明集中了整个中国南部"一带一路"的能源和交通设施。我认为这些城市都会成为我国经济发展的一个个重要增长点。我们经常讨论中国的某个城市有没有活力——我写过《激荡三十年》，对此有很大的感触，中国城市的经济增长在很长的时间里跟这个地方有多少大学、多少煤、多少铁没有太大关系，真正有关系的是老百姓的活力有没有激发出来，政府有没有呵护老百姓的活力。只要有年轻人在那里，还有年轻的钱在那边，再有一个心态年轻的政府，这个城市的经济就会起飞。西安是最明显的，曾经西安的干部——现在已经到黑龙江当常务副省长了，他在西安任职八百多天，第一天就去捡烟蒂头，在他的任期中，西安成为全中国第一个开放人口限制的省会城市，只要是大学生都可以来，一年时间签约了一百万大学生，让西安发生了非常大的变化。一旦我们找对了方向，效率比谁都高，福山在《历史之终结与最后一人》中讲道，良好的制度安排再加上开明政治，能够极大地提高经济效率，中国还处在这个逻辑之中。

我觉得在未来大城市会成为中国经济的一个重要发展极，中国未来大概会有 15～19 个千万级人口的城市——美国到现在才两个——这些城市我认为是值得大家关注的。但是一定会出现一些城市的人口减少，会变成死城，如果没有年轻人进去，如果没有好的产业，如果当地的政府官员不作为，人口就会大幅度地减少。1998—2009 年中国所谓的 17 个特大城市，基本上闭着眼睛去买都是对的；而今天中国从第一名到第十七名的城市里面真正有价值的可能也就一半左右，甚至还要更少。

**主持人：** 下面应该马上追着问晓波老师，请问是哪一半的城市？

**吴晓波：** 年轻的人、年轻的产业、年轻的钱、年轻心态的政府，有这四个要素肯定是好城市。

**Q：** 怎么看现在所说的中等收入陷阱？

**张军：** 中等收入陷阱是一名印度经济学家在亚洲开发银行的一个报告当中提出来的。我觉得陷阱存在于任何一个收入阶段，只不过我们给中等收入划分的区间太长了——我们现在画的区间从人均几千美元到一万多美元，这个区间太大了，所以把大多数国家都装进去了。不仅仅是中等收入，其实高收入也有陷阱，而最大的陷阱其实在于低收入群体，世界上有太多的贫困国家还没有走出贫困的陷阱。我并不是说中等收入陷阱不存在，而是说不仅仅有中等收入陷阱。对中国来讲，我们其实与联合国制定的发达国家的人均 GDP 标准离得很近，只要我们稍微再加把油就超过去了。

**吴晓波：** 就差小几千美元。

**张军：** 我希望联合国的标准日后没有提高，如果有新的版本也许我们的距离还会稍微远一点，但是中国不久将会跨越中等收入陷阱，我觉得应该是大概率事件。

**吴晓波：** 经济学也有一派人认为不存在中等收入陷阱。

**Q：** 现在大家都在估计各种行业的风口，从您个人的判断来讲，哪些真的是风口，哪些是泡沫？

**吴晓波：** 我也不知道，我觉得泡沫只有破灭了才知道是泡沫。有一些行业通过分析能够判断，比如说共享单车。我很早就说共享单车不行，这是我去调研了两家共享单车公司，然后去找投资人做了访谈才得出的结论。这个商业模式不行，我的第一个直觉就是赚不了钱。我认为，是风口和不是风口有一条判断标准挺准确的，那就是在两到三年之内能不能使现金流正向化——如果你能赚钱就好办,如果不能赚钱那肯定就是麻烦事。我当时怎么算都算不出 ofo 能够赚钱,戴威在北京大学投放了 2000 辆车,每辆车成本 260 元,每辆车每天骑 5 次,每次 1 元,这么一算 52 天成本就回来了。问题是车有可能骑出北大,你投了 2000 辆车每天可能不是骑 5 次,可能就只有 3 次;还来了五十多个竞争对手,又投了几十万辆车在里面,那怎么办?他们给我讲了一个笑话,这些公司在干什么事,他们会拿 50000 辆车集中在一个地方投放,过一个月把这 50000 辆车又放到另外一个地方集中投放。我后来讲这不就是一个提款机吗?从第一天起你在竞争过程中就没有遵循正常的商业逻辑——你没有一个盈利模式。所以我在 2016 年写过一篇文章说,共享单车可能是一个冷笑话,后来果然就垮掉了。我认为,第一,分析很多经济事件没有别的办法,只有脚踏实地到那些企业里面去观察;第二,用一些基本的逻辑去判断,不赚钱能叫做生意吗?我认为今天所有的风口只要不赚钱的大概都是泡沫。现在我觉得有一个行业很奇怪,就是在线教育行业,在美国上市的企业一看财报发现当年营收 3 个亿,亏损 3.1 个亿,也就是说赚 1 元需要花费 1.2 元,你跟我讲过三五年这条曲线能跑平,我认为不可能,除非换了商业模式才可能跑平。是不是真的是泡沫我也不知道，除非它破灭了。如果卖的人天天在那里忽悠我们，那真的是自己在骗自己，我认为它就是一个假象。

**主持人：**实践是检验风口的唯一标准。

**吴晓波：**我认为买卖是检验风口的唯一标准。张老师的课讲到过。

**Q：**您觉得目前中国经济持续中高速增长的动力是什么？

**张军：**这个问题稍微有点学术性。说到中国的增长，大家首先会想到我们是一个后来者，有一个追赶的阶段。假如说我们用了前三十年去追赶——那个阶段基本上已经告一段落——后面就要进行一些所谓增长方式的改变，这个改变当然是不容易的、很痛苦的。之前成功的做法到后来发现好像不管用了，需要重新找些管用的方法，我想中国可能正处在这样一个过程当中。但是中国经济还有一个特点，因为我们的体制是一个权力相对比较集中的上瘦的体制，我们过去的改革总体上是不断地向下推进，不断权力下放，鼓励大家去发展经济。现在这个激励机制有所调整，同时我们又没有更好的办法让经济能够从所谓上一层的那种追赶模式当中走出来。我们现在有点迷茫，中国经济最重要的改革目标在于构造新的激励机制，政府如何在这方面有所作为，政府跟市场之间怎么去互动等，这些也是中国现在亟待解决的问题。当我们谈论经济增长的时候，它不仅仅是一个投入和产出的问题，中间还有一套很复杂的激励机制，即使我们知道经济应该朝哪个方向转，但是缺乏力量来推动它从原来的模式当中走出来，也很难进入一个新的模式。这是我们经济学家目前最关注的问题。

举一个最简单的例子，最近我们做了一个研究，我们收集了各省甚至各地级市的数据——三百多个地级市——你会发现在省的层面、地级市的层面，地方两会当中政府工作报告设定的增长目标在过去这几年都有大幅度的下调。一个重要的原因是中央的目标下调了，中央下调得早，地方差不多晚了两年才发现中央已经把目标下调很多了。下调以后整体政策就不一样了，地方经济当然会受影响，刚开始两年还是延续原来的增长方式，所以制定的目标跟原来都是差不多的，到后来才发现行不通。因为财政政策与宏观层面上国家收紧，很多事情做不了，所有投资包括政府的公共投资都要收缩。后来慢慢理解了，现在进入新时代了，所以我们要中高速增长，不能超速，在这种情况下他们也调低了增长目标。这还不是最有意思的，最有意思的是在他们的目标都调低的情况下，他们到年底完成的实际增长比他们定的目标还低。过去可不是这样，之前制定 10% 的目标可以完成 13%，总是超额完成好几个百分比，这是过去的常态。中央制定 8%，到省这一级基本上制定 9%、10%，到地级市再加一两个百分点，层层加码放大中央的目标，这当中有水分，因为存在"晋升锦标赛"，跟激励机制有关系。现在激励机制改了，不鼓励这个东西了，地方也就跟着调低增长目标，完成的比目标还低也不会被惩罚。我觉得这就是另外一个层面上中国经济发生的变化，不仅仅是技术层面上，投入—产出层面上的变化，现在激励机制层面上也发生了变化，这些都需要引起我们的关注。经济下行不仅仅有外部冲击和结构性的转型这样的因素在起作用，同时也是因为激励机制的改变。现在所有因素叠加在一起，导致政府要为经济"托底"——不托住这个底线就守不住了。这几个方面都要考虑，这就是我们现在最关注的问题，也是经济学家现在的研究兴趣点。

Q：怎么看待小县城制造业未来的前景？

**吴晓波：**中国有很多所谓的"隐形冠军"制造业企业都在小县城里。其实对企业来讲，县城对它发展的约束并不是很大，问题是为什么这个企业在这个县城里。比如说创办一个猪肉加工厂，这个猪肉加工厂为什么在这个县城里？又比如一家葡萄酒企业为什么在这个县城里？一家做拉链的企业为什么在这个县城里？一个企业决定扎根在某一个县城的时候，它一定对资源配置形成了某种依赖或者达成了某种最优决策。小县城里的小企业跟这个县城并没有太大的关系，反而是跟它所处的产业链环节有很大的相关性。我有一个朋友问我在小县城里能不能做一个鞋革类的企业，我觉得有两件事情要考虑：第一，做鞋革需要鞋带等配件，在我有效的半径范围内有没有配件公司存在，如果不存在，这个企业肯定不行；第二，中国今天已经有人把鞋子企业做到一年 240 亿元的产值了，你有什么优势，你要做哪一类鞋子，你要考虑你的鞋厂在这个产业里能够存在的理由，这三个问题要回头问问自己。学点经济学知识，把问题列出来，先列十个问题，然后砍掉七个，选出三个最重要的，把这三个问题想清楚之后，再来做决策。

**Q**：现在国外的冲击会不会成为将来中国经济发展的一个巨大的障碍？

**吴晓波**：我前两天没事在翻一本老书《世界是平的》，是托马斯·弗里德曼（Thomas L. Friedman）写的，他在书里面举了一个例子，如果世界上只有两个国家，一个叫美国，一个叫中国，美国有100个人，其中80个是熟练的产业工人，另外20个是非熟练的产业工人；中国有1000个产业工人，但其中熟练的产业工人只有80个。然后大家进行自由贸易，一开始美国人会觉得中国冲进来80个熟练的产业工人跟我抢生意；后来美国人发现这其实是好事，整个市场变成了1100个人，所以美国当年讲世界是平的，自由贸易很好。今天这个事发生了变化，原来咱们是80个熟练的产业工人，美国也是80个熟练的产业工人；现在过了十年美国变成85个熟练工人了，咱们的80个熟练工人可能变成280个了，换句话说就是咱们的熟练产业工人的人数已经超过美国所有工人人数总和了，这个时候贸易关系就发生了变化。原来中国和美国是一种合作关系，我们帮苹果做手机，做完以后你赚62%的钱，兄弟我赚8%的利润就很高兴了；现在我不高兴了，我也做品牌，我也在挪威、芬兰、印度、俄罗斯跟你争夺市场，我们要做世界品牌、做中国核心技术、中国制造2025。十年前托马斯·弗里德曼说的很和谐的状态在今天已经完全不存在了，反而出现这样的中美贸易战，仔细想想会发现这是一定会发生的事情，时间没有停止在2008年，我们的熟练产业工人、我们的需求、我们的资本在极度地增加，竞争的出现是必然的。中国人只要把中国的事做好了，美国人想把咱们搞垮也挺难的，其实当年苏联也不是被美国人搞垮的，是自己把自己折腾没了。

**张军：**我觉得外部冲击我们要看情况分析，有的时候坏事也会变成好事。毫无疑问，中美贸易战对我们有非常糟糕的影响，但是美国对我们的压力也会变成动力。有的时候我们自己对某些事情的紧迫感不见得那么强，因为中国政府每天要面临太多的事情，有的时候哪些事情更重要也不见得能够看得那么准。但是第三者提出来的一些问题会让你意识到，这些问题我需要优先来解决，所以这也不见得是坏事。中国是个大国，我们现在所有的经济理论都没有把国家规模的因素考虑进去，对大国而言，经济的各方面都和小国有所不同，所以有的时候我们制定的政策可能并不那么适合中国的国情。比如在中国过去追赶的三十几年里，总体上还是用一个小国开放经济的模式，出口导向，把可贸易部门做好，将劳动力从农业等不可贸易部门吸引到可贸易部门，再跟全球的产业链、生产链对接上，把劳动力的资源变成财富的创造。我们现在到了转型阶段，作为一个大国，经济上还有很多问题没有解决，城市化进程还没走完，中产阶级的规模还有巨大的提升空间。

**吴晓波：** 还有贫困人口问题。

**张军：** 加上贫困的问题、环境的问题、地区差距的问题、教育医疗的问题，现在不可贸易部分面临的问题在重要性上已经超过了可贸易部分的问题，亟待转型升级。在这种情况下，如果我们接下来将更多的注意力放在解决这些问题上面，本身就是在创造经济动力，创造我们的增长——并不是说只有做出口才有增长。如果放开比如说医疗、卫生、教育等各方面的市场准入，会产生巨大的市场容量、不得了的交易规模，创造巨大的财富，当然会带来 GDP 的增长。我们真的没必要太悲观，如果我们是小型的经济体，那么可能外部冲击是一个重创，但是对于大国的经济来讲，我认为是利大于弊的。

**吴晓波：** 我觉得最近任正非接受采访的时候讲得就很好，很多对我们的遏制反倒逼着我们去想应对未来的对策，第一是把国内市场做好，第二是除了美国还有别的市场，把别的市场做好来代替美国，慢慢地就形成一个新的发展模式，而且这样的对峙实际上是一个特别长期的事情，有些老人说，实际上十年前美国人对全球化的态度已经开始转向了。萨默斯（Lawrence Summers）曾经说如果从三四百年的视角来看，冷战是一件小事，伊斯兰事件也是小事，最大的问题是中国的崛起和印度的崛起。尼尔·弗格森（Niall Ferguson）说五百年来西方统治世界的事情解决了？他什么时候想到的这件事情？2009年他去了趟延安，就想通了这点。十年前西方的精英分子已经认为你是我的敌人了，现在无非是把原来的一些想法付诸经济上的对峙——五百年的事怎么可能在五个月解决，肯定是长期的事情。我们要以很好的心态面对这个事情，让自己变得更好。我认为现在中国的心态有一个很大的问题，他在压迫我的时候，我一定要把自己变成一个让他讨厌的人，这是一件特别糟糕的事情，这样真的会变得越来越孤立，越来越另类，越来越让人看不懂。我觉得对峙的过程让大家长得越来越像反而是一个好事情。2015年的时候，雷军和董明珠在中央电视台打赌，也就是互联网和制造业打赌；五年过去了，直到今天他们两个人都没有分出胜负，反而他们两个越来越像，雷军开始做制造业，董明珠也自己代言走互联网营销了。这就是良性竞争的结果，如果五年竞争下来董明珠和雷军长得越来越不像，越来越分化，那就是一个坏的竞争，我认为长得越来越像才是对的。

**Q**：像我们这种抵抗力比较差的人怎么渡过经济寒冬？

**张军**：虽然经济是有寒冬的，但是我觉得有一个经济的规律很有意思，就是寒冬过后肯定是春天。如果宏观经济有什么规律可循，其中一个就是周期，它是经济学家做了接近百年的研究得出的少数几个可以经受住检验的规律性的东西。经济是有周期的，所以有周期就有寒冬，但是冬天终将会过去。所以我们经常讲，经济的增长就和股市一样，我们能不能让股市回归理性、回归价值，不要让它波动，我觉得这是不可能的；经济也是，增长也是磕磕碰碰的，真的是有高有低，就像海水有潮汐现象一样。原因我将来会在课程里跟大家分享。

**吴晓波：** 3月5日（2019年）我的91岁的老朋友褚时健去世了，本来他还和我约定3月26日到昆明参加褚马学院的启动仪式，结果上午请柬送到我家里，中午老人就去世了。褚时健80岁上哀牢山时，人生已经到了不能再低的地步了，妻离子散、众叛亲离，可他上山种橙子还是能够做好，能够卖好，最后变成一个新的传奇。让我们回到一个普通人，事情其实是一样的，再普通的人，每天把日子过踏实了、过好了，开开心心的，把领导交办的工作做好了，让领导和同事对你很满意，慢慢地就会变成小领导，小领导到中领导，中领导再到大领导，就买得起房子了。我认为现在一个人首先要做好自己点滴的、专业的事情，同时埋头做事的时候也要抬头看看天，现在这个时代发展得很快，可能科技的创新、机器的使用就把你淘汰掉了，或者说某些外部特别大的变化就会把你的财富剥夺了。所以了解一些"黑科技"，了解一些经济的知识，学习一些打理财富的技巧，这些都很重要。把自己的身体锻炼得好一点，争取活过 150 岁，把日子一分钟一分钟地过好，我认为就不会有很多焦虑。我觉得还有一件事很重要，2018 年中国人在移动手机上平均每人每天花的时间是五个小时，可能"00 后"还要更多一点，花费六七个小时，我觉得从五个小时，三百分钟里面拿十分钟出来学习是很重要的。

# 序
## 和大师对话，掌握最精华的经济学思想

各位朋友，大家好！

我是复旦大学经济学院的张军。非常高兴通过这本书让我们彼此相识，我相信我们也会成为朋友。

我的专业是经济学。说到经济学，大家可能认为它是一门非常高深的学问，其实经济学这门学科自从问世以来，就一直关注并研究国家的经济，目的就是要帮助国家创造更多的财富，改善民生，所谓"经世济民"就是它最本质的使命。经过几百年的发展，今天的经济学变得非常精致，也更加科学，所以经济学可以帮助我们更加深刻地认识周围的事物、现象，从而做出更加理性的判断和选择。

那么，怎么学习经济学呢？我认为，经济学最基本也是最实用的概念和理论并不多，也不难，把这些概念和理论弄懂了，你就可以触类旁通，运用到工作和生活的方方面面。

事实上，提出这些最经典的经济学理论的经济学家，很多都获得了诺贝尔经济学奖。所以，在这本书中我会用一种比较轻松的方式带领大家走近诺贝尔经济学奖的获得者，去了解他们的思想，学习他们的理论。我想作为学习经济学的一种方式，这应该是非常有趣的。

也许大家并不知道，诺贝尔经济学奖设立于1969年，到2018年正好50届。这50届诺奖颁给了差不多有80位经济学家，这80位经济学家的平均年龄我算了一下，应该是在67岁左右。可以说，一个经济学家如果想要获得诺贝尔经济学奖，就要活得足够长。

当年有一位诺贝尔经济学奖的获得者就说过，如果你的理论是错的，很快就会被人发现；可是如果你的理论是正确的，那就需要非常长的时间，才能经过实证的检验，你才能够获得认可。

我想，这在很大程度上也反映了经济学作为社会科学，跟自然科学之间的差别。比如诺贝尔物理学奖获得者的平均年龄只有50岁左右。可见作为经济学的研究者，你的研究要经过比自然科学更长的一段时间，一般来说要有三四十年的时间，才有可能被提名，进而才有可能摘取诺贝尔经济学奖的桂冠。所以，经济学作为一门社会科学，它的理论要得到认可，真的是非常不容易。

所以，我们这门课里涉及的理论，可以说是过去五六十年中，经济学界最重要的一些理论发现。它们都经历了很长时间的考验和检验，才成为今天真正的思想经典。

那么，这些经典理论有什么样的力量呢？可以说，它们在精神上和实际意义上都在影响并改造着我们身处的世界。

有的理论可以说彻底颠覆了我们对世界的认知。比如1994年的诺贝尔经济学奖得主约翰·纳什（John Nash，《美丽心灵》这部电影讲的就是他的故事），他提出的"纳什均衡"理论，让我们了解到，我们面临的很多困境本质上就是一种"囚徒困境"，而且这个困境是竞争所造成的一种必然结果，如果要走向合作则需要外部的力量来打破这种困境。

有的理论对国家的政策有非常大的影响，极大地改变了一个国家，甚至整个世界的经济面貌。比如1999年的诺贝尔经济学奖得主蒙代尔（Robert A. Mundell），他对最优货币区理论的分析，直接推动了欧元的诞生，这是多么了不起的一件事情！

当然，也许你会觉得这些获得诺贝尔奖的经济学家是超人，是天才。其实在我看来，他们并不是。我和他们当中的很多位都有过面对面的交流，我感到他们其实就是很普通的人，唯一的不同之处在于他们的好奇心。他们在理论上做出的贡献，往往都来自发生在他们身边的那些非常普通的小事情。因此，这些经济学的智慧，也不是完全高高在上的理论，反而是离我们生活很近的一种智慧。

比如，2001 年，诺贝尔经济学奖同时授予了三位经济学家，这是很不多见的。因为他们几乎同时发现，无论是看病也好，贷款也好，买卖二手商品也好，公司的管理也好，这些场景当中都存在着大量的"信息不对称"的问题，所以达不到我们追求的最优结果。这三位经济学家研究了"信息不对称"对我们进行最优决策的影响，形成了"信息经济学"的理论。可以说，他们的理论，让我们更好地理解了世界，也让我们认识到我们可以采取一些方法来减弱信息不对称的问题。事实上，人类社会和制度的发展在很大程度上就是要减弱"信息不对称"给我们造成的影响。

所以，我从这些诺奖获得者的智慧里，挑出了比较有代表性的，同时也跟我们的生活和真实世界比较相关的一些发现。当然，除了讲这些经济学家的理论和概念之外，我们还会讲到他们是如何做出这些重大发现的。这里面可能会涉及宏大的时代背景，也会有些有趣的生平逸事。

我会用 45 节课的时间，试着用他们的眼光来重新看待我们生活的世界，这能够帮助我们改善对经济、社会的认知能力，或许同时也能够获得一些更实质性的影响。譬如说，获得一些对市场方面、商业方面的洞见；或者是领悟到一些管理的智慧；或者是对宏观经济，以及政府的治理等这些重大的现实问题有更多的把握。

好了，作为开场白，我就跟大家聊这么多。期待和你们一起分享经典，探索智慧。欢迎大家加入这门课程学习，谢谢！

# 导 论
# 打好地基：经济学的核心概念

在正式开始学习这门经济课之前，我们先来大致地了解一下经济学中最重要的一些基本概念，让大家对经济学的思维方式心里有数。这就好比盖楼之前先打地基一样，相当重要。

就像我在序言里面讲的，经济学跟我们每个人都息息相关。那么，"经济"到底是什么意思呢？"经济"这个词，叫"economy"或者"economics"，在西方源于希腊文，原本的意思是"家庭管理"。在中国，"经济"是"经邦"和"济民"、"经国"和"济世"，以及"经世济民"等这些词语的综合和简化，这些词都包含着经济学的含义，含有"治国平天下"的胸怀大志。这恰好对应了我们现代经济学中的两大部分——微观经济学和宏观经济学。希腊文的"家庭管理"偏向于微观经济学，而中国的"经国济世"更偏向于宏观经济学。

所谓微观经济学，它研究的对象是个体，比如个人、家庭、企业；所谓宏观经济学，它研究的对象是整体的、总量上的经济运行。这两方面的经济学思维对我们都很重要，微观经济学当然离我们的生活更近，但我们也需要知道宏观经济学的运行规律，才能为我们自己、为我们的家庭和企业做出更好的判断。

我们先来看微观经济学的一个基础概念，也可以说是我们经济学研究的前提，那就是"资源是有限的，我们必须做出取舍"，就是说我们不可能什么都要，我们在任何一个时点上做出的决策其实都是在资源有限条件下的一种选择，一种取舍，这也就是我们中国人经常讲的"鱼和熊掌不可兼得"。整个微观经济学，它的基本脉络或者说框架都是围绕着这个取舍问题来展开的。当你要面临取舍的时候，你必须放弃某一种东西才能得到另一种东西。

比如，就个人和家庭来说，你可能今年买了车就不能出去旅游了（假如你的预算是给定的），那你就要权衡，到底是现在买车对你的家庭更重要，还是出去旅游是你们更向往的事情。

又比如，政府的财政资金在某个时点上也是给定的，那么我们用有限的财政资金是加大基础建设投入，还是加大教育投入，其实是需要通盘考虑这些投入能给国家和地方带来的收益再进行决策的。

在这个前提之下，又产生了两个非常重要的经济学概念。

第一个概念叫机会成本（opportunity cost）。这个概念比较特别，但很好理解。

还拿上面的买车和旅游的例子来说，如果你选择了买车，那么这个选择的机会成本就是你放弃了今年去旅游的"机会"。机会成本跟我们通常所说的成本是两回事，不是说你买这辆车花了多少钱，而是说你为了买这辆车所放弃的购买其他东西给你带来的满足和收益。

再举个例子，比如你找工作的时候同时拿到了好几个offer，有阿里的、腾讯的、华为的，也有我们复旦大学经济学院的。假如你选择了去华为，其他三个offer里面你觉得最好的就是复旦大学经济学院，那么，你选择去华为的机会成本就是来我们复旦大学经济学院的这个工作机会。

又比如说，你从众多追求者当中选择了一个作为你的终身伴侣，那么这个选择的机会成本，就是落选者当中，你觉得最好的那一个。

也就是说，一个选择的机会成本，其实就是另外所有选择里面你认为最好的那个，是你所放弃的那个"机会"。经济学告诉我们，在做选择的时候，你应该考虑机会成本，而不是光想着做这件事情的会计成本，比如买这辆车花了多少钱。你也要考虑在你的预算给定的情况下，买这辆车的同时放弃的其他选择和机会。

从"资源有限,我们必须做出取舍"这个逻辑中,我们就可以更好地理解为什么说选择是有机会成本的。

"做出取舍"的逻辑中,还会产生另外一个重要的概念,就是"边际"的概念。

我在上课的时候,发现边际(marginal)这个词学生理解起来比较困难,但其实这是一个非常浅显易懂的词。

我给大家举两个例子,一个叫"边际收益",一个叫"边际成本"。

先说"边际收益"。你很饿的时候,你吃的第一个包子,特别好吃,特别满足;吃第二个包子,满足感略有下降,但是还是很好吃。我猜你吃到第五个包子的时候,就有点吃不下了,不想吃了;如果你再吃第六个包子,相信你会感觉非常难受。那么每个包子带给你的满足或者好处其实就是这个包子的边际收益。这个例子告诉我们,边际收益正常情况下会持续递减,直到变成一个负值。

企业也一样,如果一个项目非常缺人,你给它安排第一个人,那就是雪中送炭;当你给它十个人的时候,差不多了;你再给它更多的人,项目整体的效益就开始下降了。换句话说,后面给它的人,并没有给这个项目做出贡献,甚至让整个项目的收益变成了负值，人多了以后人浮于事，就没有效率了。

我们再来看一下"边际成本"。

就拿我们这个音频课程来说吧，我们的开发和运营成本是比较高的。但是，我们的边际成本很低，因为这个音频课程上线后，多一个听众购买，增加的成本非常少，我们这个线上课程不需要印刷、运输，也没有额外的生产成本，这跟制造业的生产企业就很不一样。

对于喜马拉雅负责课程的小伙伴来说，这个课程的边际成本非常低，这就是他们做决策时需要考虑的一个重要因素。

边际的思维对我们决策很重要，它跟平均数不一样。比起"平均思维"，"边际思维"才是我们选择的依据。因为只要边际收益大于边际成本，我们继续下去就是有利可图的。比如，应该吃多少个包子，关键是看你最后吃到那一个包子的时候，是不是感觉"吃了还不如不吃"；企业雇几个人，也是看团队规模扩大到哪种地步的时候再增加一个人就会变得"人浮于事"；而对于喜马拉雅的课程，如果边际成本几乎为零，边际收益是正的，那么就是卖得越多越好。所以，最优的选择都是在边际意义上做出的选择。

从资源有限的假定出发，我们定义了机会成本，然后再在边际上做出最好的选择，这可以说就是微观经济学最基础的思维模式。

说完微观经济学的大致逻辑，我们再来看看宏观经济学的思路。微观研究的是每个人、每个企业如何做出最优的选择，那宏观经济就是这些选择加总起来构成的一个国家经济总量的变化。

我认为，宏观经济里面最基本的概念其实就是"平衡"，也叫"稳定"。宏观经济是由总供给和总需求这两个概念构成的。所谓"平衡"，就是指总供给和总需求的平衡。

如果总需求大于总供给，也就是供不应求，那就会造成物价上涨、通货膨胀，容易造成经济过热；如果总需求小于总供给，也就是供过于求，就会出现东西卖不出去的情况，产能不容易实现，容易造成经济增速放缓，失业增加。

事实上，在短期来讲，在一年时间内，总供给不太容易变化。因为这一年所有的产能事实上是由上一年的投资所决定的。比如说农产品，这一年的产量往往由上一年播下去的种子所决定，尽管气候等因素会影响农产品产量，但总的产量不大可能有剧烈的变化。

因此在这种总供给短期变化不大的情况下，要保持宏观经济稳定平衡，只能是调节总需求水平。所以，宏观经济里面谈论最多的一个概念，就是总需求。

总需求包含了家庭的消费需求、政府的公共需求，也包含了企业的投资需求，对一个开放的经济体来讲，还要包含海外市场对本国的产品和服务的需求。这些需求加总起来，叫总需求。

所以，概括起来说，大家在考虑宏观经济问题的时候，或者在看媒体讨论宏观经济的时候，最重要的就是头脑中要有总需求和总供给的概念。有了这两个概念，我们再去理解国家的宏观经济政策就变得很容易了。相对来说供给不太容易发生变化，但是需求一旦发生变化，宏观经济就会不稳定。此时，就需要政府出台相应的政策来调节总需求。这些调控宏观经济的政策通常分为财政政策和货币政策。我们常用的利率，就是货币政策的一种。提高利率，企业贷款的代价就会提高，也就是企业生产成本会提高，相当于让总需求下降，给经济降降温。又比如最近大家谈得比较多的给企业减税，这属于财政政策，目的是让企业有比较多的税后利润，可以发给员工，或者扩大再生产，也就是刺激经济，拉动总需求。

我们上面讲了微观经济学里面的"资源有限""机会成本""边际"这三个概念，还有宏观经济学里面的"总需求""总供给"，以及"宏观经济稳定"。这些都是大家需要了解的最基础的概念，希望大家开始学经济学的时候，先把它们记住。

接下来,我们就正式开始经济学课程了,我将从公司、家庭、宏观经济等各方面来讲解和应用经济学的概念,希望你能从中学会用经济学的思维来重新思考平时司空见惯的事情,发现一个不一样的世界。

| 第一部分 |

# 公司是如何运用经济规律的？

# 比起含金量，学历更多是一种信号

2019年研究生入学考试有个非常惊人的数据，这一年考研报考人数达到了290万，比2018年增加了50多万，增幅超过了20%。为什么会有越来越多的学生去读研究生？读研能给他们带来什么回报呢？通常意义上的理解（父母也是这样教育孩子的），读研究生可以让人在能力和学识上获得全面的提升，然后在劳动力市场上更容易找到一份好工作，有一份满意的薪水。

我们传统认知中，教育的功能是能力、学识的增长。但是2001年诺贝尔经济学奖得主之一的迈克尔·斯宾塞（A. Michael Spence）教授有一个有趣的理论，他更倾向于把教育看成关于个人能力的"信号发送"机制。可以说，他提出的"信号发送"理论，为我们理解教育的功能提供了一个全新的视角。

在斯宾塞看来，大学文凭，与其说代表了你学到的知识和获得的能力，不如说它是一个可以释放的关于你个人能力的"信号"。这个信号可能包含了你的学习能力、为人处世的能力、自律的能力甚至是你的智商，等等。你凭借自己的文凭，把这些信号传递给你的潜在雇主。这就是一个很简单的对信号传递理论的理解。

信号传递理论的基础，是我们生活中普遍存在的"信息不对称"现象。"信息"这个概念在经济学上是非常重要的基本概念，就像我们在导论里提到的，决策和选择是经济学的核心，而信息对于做决策和选择来说是非常重要的前提。

什么叫作信息不对称？用大白话来说就是"买的不如卖的精"。这就是说，在商品买卖市场，通常来说，卖家比买家更了解这件商品。

在劳动力市场上更是如此，一个雇主和一个找工作的人，他们之间的信息当然是不对称的。一般来讲，找工作的人，他的信息是一种个人信息，只有自己才知道得最全面；而企业的信息是一种公开信息。企业想要找到合适的人才，其实是很困难的，因为他们并不了解就业市场上每一个人的个人信息，比如你有多能干、多聪明，智商有多高，其实这些都是你的私人信息，或者说隐藏的信息。

在这种情况下，如果你的老板不掌握这些信息，完全不能区分求职者的好坏，他会怎么做？他只能给每个求职者打同样的分，支付差不多同样的工资，这样老板只会雇用到一般水平的人。同时水平高、能力强的人由于不能被老板所识别，不能获得更高的收入，也不愿意对自己进行教育投资——因为这种投资在劳动力市场上是没有回报的，所以说这时候劳动力市场上就出现了所谓的"劣币驱逐良币"现象。

这个时候，老板就需要一种能把求职者的个人信息传达给他的"信号"。为什么在劳动力市场上通常会把教育水平（或者文凭）当成一个传递个人能力的信号呢？这建立在一个基本的假设，或者说一个通常的观察之上：通常来讲，能力比较高的求职者比能力比较低的求职者更容易获得更高的教育，或者说更容易考上更好的大学，所以老板更愿意付出成本去追求更高的学历。

一般来讲，好的学校为了保证它的声誉，维持学历比较高的含金量，通常会实行严格的淘汰制度，比如考试的不及格率等。对于高能力的人来讲，要做到每门课都获得比较好的成绩比较容易；但是对于低能力的人来讲，考及格都很困难，需要花更多的时间学习。这无形之中增加了低能力者发送信号的成本。如果发送信号的成本特别高，就可能只有高能力者才有能力发送文凭和教育的信号。所以凭借教育水平，老板就可以把他们区分开来。据说斯宾塞提出信号理论就是因为他观察到，哈佛MBA学员毕业之后，工资可能比读哈佛MBA前翻好几倍。那么这些学员日后薪水的增长到底是因为在哈佛商学院两年的学习使得他们增加了好几倍的能力，还是因为哈佛这块金字招牌筛选出了更加优秀的人才呢？他最后的研究结论是，哈佛这块牌子在就业市场上发送的信号起到了更大的作用。

根据信号传递理论，高学历在劳动力市场上通常可以代表个人能力，而这背后还有更深层的洞察。

众所周知，在劳动力市场上，教育水平，无非是把人群进行了一个分类。我们在劳动力市场上看到的，从某种意义上讲，其实就是一个匹配（match）的过程。供求关系笼统地讲，有供有求，但本质上是潜在的雇主要找到潜在的、合适的劳动者。

斯宾塞这个理论提出来以后，大家觉得非常重要。因为劳动力市场上的大量活动，其实只不过是在进行供需的分类而已。市场的功能，或者说市场配置资源的效率，主要体现在市场能够对供给方和需求方分门别类地进行匹配，匹配得越好，市场也就越有效率。

一个粗糙的市场，比较初级的市场，其实就是不能很好地匹配供给方与需求方的市场。一旦不能做到很好的匹配，鱼龙混杂的现象就会出现，因为在这种市场上没有人能把一样东西跟另外一样东西很清晰地区别开来，这个时候假冒伪劣就会猖獗，因为没有人能够识别和分辨，就会出现"劣币驱逐良币"的现象，差的东西反而把好东西慢慢挤出市场。而一个高级的、发达的市场，一定是能够区分得越来越细的市场，可以让供给方与需求方很好地匹配。

其实，除了教育，我们熟悉的品牌、商标、广告也都具备传递信号的功能。我记得有两个法国人，把美国的各种各样的品牌、广告，比如迪士尼、麦当劳、Costco、福特等做了一个电影，叫《商标的世界》。虽然电影《商标的世界》只是好玩，但是仔细想想看，如果这个世界上没有商标、没有品牌会怎么样？

市场需要商标，就是因为市场要有效地运转起来必须做到匹配，就是什么样的东西能够卖到什么样的价格，什么样的人能够找到什么样的东西。这必须在市场上能够确保，不然它就是一个混浊的市场，就会有很多假冒伪劣商品。一旦有了商标和品牌，我们就能够借助它们来辨别什么是好的，什么是不好的。商标相当于市场的清洁剂，它可以让市场变得越来越清澈，越来越透明，使得我们消费者、在市场上的任何一个参与者，都不会上当受骗，总是可以找到我们所需要的东西。

最后，跟大家聊聊天价广告的话题。世界杯期间，或者说中央电视台春节联欢晚会开始前的广告都是天价广告的代表，比如 2019 年春晚的倒计时广告，价格甚至达到了每秒 572 万元人民币。但仍然有不少企业愿意购买这种天价广告时段。从信号传递的理论来看，因为传递的成本特别高，它相对来讲就很有效，就很值得。在观众看来，企业如果愿意花这么大的代价去做广告，这家企业一定非常注重自己的信誉，不会砸自己的牌子。虽然理论上讲，不论质量好还是质量坏的商家都可以打广告，但如果广告的费用非常高昂，比如高达上千万元，甚至上亿元，那么我们通常就会相信，在市场上只有质量好、有能力、有信心的企业才有可能愿意花这么大的代价去做广告，这样的企业也许就更容易被信赖。这一点在依赖回头客的商品和服务上会体现得更加明显，比如一款自诩好喝的果汁。

不过，我们需要警惕的是，会存在一些产品，即使消费者使用后，也无法分辨它们的质量，像形形色色的民间医院，这类天价广告的可信度可能就要降低了。

总结一下，本节我们主要聊了聊教育、商标、广告背后的信号传递理论，涉及信息不对称、市场匹配效率等经济学概念。希望能对你有所启发。

# 高薪背后隐藏的逻辑

生活中，我们经常听说某某公司的工资水平比同行业其他公司高出好多。比如说，2018 年华为公司员工平均年薪高达人民币 110 万元，是阿里巴巴员工的 4 倍、中兴通讯的 5 倍、小米公司的 6 倍。

大部分人都对这样的公司既憧憬，又有些疑惑：为什么这些老板愿意给员工"特别高"的工资？在本节课程里，你可能会找到答案。

我今天要给大家讲的一个理论叫作"效率工资理论"。这个理论是由 2001 年诺贝尔经济学奖得主乔治·阿克尔洛夫（George Akerlof）最先提出来的。阿克尔洛夫教授虽然是诺奖得主，但比起他，你可能更熟悉他的太太。他太太叫珍妮特·耶伦（Janet Yellen），曾担任过美联储的主席。美联储就是美国的央行，类似于我们的中国人民银行。

言归正传，阿克尔洛夫说的效率工资是什么呢？

简单来说，效率工资是一种薪酬制度，它一般指的是，企业支付给员工比市场平均水平高得多的工资。教科书里常常用二十世纪初的美国福特汽车公司来举例。

在二十世纪初，美国汽车产业迅速发展，汽车工人需求旺盛。1914年，亨利·福特开始向其汽车工人支付每天5美元的工资。而当时普遍的工资仅是每天2—3美元，福特公司的工资远远高于均衡工资水平。求职者在福特汽车工厂外排起了长队，为争抢工作岗位几乎发生骚乱。

通过前面的经济学学习，相信你对"均衡"一词不再陌生。经济学里常常讲到市场上有供给有需求，往往会存在某个均衡价格和均衡数量。劳动力市场也不例外，用人单位有用工需求，劳动者供给劳动力，便会形成均衡工资和均衡用工数量。老板为什么要支付高出劳动力市场均衡价格的工资给员工呢？随大溜，给普通的工资就好了呀，给高工资，增加自己的成本，确实很违反直觉！

事实上，在福特汽车的例子中，当年由于美国汽车产业迅速发展，对汽车工人的需求旺盛，汽车工人的工作流动性很大，这给企业的稳定发展带来不小的压力。而亨利·福特支付高工资，使得公司有一个稳定持久的基础。当时的一份调查报告发现，高工资提高了工人的积极性，增强了企业的凝聚力——福特公司雇员的辞职率下降了 87%，解雇率下降了 90%，缺勤率也下降了 75%。高工资也带来了更高的劳动生产率，福特汽车的价格比竞争对手便宜了很多，汽车销售量从 1909 年的 58000 辆直线上升至 1916 年的 730000 辆，7 年里翻了超过 10 倍。

所以，效率工资看上去不划算，付出了高于市场平均水平的工资，但是它带来了很多好处：一方面，员工跳槽会给企业造成损失。员工辞职后必须得到补充，这意味着企业不得不再次进行招聘，发生招聘费用和培训费用。因此，企业有强烈动机采取各种措施将员工的跳槽率控制在一个合理的水平上，而通过效率工资可以有效阻止员工跳槽。简单说，虽然企业的用工成本增加了，但是招聘和培训支出下降了。另一方面，因为信息不对称，老板看不到员工的努力程度，员工在工作时，就可以偷懒。如果企业仅仅支付均衡工资，员工上班偷懒被发现，辞退后仍可以在劳动力市场上找到一份薪酬同样是均衡工资的工作。而企业如果支付高额工资，并且建立起比较严格的淘汰机制，员工偷懒就容易被辞退，而且被辞退后很难找到类似高工资的工作，所以员工会加倍珍惜现有高工资的工作机会，从而减少偷懒，提高劳动生产率。

另外，除了外部竞争的问题，从员工的心理出发，当员工与其他企业进行工资比较，发现自己的工资高出很多时，员工会在情感上认为这是企业对自己的馈赠，那么自己表现出良好的精神面貌和积极的工作态度就是对企业的回馈。显而易见，这种情况下，员工和企业的关系是很好的。如果企业对所有员工都有类似的高工资，那么员工集体会稳定持久，离职率低，员工之间的精神面貌会互相感染，互助团结的情感也会使得士气爆棚，劳动生产率大增，企业与员工之间的关系进入良性循环。

简单来说，老板之所以愿意支付给员工比市场工资高的工资，背后的重要原因是老板和员工之间的信息不对称和监督问题，而效率工资就可以在这个时候起到很好的激励作用。

所以，如果公司想要提高员工的忠诚度，特别是工作性质对自主性、创造性要求很高的岗位，很难靠老板的监督来管理员工的时候，效率工资就是一个很好的办法。可以说，华为就很好地实践了效率工资这一理论。

当然在应用效率工资理论时，我们也要特别注意一些问题。比如早年我国讨论过"高薪养廉"制度，这种做法就是一种效率工资原理的应用。但是，由于"编制"的特殊性，哪怕公务员偷懒也没办法辞退，所以即使给出高薪酬，也会有大量的偷懒现象存在。在国企里，有编制的员工身上也会有类似的情况出现。所以，效率工资一定要配合合理的辞退制度，拿了高工资却不好好工作，就要坚决辞退。如果不辞退，那么偷懒行为会进一步蔓延到其他员工身上。

不过，除了在企业层面上，如果我们再把眼光放远一点，对整个经济社会来说，效率工资的做法可能会导致一些意想不到的后果。比如效率工资会使企业倾向于留住自己的员工，进而使找工作变得困难，整个社会的劳动力流动性下降，也会导致失业率在某些阶段上居高不下。尤其是当经济面临外部冲击和需要做出结构调整的时候，由于工资的黏性很强，降不下来，因为人们已经习惯于之前的效率工资了，在这种情况下，减薪会非常痛苦，甚至会带来社会动荡。这也许就是硬币的另一面。

总结一下，这一节我给大家讲了效率工资的概念、原理和应用场景。其实，在我们看到的经济世界中，激励无处不在；我们在工作中，也处处在从激励角度考虑问题。效率工资理论无非道出这个真相罢了。

看穿了这个激励的真相，我们每个人都可以得到一些启发。比如，如果你是公司的老板，你可以想想，是不是要在你们公司实行效率工资这种机制；如果实行，要对哪些岗位的员工实行。如果你是公司里的普通员工，你也需要思考，那些正在实行效率工资的企业，是不是实行了非常严格的淘汰制度，你个人适合这样的工作模式和薪酬制度吗？还是说比起高薪，你更希望拿到一个稳定而有保障的薪水？

# 人力资本：教育给你的回报有多大？

之前我们讲了效率工资，解释了为什么有些岗位可以拿到超高工资。这节课我们来学习一下经济学中的"人力资本理论"。你是否算过，你花在教育上的投资日后到底能带给你多大的回报？这节课可能会给你一些启发。

在二十世纪五六十年代，芝加哥大学的西奥多·舒尔茨（Theodore Schultz）系统地论述了"人力资本"理论，使这个概念很快得到了整个经济学界的认可和接受。他也因此获得了 1979 年的诺贝尔经济学奖。

那什么是人力资本呢？

简单定义一下，在人的知识、技能、素质等各个方面进行投入，形成的日后可以带来回报的能力，就是人力资本。我们通常说的投入到生产中的机器、设备、厂房、建筑物等，是经济学上说的物质资本；而对于人的知识、技能，甚至体能的投入实际上也是一种资本，它会形成人们在日后创造收入、创造价值的能力。

也许我们现在来看人力资本理论会觉得很平常,但是大家不要忘记,舒尔茨在二十世纪五六十年代就看到了人力资本对于企业发展、经济发展的重要性,这是很有远见的,这也是为什么他获得了 1979 年诺贝尔经济学奖。那么,为什么"人力资本"这个概念这么重要呢?因为经济学家们发现,一旦我们把"人力"定义成"人力资本",很多重要的经济现象都可以得到新的解释。

一百多年前的英国经济学家托马斯·罗伯特·马尔萨斯(Thomas Robert Multhus)就很悲观,认为人口不能超出相应的农业发展水平,多增加的人口总是要以某种方式消耗本就有限的资源,所以过多的人口对于国家来讲是一种负担,这就是著名的"马尔萨斯陷阱"。如果人口的增长快于我们农业生产的增长,那么我们就会陷入贫困的陷阱。电影《复仇者联盟3》中,灭霸要打个响指消灭宇宙中一半的生命,也是类似的思路。

但是我们又常常听到另一种说法,叫人口红利。从宏观层面来看,人口规模到底是一个地区经济发展的负担还是红利呢?似乎根本说不清楚。

在人力资本理论流行之前,还有很多宏观问题,比如说为什么地区与地区间的经济发展会有那么大的差距？经济发展到底要考虑什么因素？这些问题都很重要，但是却不容易说清楚。人们通常用空间、土地、自然资源等因素来解释一个国家的富裕或贫穷，但是，这些解释往往很难自圆其说。比如说日本和以色列，它们并不算地大物博，甚至资源匮乏，但却是富裕的国家；而俄罗斯和印度幅员辽阔，印度又人口众多，可是它们却并不富裕。

一旦我们接纳了人力资本理论，这些问题就迎刃而解了。一个国家的经济发展和富裕程度不在于人多还是人少，而在于每个人能生产出多少东西来，也就是说在于生产率的差别。我们对比一下新加坡和印度，马上就能明白这个道理。

事实上，舒尔茨研究了二十世纪30—50年代美国教育投资对经济增长的贡献，他发现，从总体上看，教育投资增长的收益占美国国民收入增长的比重有1/3还多，也就是说，如果GDP整个增长了100元，那其中有33元都来自教育投资的增长。

半个世纪以来，正是因为人力资本的概念和理论的提出，影响了很多国家的政策，各国开始提高教育支出占国民收入的比重，重视普及义务教育。其中最典型的例子就是日本，尽管日本国土狭小、资源匮乏，但是政府仍然对教育进行大力投入，高素质的劳动力队伍成为二十世纪七八十年代日本经济腾飞中的中坚力量。近年来，我们国家也在逐步加大对教育的投入，现在我们的教育支出占GDP比重达到4%，这是一个相当高的水平，相信大家也从各种渠道看到了不少省份人才大战、出台各种人才新政的新闻报道。

在微观层面上，对个人来说，人力资本投资与其他方面的投资比较起来，投资回报率也是很高的。舒尔茨对早期美国数据的测算结果发现，各级教育投资的年平均收益率是17%。怎么理解17%的收益率？在今天，大家一定觉得17%的收益率相当高，做实业投资或者是金融投资，年平均收益率能超过17%的寥寥无几。

当然在中国，你肯定会想，在过去的二十年中，买房子的回报率应该是高于17%的。但是，现在有"房住不炒"的大方针，未来会有房产税等政策，世界上很多国家地区也都有房产税，买房子的高额收益率其实是很难持久的。那么你有没有听过对知识技能收税呢，谁知识多技能多就对谁收税？我想没有一个国家有过这样的政策。

所以我建议，最好在年轻的时候就加大对人力资本的投资，这样做是最合算的。因为越早投入，就有越多的时间可以享受这些投入带来的收益。所以，学校教育和职业生涯早期的一些投资，对个人的发展都是非常重要的。当然，也不是说年纪大就不值得去投资人力资本了，现在不是提倡终身学习吗？通俗点说，"技多不压身"，而"活到老学到老"这句话，是有其重要的经济学含义的。

上面我们讲了人力资本投资对于一个国家、一个地区、一个社会，以及对于个人的意义。下面，我们来讲讲它对企业的重要性。

相信你也感觉到了，现在一个大的经济趋势是，我们从低附加值的中国制造阶段走向高附加值的中国创造新阶段。"制造"需要大量普通的非技能的劳动力就够了，但是想要做到"创造"，一定需要大量人力资本水平高的人才。

对于企业来说，对员工的人力资本投资也是回报率很高的，十分合算。我们可以看到，现在很多公司都把"在职培训"作为重要战略，有些企业包括政府机构都会跟大学合作搞培训。一些大的企业甚至组建了自己的大学，比如华为大学，阿里集团牵头组建的西湖大学、达摩院等。还有很多外资企业，会把自己的员工送往国外总部进行培训。这些都是在人力资本上进行投资的重要形式。

在具体的培训项目上，我们很容易发现，一线员工会全员参与专业工种的培训项目。这很好理解，具体工种的培训可以直接提高一线员工的劳动技能和劳动生产率，促进生产。而有些员工会受到特殊青睐，被企业挑选出来进行管理相关的通识培训，比如参加工商管理硕士项目（MBA项目）。你身边应该就有这样的例子吧，比如，官员提拔前要去党校培训一段时间。其中的挑选机制也是很清晰的，从基层中选出业绩优秀的员工准备提拔到中高层管理岗位，所以需要进行相关的管理类培训。

这其实也是效率工资的一个变种，可以等同于给员工发了一笔奖金，马上又强制员工把这笔奖金定向花在了教育培训上。一方面，有效率工资层面的激励效应，可以增强高级员工对公司的忠诚度；另一方面，管理类的培训相当于对骨干员工的人力资本进行了投资，员工学成之后，对公司的长期发展是很有好处的，但这也是在员工不跳槽的前提下，所以你会发现，公司一般会对这些接受管理类培训的员工有一定的约束，比如签署协议要求培训结束后为公司服务多少年等。这些培训与约束条件都是从人力资本投资以及其产生回报的角度设计的。

总结一下，这节课我们讲了人力资本的概念，也讲了人力资本投资对于国家经济发展、个人成长，以及企业发展升级的意义。

最后，给你留一道思考题：现在辞职和跳槽现象越来越普遍，企业的员工流失率也越来越高。这种情况下，如果你是老板，你还会选择给员工的管理培训买单吗？为什么？（小提示：考虑一下教育的正外部性）

# ofo 破产都怪阿里腾讯？

2018年冬天，我们熟悉的共享单车——小黄车 ofo 差点破产了。ofo 是 2015 年 6 月成立的，它只用了短短三年多的时间就占领了中国的大街小巷。可是为什么这家如此成功的企业会突然走到破产的边缘呢？

腾讯的创始人马化腾在评价这件事情的时候提出了一个重要的观点，他说 ofo 的失败，真正的原因在于太多人都拥有一票否决权，导致决策失灵。

作为一个初创企业，ofo 确实有特别多的投资人，其中就包括滴滴、阿里和经纬投资等。除了创始人，我刚刚提到的这三个投资方，都对 ofo 的重大决策有一票否决权。你可以想象，这个公司在紧急关头做一个重大决策的时候会有多困难。

从这个案例中我们可以发现公司管理中的一个重要问题，就是必须有一个最终决策者，换句话说就是必须有一个老板，否则就会导致决策效率低下。

但是这个老板应该是谁呢？这是真正有趣的问题。是CEO吗？可是CEO有时候还要听董事会的。那是董事会的大股东吗？马云是当之无愧的阿里巴巴老板，但你知道吗，他持有的股份其实只有7%。所以看谁是老板，不是看头衔，而是看他实际的权力。

老板最重要的权力是什么？经济学家认为是一种叫作剩余控制权的权力。"剩余"顾名思义就是剩下的，为什么剩下的权力反而是最重要的？

其实，公司里很多的权力都是事先根据约定或章程分配好的，权力应该是没有什么剩余的，每个人各司其职，负责执行。但是企业在经营过程中又会遇到很多不确定的状况，在这种没说清楚的突发情况下，谁有权力拍板，我们就说他有剩余控制权，他才是真正的老板。

不管在什么样的组织里，如果剩余控制权归属不清，就会造成老板缺位，结果可能就是灾难性的。因为比起那些确定性的决策，这些不确定性情况下的决策反而是最重要的。比如人工智能的新技术出现了，公司是不是也要发展相应的业务？比如经济突然出现下行的压力了，公司要不要裁员？这些才是对一个公司发展而言最重要的决策，而那些能够提前规划好的经营决策其实都不是最重要的。所以剩余控制权的归属对企业来讲是生死攸关的。

那么，按照经济学的理论，剩余控制权该归谁呢？

其实答案很简单，剩余控制权应该给和这个公司利益最相关的人。比如说，如果这个公司的资金是你一个人自掏腰包投入的，那么你就是和公司利益最相关的人。如果你做老板，你就会深思熟虑后做好每一个决定，因为一旦决策失误，你就要承担所有的风险，亏的是你的钱。另一方面，你也更有积极性，会想方设法去创造更多收入，而且还会把它再投入到公司里面，因为你知道自己的付出和最终得到的控制权是匹配的。

通常来讲，创始人天然拥有公司的剩余控制权。虽然外部的投资人也是股东，但他可能更关心一些短期的收益回报，可能买了这个公司只是为了转手能卖出一个更好的价钱。但是如果是创始人，他大概率会更关心公司的长远发展和长期利益。

这就是马云会坚持在阿里实行 VIE 结构（可变利益实体，Variable Interest Entities）的原因。VIE 结构是一种非常特殊的股权架构，虽然马云和他的管理团队在阿里巴巴里面的股份占比是比较小的，像我前面提到的只有 7%，但是他们通过

VIE 结构的约定，把公司的经营管理主权牢牢地掌握在自己手里，所以阿里就没有出现 ofo 这样的局面。

当然这也不是绝对的，有时候控制权从创业者交到投资人手里可能也不完全是坏事，因为投资人通过资本市场上的公开购买投入大量资金，成为大股东后，也可能成为利益最大的相关人。

但不管怎么样，对任何一个公司，剩余控制权需要有一个明确的归属，而且这个人不能是随便的一个人，他的利益需要和这个公司的利益高度相关，才能确保他为公司做出最好的决策。这就是这节课我最想让大家认识到的问题。

总结一下，这节课我给大家讲的一个经济学概念，就是剩余控制权，以及它在公司、组织、家庭中的应用和重要性。知道了这个概念对我们有什么帮助呢？

首先，你可以更好地理解一个组织的权力构成，因为剩余控制权是无形的，是很难写清楚的，我们看不见它，但它又是一种非常重要的权力。在今天学完之后，你就可以观察生活中碰到的各种团队组织，不管它是一个家庭还是一个公司，甚至是一个小部门，剩余控制权在谁手上？这个归属是很清晰的，还是模糊的、缺位的？这对于你理解一个组织的结构和运行效率是很有帮助的。

其次，认清这个概念，对我们分析某些特定问题也很有帮助。比如我们看到了很多公司的纠纷、低效率决策，甚至错失发展机会的情况，可能就像一开始提到的 ofo 那样，是剩余控制权模糊缺位造成的。

我的很大部分工作是研究国有企业。国有企业低效的问题是有目共睹的，好多人都有不同的看法和解释。用我们今天学的剩余控制权解释这个问题就变得简单了。国有企业最大的问题是什么？其实就是剩余控制权的缺位。

国有企业的老板是谁，这是很难定义的。是地方政府？是人大？还是国资委？这件事真的说不清楚。所以这种情况下企业的管理者就很难为冒险的决策拍板，也没有人愿意去承担这个风险，因为所有人都是风险规避者，都不是和企业发展利益最相关的人。这种情况下，国有企业想要提高市场竞争力，想要像剩余控制权清晰的企业一样发展，是很困难的。

认识到这个问题，就可以提出相应的解决方案了。一个自然的办法就是，把它放到市场上，通过市场的力量把它的剩余控制权清晰地转移到一个真正有决策能力、有风险承担能力的团队手中。新加坡就是这样做的，所以诞生了像淡马锡这样很高效的国有企业。拥有淡马锡 100% 所有权的新加坡财政部在公司内部起的作用很小，真正起到关键作用的是特殊的董事会，董事会成员包括一些优秀的职业经理人和外部专家，公司的剩余控制权就清晰地掌握在他们手里。我相信如果类似的改革能够进行，也会很好地释放中国国有企业的活力和竞争力。

这一节课就讲到这里，最后给大家留一道思考题：你觉得用剩余控制权这个概念还能解释什么样的问题呢？

# 委托代理:"胡萝卜加大棒"是有效管理吗?

我们经常说奖惩要分明,但在生活中奖惩往往是并存的,奖励与惩罚并存的激励方案在西方通常被称为"胡萝卜加大棒"。"胡萝卜加大棒"来自一个古老的故事:为了使主人骑的毛驴前进,就要在它的前面放上胡萝卜或者在后面用大棒打它的屁股。

在经济学家看来,"胡萝卜加大棒"的必要性来自毛驴和主人目标的不一致性。主人希望尽快赶到自己的目的地,而毛驴则希望走慢点,不要让自己太累。如果毛驴出于某种原因,和主人同样希望尽快到达目的地,那"胡萝卜加大棒"就是完全没必要的。

这种类似于主人和毛驴的关系,我们通常称之为委托—代理关系,这在现实中非常常见。比如,请律师帮我打官司,我和律师之间就是委托—代理关系。其实在公司里面,委托—代理关系更加普遍,股东和管理层之间的关系是委托—代理关系，管理层和员工之间的关系也是委托—代理关系，整个公司就是由一层层的委托—代理关系组成的。在没有任何激励方案的情况下，委托人和代理人之间的目标往往是不一致的，就像毛驴和主人的想法是有差异的。这时候就需要引入"胡萝卜加大棒"的方法，诸如股权或期权激励、业绩提成、绩效奖金、职位晋升等物质奖励就构成了"胡萝卜"，而诸如减薪、降职，甚至解雇等惩罚就构成了"大棒"。

尽管"胡萝卜加大棒"看上去很完美，可以解决代理人不够努力的问题，但在现实的使用中往往会产生一些意想不到的、适得其反的效果。从物质激励（胡萝卜）的角度上讲，一个常见的例证是，如果想要激励小朋友用功读书，你最好不要经常用"胡萝卜"。小朋友读书学习，应该是出于对知识本身的兴趣和渴望，如果按照小朋友考试的分数来支付零花钱，小朋友往往会沉迷于挣取零花钱而将学习当成一种手段，对学习本身失去兴趣，这与我们教育的初衷是相违背的。

当然，对"大棒"的使用也要三思而行。经济学家曾经在以色列海法市的十所幼儿园做过一次持续二十个星期的实验。在这些幼儿园里，家长需要在每天下午按照约定时间去幼儿园接回自己的孩子。在实验的前四周，经济学家只是简单地记录接孩子时迟到的家长的数量。他们发现每天每个幼儿园平均会有八个家长迟到。

于是，在第五周，管理者决定对迟到的家长进行处罚。幼儿园宣布，迟到超过十分钟的家长每次要支付3美元的罚款。也就是说，幼儿园决定要动用"大棒"来惩罚那些和幼儿园目标不一致的家长。理论上，"大棒"的存在会导致迟到数量下降，因为家长会考虑到惩罚的代价而尽可能避免迟到。但事实却恰恰相反。罚款制度实施后，家长迟到的次数持续增加，比一开始的平均数量增加了一倍以上。显然，幼儿园的罚款制度起到了完全相反的结果。

大家也许会问，这究竟是怎么回事呢？促使家长准时来幼儿园接孩子的动机是相当复杂的，在没有罚款制度的时候，大部分家长都会尽量准时来接自己的孩子。一方面，迟到的家长会因耽误了老师下班而产生愧疚感；另一方面，家长会担心自己的迟到会使老师不快，老师如果不快，就有可能不善待自己的孩子。为了不让自己愧疚或者期望老师善待自己的孩子，家长会尽可能地避免迟到。

但是，一旦实施罚款制度，这两种动机就不存在了。家长会想，既然可以支付罚款，那就支付好了，反正3美元也不贵。而且已经支付过罚款，未能及时下班的老师就会得到收入补偿，所以迟到家长对老师的愧疚感和恐惧感也就不复存在了。这种外部利益动机对其他内在动机的"挤出效应"恰恰是罚款制度实施后家长迟到次数急剧增加的原因。

外部利益动机对其他内在动机的"挤出效应"在社会上屡见不鲜。二十世纪七十年代，人们就做了一个原理和以色列幼儿园类似的关于献血的研究。他们发现，当献血从无偿变为有偿的时候，献血人数急剧下跌。这是因为无偿献血可以展现一个人较高的道德素养。而一旦变成有偿，献血就变成了"卖血"，原来献血所包含的社会道德意义就不复存在了，那些因为非经济动机而选择无偿献血的人就会拒绝有偿献血。而当血液的价格持续上升时，献血者的血液质量开始下跌，因为那些谋求物质利益的献血者会"偷血"，伪造身份来躲避医院的献血限额，甚至用猪血来代替人血。所以，经济学家给出一个结论：在代理人存在多种可能的内在动机，而不仅仅是经济利益驱动的时候，委托人就需要谨慎地考虑使用"胡萝卜加大棒"的方案，否则很可能得到适得其反的结果。

"胡萝卜加大棒"的另一个问题是，这种激励方案仅适用于委托人所布置的任务较为单一、容易度量的情况。比如，在销售领域，老板往往会采用根据业务完成情况给销售人员提成的激励方法，这是因为销量最大化是一个非常单一的任务。但在现实中，委托人往往会布置给代理人多个不同的任务，我们称为"多任务的目标"，在这种情况下，"胡萝卜加大棒"的方案也不会产生预期的效果。一个常见的例子是，我们的教育主管部门希望教育是德、智、体、美、劳的全面发展，这就是一个"多任务的目标"。这个时候如果引入"胡萝卜加大棒"，对教师强化业绩考核，搞绩效收入，那么一个理性的教师会如何在这些任务中分配努力呢？

显然，他会把精力完全放在提高学生的学习成绩上，而不去管其他任务。因为这些任务目标里面，只有"智"，也就是学业成绩是相对容易考察的，只要看考试成绩就行了，而度量其他指标则相对困难。如果一个教师把精力放在诸如德育上，那他在未来的绩效考核中就会处于不利地位。所以，我们希望学生全面发展，就不能过度地在教师身上采用"胡萝卜加大棒"策略。

当然，即使教育部门只在乎学生的知识水平，"胡萝卜加大棒"也未必能使教师更努力地去改善学生的学业。最近对美国芝加哥市公立学校的一项研究表明，当教师需要更多地为学生的学习成绩负责时，教师甚至会帮助学生在考试中作弊。出于提高美国公立学校的教学质量的动机，美国联邦政府要求公立学校的学生必须接受标准化的考试。有 20 个州对学习成绩优秀或者成绩提高显著的学校提供奖励，而有 32 个州对表现不佳的学校实施惩罚。在这项研究里，芝加哥市表现持续不佳的公立学校将被关闭，所有教职工都将被解雇。

但这么做实际上对学生学业的促进是非常有限的，因为教师把更多的精力放在了欺骗考核当局而不是教学上。比如，一个五年级的学生在州考试结束后告诉她的妈妈，她们班上那个"超级和蔼"的老师把考试题的答案写在了黑板上。还有证据表明，一些教师在把答题卡送入电子扫读仪之前把学生的错误答案都改了过来，诸如此类，可谓"八仙过海，各显神通"。我还看到过一些新闻报道，美国一些州的教师工会反对州政府对学生考试的制度，这些考试相当于间接考察了教师的业绩，就会形成很多的问题，对教育本身也不是一件好的事情。

我们来总结一下本节课的内容：第一，"胡萝卜加大棒"的激励方案可以让代理人的目标和委托人的目标一致起来，但是它只在一些简单的单一目标管理场合是有效的。第二，如果代理人存在着较为复杂的动机，而非单一的利益动机，那么使用"胡萝卜加大棒"不一定能达到预想的效果，要考虑到利益动机对其他内在动机的"挤出效应"。第三，如果委托人需要代理人完成多种任务，那么就要谨慎采用"胡萝卜加大棒"，防止代理人仅仅专注于易于考核的任务而无视那些难以考核但也同样重要的任务。比如中国的可持续发展目标，既要保护环境，又要发展经济，还要消除贫困，以及防范风险，在面临多目标任务时，地方政府往往会投资于那些容易考核的、看得见的项目，以增加 GDP，提高地方官员的晋升机会，而忽略那些同样重要的问题，比如保护环境。

最后留一道思考题。在现实中，当员工付出努力后，老板也存在拒绝兑现原来承诺的可能。比如，员工明明干得很出色，但老板坚持认为他的工作表现一般，从而拒发奖金。假设存在这种可能，那么请问，如果你是老板，你如何才能让员工相信自己会兑现承诺呢？如果你是员工，你又该相信什么样的老板会兑现自己的承诺呢？

# 交易成本：公司的规模是怎么决定的？

有一年的 5 月份我正好在哈佛大学，那里正在举行一年一度的毕业典礼，这个毕业典礼是在室外举行的。后来我了解到，典礼所用的道具，包括桌椅板凳和台布等，都不是哈佛大学自己的，而是从市场上租来的，年年如此。这个事情引起了我的思考，也是一个非常有趣的话题。每到年终，很多公司常常要办年会，表彰一下绩效好的部门和个人，庆祝一下过去一年取得的业绩。业绩好的公司还会有抽奖环节，让员工很期待。他们也面临着这样一个选择，年会是选择内部员工自己去筹备还是请市场上专业的公司承办，也就是外包出去做呢？

这个问题非常普遍。我们经常看到很多活动都在找外面的公司承办，它们比我们自己做得更专业。但是很少有人想过，其实当我们在用市场外部的其他公司资源来举办活动时，我们这个企业和市场之间的边界就发生了移动，这个问题实质上就是一个企业的"边界"问题。所谓企业的边界，就是什么样的活动应该由市场去做而不是由企业自己去做；什么样的活动可以放到企业的内部做，而不是不断地从市场上租赁或者购买。这样看，企业和市场的边界具有伸缩性，或者企业会变大，或者企业会缩小。

实际上，现在有的公司可能规模很大，但是企业的边界很小。我在伦敦时曾经访问过普华永道公司，它租了一栋很大的写字楼，里面所有的办公设备都是租来的，用它自己的话说，这个公司除了有大脑以外，其他所有的东西都不拥有。从企业的规模来讲，普华永道这样的企业很大；但是从企业的边界来讲它们又很小，因为它们不拥有更多的东西，它们主要依靠市场。

所以企业的边界实际上是一个很重要的问题，但是这个问题在经济学的文献中出现得比较晚。1936年，在伦敦政治经济学院有一位年轻的经济学家叫罗纳德·科斯（Ronald H. Coase），他在当时发表了一篇论文，这篇论文的题目很简单，就叫《企业的本质》（*The Nature of the Firm*），这篇文章就讨论了企业的边界问题。后来，科斯在1991年获得了诺贝尔经济学奖，他的一个重要贡献就在于讨论了企业和市场的边界到底是怎样确定的。

交易成本：公司的规模是怎么决定的？

科斯是英国人，生于 1910 年。在二十世纪二三十年代，整个西方世界，包括英国、美国等，都出现了大量的大公司、跨国公司。成长于大公司垄断的时期，科斯一直很困惑，为什么公司会变得越来越大？经济学一直都教给我们说市场是万能的，市场交易是配置资源的最有效的方式，那么为什么我们在生活中看到的是大量公司的出现，甚至很多巨大的跨国公司的出现？同一时期，苏联处在列宁时代，大搞计划经济，列宁讲过一句著名的话，苏联就等于托拉斯。托拉斯是什么？就是巨大的公司。如果托拉斯能够覆盖整个国家的经济，像列宁想象的那样，那么就不需要市场了。所以在苏联时代其实是没有市场的，因为公司——托拉斯就是整个国家的经济。在公司内部实行的是计划经济，而市场和公司在配置资源的方式上存在着巨大的差别。

为什么有些公司会变得那么大，有些公司就很小？为什么有些活动在公司内部进行，有些活动就需要依靠市场的力量？这些问题从单纯的生产角度是无法解释的。基于这样的思考，科斯就提出了交易成本的概念，即"利用市场手段进行交易所发生的成本"。交易成本就是交易双方为了寻求交易的机会，为了进行价格上的谈判，而进行的市场上的签约和履约，等等，这些实际上都是一种成本。在科斯看来，经济学家完全忽略了利用市场所需要花费的代价，而仅仅只是关注到为了生产产品、提供服务所需要付出的直接成本。

比如说大家去买个手机，你想到哪里去买，是实体店还是网上？你可能还需要讨价还价，货比三家；买完之后，如果不满意，你可能想退货或换货，可能想找厂家赔偿；如果出现纠纷，你可能还要去打官司；等等。这一系列过程你都要付出时间、金钱和精力，这都是使用市场所需要的交易成本所包含的范畴。

虽然交易成本在企业的财务报表里面是隐形的，但是应用这个概念，我们可以充分理解使用市场所需要的代价。在财务报表中，你可以看到原材料成本、管理成本、财务成本等，但却很难识别出哪个是交易成本，而交易成本确实占用了很大部分的经济资源。

所以在科斯看来，企业的存在就是为了节省使用外部市场的成本。当市场交易成本比较高的时候，企业就应该扩大它的规模；而当企业内部的管理协调成本比较高时，企业就应该考虑把部分业务交给市场，从市场上购买，这种情况下企业就会变得更小。企业本质上就是节约交易成本的组织方式，只要有些活动在市场上比在企业内部进行更加合算，企业就会选择在市场上通过交易的方式获得这些东西。

举个例子，大家有没有想过一个问题：为什么美国的亚马逊公司购买市场上的物流公司服务来为自己的物流做支撑，而我国的京东却要花费巨大的成本来建立自己的物流体系？原因在于，这两家公司所在的市场环境和市场提供服务的成本有巨大的差别。美国的物流体系已经非常发达了，可靠程度也很高，亚马逊可以比较放心地用相对低的价格购买到高品质的物流服务。而京东对物流运输的速度和品质要求非常高，想在中国市场上找到符合京东要求的物流公司并不容易。议价成本、决策成本，特别是监督交易进行的成本会很高。尽管管理起来很麻烦，但自己建立物流体系的成本还是比从企业外部购买的交易成本便宜，所以京东选择自己来做。这个问题取决于市场发达的程度，以及我们的市场信誉和可信赖程度有多高。

在淘宝网早期的发展过程中，网上购物需要网上支付，于是阿里巴巴就有两种选择，一种就是去支付市场上购买网上支付的服务，比如银联，它可以花一笔钱，让银联来提供这个服务；另一种选择就是自己雇用一批员工，自己做网上支付业务，也就是我们现在熟知的支付宝。由于当时银联在支付市场上处于垄断地位，我们可以猜测，市场上的交易成本特别高，所以阿里巴巴选择了在自己内部做支付业务，也就是成立了支付宝。

科斯的交易成本理论,回答了经济学家一直争论的问题:企业和市场的边界到底在哪里?企业应该更多地进行并购还是反向并购,换句话说就是企业应该做大还是做小?除此之外,这个理论还可以指导很多商业决策。

比如,过去很多企业都雇有设计师,因为工作中偶尔有些小设计需求,找设计公司,可能不太容易找到专业事务所。后来,随着市场的发展,市场上开始出现一些独立的设计师事务所,这些企业的设计业务就可以外包给这些专业事务所,而且性价比会更高。

如果市场充分发达,效率很高,交易成本很小,从理论上来讲,企业的边界可以大幅度地缩小,甚至可以小到只有一两个人。有一个很好的例子就是装修。装修公司在中国市场上,是一个非常有意思的组织形式,因为它通常非常小,节省了很多协调管理成本,进而变得十分有效。它可以小到只有一个人,也就是我们说的包工头,包工头可以通过一个个的合同把水电工、瓦工、木匠这些业务都分包出去,不需要把这些人都放到公司里面。即便是很大的装修公司,你会发现上门来给你装修的人常常也是分包下去的临时工。

这件事最早是张五常教授在香港发现的。他曾经说过,香港的装修市场是最有效率的一个市场。类似的情形，我们在更大规模的制造业产业上面，也能够发现，比如深圳的手机产业，除了少数几个品牌以外，深圳拥有大量的非常小而有效率的手机制造商，他们没有自己的品牌，每个制造商可能就负责一个零部件的生产，也就是"贴牌生产"。在深圳的华强北走一圈，你能够买到组装手机所需要的全部零部件。

最后，我想简单谈谈这个交易成本理论对我们今天的启发。我的一个观察是，现在的组织形式正在变得更多元，企业和市场的边界正在变得模糊。

由于现在的互联网、大数据等新的技术的不断应用，市场的交易环境出现了很大的变化。

比如说滴滴的出现。以前的出租车都是出租车公司的资产，司机也都是出租车公司的职工。但滴滴这家公司并没有出租车，也不雇用出租车司机。我们如果用科斯的交易成本理论来解释这个问题，就很明白。由于移动互联网和大数据技术，现在要在市场上找到合适的出租车，交易成本变得很低，所以滴滴不需要把庞大的出租车司机群体纳入公司，这样就可以同时进入许多城市的市场，这是传统的出租车公司没法做到的。从市场覆盖度来看，滴滴是一个很大的企业，但由于滴滴实际上并不拥有出租车，也不雇用出租车司机，它的企业边界很小。以后这样的情况可能会越来越多，这就是新技术对市场环境的改变和对传统行业的改造。事实上，随着交易成本不断降低，未来小规模的企业会越来越多，也就是互联网人士所说的，未来的经济社会将是由"自由人的自由联合体"构成的。这是理想的极端情况，但我认为趋势大致是对的。

本节我们就讲到这里。给你留一道思考题：既然市场和公司的作用是互相替代的，随着移动互联网和大数据科技的发展，你的公司里有什么样的工作其实是可以用市场去替代的？

# 有限理性：决策者不可能全知全能，怎么办？

随着现代社会的快速发展，我们能够做出的选择越来越多。选择让我们拥有更多的自由，但同时也带来很多的烦恼——选择困难症已经成为当代社会三大心理疾病之一了。如何做出决策，特别是在我们的工作当中面临很多机会的时候，我们该怎么选择？这就是本节我要跟大家讨论的话题。

在之前的微观经济学的学习过程中，我们了解了经济学中关于如何做出最优选择的理论。经济活动中，在一定的约束条件之下，你追求的唯一目标是你自身的经济利益的最优化。

比如说个人追求的是幸福感最大化，或者是财富最大化；企业可能追求的是当期的利润最大化，或者公司的价值最大化，等等。这种所谓最大化或者最优化的思维方式，其实是基于我们经济学当中的一个非常简单的假设，就是我们所有的选择都是理性的，因为人是理性的。

我们先来回顾一下经济学中关于理性人的假设：我们不会感情用事，不会盲从，而是精于判断、计算；我们可以对任何一个选择的成本和它期望的收益，事先做出比较准确的预判。选择最大化某个利益的选项，换句话说就是理性人根据目标的最优化做出的选择。

具体来讲，理性人的假设，还要求我们掌握充分的信息来作为前提条件。要满足以下四个条件：

1. 理性人要具备关于他所处环境的完全知识，而且这些知识即使不是绝对完全的，也至少是相当丰富、相当透彻的。

2. 理性人要有稳定的和条理清晰的一种偏好，就是你非常明确你偏好什么。

3. 理性人要有很强的计算能力，要能够计算出每一种选择的后果。

4. 理性人总能在各种方案当中，选中可以使我们达到偏好上最高点的方案。也就是理性人总是选择最优的方案，总是能做出最好的决策。

你可能会认为上面这些假设在现实生活中不太能够成立，我也看到，无论经济学家内部，还是我们学术界的外部，大家对这种理性人的假设，总是会有一些批评的声音。

1978年的诺贝尔经济学奖的得主赫伯特·西蒙（Herbert

Simon），在他所著的《管理行为》一书中，针对完全理性或者完美理性这种假设，提出了介于完全理性和非理性之间的一种关于理性的看法，叫作有限理性，理性不是无限的，是有限的。

西蒙教授虽然获得了诺贝尔经济学奖，但是我们不太能够把他看成一个典型的经济学家，因为他的研究兴趣非常广泛，不仅研究经济问题，他还是政治学家、心理学家，也是管理学领域非常有名的学者，同时他还是计算机科学家。在1975年，他获得了所谓的"计算机界的诺贝尔奖"——图灵奖。

言归正传，到底什么是基于有限理性的决策？我们先要从"管理"这个概念说起，一般我们给管理下的最简单的定义就是通过人把事情办好，为了达到目标来协调人力、物力。管理的要素包括目标、人员、技术、组织等。

管理过程中的主要活动是计划、组织、监控、协调等。在组织的活动中，除去最底层的直接操作以外，其余各层次其实都是在进行决策，所以决策活动贯穿整个组织管理的全过程。

西蒙教授认为，现实生活中作为管理者或者决策者的人，他的理性其实是介于完全理性跟非理性之间的，所以他是一个有限理性的管理人。管理人的价值取向和目标往往也都是多元的，不仅会受到信息、时间、认知能力、处理能力等各种因素的制约，而且还处于变动之中，甚至会出现相互矛盾的状态。

在实际决策中，管理人的有限理性常常表现为：无法寻找到全部的备选方案；也无法计算出全部备选方案的后果；同时也不可能有一套明确的偏好系统，这使得他在多种多样的决策环境当中，没办法选择最优的方案。

所以管理人在做决策的时候，往往只能考虑少数几个最重要、最关键的情景要素，只要满足了他心目当中期望的水平，就可以做出选择。

现实生活当中，我相信很多人都有体会，很多决策其实往往都是基于经验，而不完全是基于计算的。所以所谓"最优"的方案，其实是建立在充分信息和完全理性的假设之上的。我们通常做出的选择或许只是次优的甚至于三优的，西蒙教授把这种选择的结果叫作"满意的方案"，而不是最优的方案。

所以简单来说，理性人寻找的是最优方案、最优解。但是有限理性的管理者，寻找的只不过是满意的方案，或者满意解。

西蒙教授在一次演讲当中,曾经打比方解释什么叫"满意解"。他说如果你在一大片玉米地当中,要找出一个最长、最大的玉米,需要测量每一根玉米,花费巨大的精力和时间代价。但是如果你把这个标准降低,变成寻找一个可以让你吃饱肚子的玉米,这样就可以大大地缩短搜寻的时间。

自从西蒙教授获得诺贝尔经济学奖以后,又隔了40年,在2017年的时候,一位经济学家叫理查德·塞勒(Richard Thaler),他研究人的有限理性这种行为对金融市场的影响,获得了诺贝尔经济学奖。塞勒教授提出了一个非常重要的概念,叫"心理账户"。

心理账户其实就是西蒙教授有限理性理论的一个最直接、最简单的应用。那么,什么是心理账户呢?

塞勒教授讲了一个小故事。他说有一次到瑞士去讲学,瑞士方面给了他一个不错的报酬,他很高兴。讲课结束以后,他就在瑞士尽兴地玩了一次,整个旅行使他非常愉快,尽管大家知道瑞士是世界上物价最贵的国家之一。

另外有一次他去英国讲学,英国方面也付给他很不错的报酬。他拿了报酬以后,又去瑞士玩了一次。可是这一次他走到哪里,都觉得瑞士物价太贵,所以这次旅行使他感到非常不舒服。

为什么同样是到瑞士旅行游玩，花同样的钱，前后两次的感受却完全不一样？其实原因就在于，第一次他把在瑞士赚的钱花在了瑞士，那么相当于把这笔资金放在了瑞士的心理账户上面，有进有出；而第二次他是把在英国赚的钱放在了瑞士的心理账户上，只出不进，同样是瑞士的心理账户，感受就完全两样了。那么理性的思考应该是什么？是赚的钱归赚钱账户，旅游消费归旅游消费账户，这两个心理账户要分清楚，不能混在一起。

跟团旅行也有类似的问题，比如说跟团旅游有两种支付的方式，一种是提前支付掉旅行的所有费用；另一种是先付一部分钱，然后每次到一个景点要重新买门票。旅行的行程、路线和费用其实都是一样的，但是你的感受是完全不同的。前一种支付方式的结果是怎么玩怎么高兴，因为钱已经付过了。可是后一种支付方式就会使你的情绪变得非常不好，因为你总是在不断地掏腰包。理性的逻辑其实是，由于花钱的总量是给定的，你花同样的钱，应该在两种情形之下都尽可能地去享受旅行的快乐。

我再举一个例子，今天晚上你打算去看一场足球比赛，因为票源比较充足，不需要提前在网上买票，可以到现场买票。可是当你要出门的时候，你发现把最近买的价值一百块钱的购物卡给弄丢了，那么这个时候你还会去看这场足球比赛吗？

我想你应该还是要去看这场足球比赛的。有人做了一个类似的实验，也发现大部分人的回答是依然会去看这场足球比赛，尽管一百块钱的购物卡丢掉了。

可是如果我们变换一种场景，假设你昨天就花掉了一百块钱，买了今天晚上要去看足球比赛的这张门票。在你马上要出门的时候，突然发现你把门票给弄丢了，如果你想要看这场足球比赛，还要再花一百块钱。那么这个时候你是否还会去看足球比赛？实验结果告诉我们，大部分人回答说这次就不去了。

所以仔细想一想，其实上面这两个回答是相互矛盾的，不管丢的是购物卡也好，还是足球门票也好，只不过丢了同样价值一百块钱的东西。从损失的角度来看，其实是没有区别的。之所以出现这两种不同的结果，主要原因就是绝大多数人的心理账户出了问题。

人们在脑海当中把购物卡和足球门票归到了不同的账户当中，所以丢了购物卡好像不会影响你去看足球比赛所在的账户的预算和支出，大部分人就会选择看足球比赛。但是你丢了足球比赛的门票，和后来需要再购买一张新的门票，被归入了同一个账户，所以看上去就好像你要花200块钱看一场足球比赛了。在这种情况下，你当然觉得不合算了。

尽管有限理性更贴近于现实生活，但是经济学中关于理性人的假设，依然不失为一种可以接受的粗糙抽象。这就好像地图不可能和现实当中的地形一模一样。

有限理性修正了比较完美的理性人假设，拓宽了我们经济研究的思路和范围。

在工作或者职场上面，千万不能拿有限理性作为我们不努力学习、不努力工作，不拼搏、不追求的借口。在做决策的时候，我们还是应该尽力地去追求完美，不断寻找更好的方案，做更新的尝试。尽管西蒙教授提出了有限理性的概念，他本人反而是学富五车，不断地学习，不断地探索新的领域。尽管由于信息不完备，我们不可能做到完全理性，但我们一直在不断追求理性的路上。

接下来我就出几道思考题：

你认为群策群力开会是一个让我们能够更理性、决策更优的好办法吗？你工作的单位开会多吗？开会规模的大小怎么才能比较合适？或者，你还有什么其他更好的办法来优化我们的决策呢？

# MM 定理：公司缺钱，应该借钱还是发股票？

对于一个企业的管理层来说，有一项决策在对于企业的重要性上肯定要排到前三位，那就是融资决策。所以今天我要跟各位讨论的，就是关于公司的融资方式的问题：公司的发展需要钱，如果缺钱，公司应该发行债券融资还是发行股票融资呢？

这些融资的方式其实还是有所区别的，比如发行债券，需要支付的利息是固定的。无论企业经营得好坏，都要按照既定的时间和利率来偿付债券的利息给购买方。

发行股票的话，是核心的股东一起承担企业的经营风险。如果企业盈利了，所有的股东可以一起分享利润的分红。在企业经营不好的时候，这种分红的成本通常比发行债券的利息支出还要高。如果企业亏损了，那么所有的股东都要承担风险后果，当然也就没有什么可以分红的利润。一旦企业破产资不抵债，也不用赔付股东。另外上市发行股票还有利于提高企业的知名度和可信度，增强这个企业对持股的员工的吸引力等。

所以发行股票有很多好处。但发行股票相对于发行债券，投资者还是要承担企业经营的风险。在中国往往只有非常优秀的企业，通过严格的官方审核，才有可能在 A 股市场上市。通过高成本的复杂的手续，也可以在美国或者中国香港这些资本市场上市，通过发行股票来向资本市场融资。

很多企业对公司上市的积极性都非常高，甚至有的企业被大家笑称其终极目标就是"上市圈钱"。企业上市有很多好处，融资是一个方面；另一个方面，资本市场非常透明，上市也有利于企业整个治理结构的改善和日后经营状况的持续等。但是，也有华为这样非常优秀的企业，并没有公开上市，它只是通过内部员工持股的方式，在企业内部发行股票来融资。

最近民间经常开一个玩笑叫："你了解安利这家公司吗？"这里讲的安利就是美国著名的公司 Amway，是一家有六十多年历史、全球经营的优秀公司。但是它也选择不在证券市场上市，而是通过银行贷款或者发行债券的方式进行融资。

还有一些保守的欧洲公司，它们在所处的领域中具有较好的优势，在全球也有相当高的知名度。它们的竞争力很强，盈利能力也很稳定，目标市场应该说也没有达到饱和，但是它们宁愿通过发行债券来融资，稳定地缓慢地发展自己的业务，也不喜欢发行股票来进行更快的扩张。

在中国，大家可能都知道"老干妈"，它是一个非常成功的企业。但是到目前为止，它一直拒绝上市，拒绝通过发行股票来融资。

这些优秀的企业选择发行债券，而不是股票，主要的原因有以下三点：

1. 总体上发行股票是成本最高的一种融资方式。如果企业的盈利比较稳定，原股东不愿意因为发行股票而引入新的股东来分享他们的高额利润，而情愿在需要的时候，向银行或者其他金融机构贷款，或者发行债券，以支付固定的、相对成本较低的利息来融资。

2. 如果公司上市，企业的所有权和决策权就会变得分散，原来的企业所有者就会受到其他股东，或者股东大会的掣肘。有时候为了股东所希望的短期利润，企业的所有者也不得不牺牲公司的长期发展。

3. 严格的信息披露会导致公司的重大决策和关键的财务数据不能保密。同时上市公司的董事会、监事会的高管们的行为，也会受到监管。前几年就有一些知名企业的老总，因为违规披露或不披露重要信息,获罪判刑了。证监会对上市公司有着非常严格的监管。

那么,一家企业到底应该用贷款的办法或者发行债券的办法来借钱,还是通过发行股票来融资?

这是非常有趣的,也是非常基本的问题,它涉及公司金融学(Corporate Finance)。这个理论我们简称为"MM 定理"。这两个"M"是对这个理论做出开创性贡献的两位经济学家的姓氏的第一个字母。第一位是莫顿·米勒(Merton Miller),第二位是弗兰科·莫迪利亚尼(Franco Modigliani),两位都是诺贝尔经济学奖的获得者。他们两位对公司金融的开创性研究,主要就是讨论公司的债券融资和股权融资之间的取舍,不同的融资方式的选择到底是基于什么?

米勒在现代公司金融理论上所做的贡献相当重要。在他之前,公司金融学还没有成形,学科体系非常混乱,很多学派各持己见。在米勒的文章发表以后,公司金融学开始走向有序,走向规范,同时也改变了企业制定投资决策、融资决策的模式。所以 MM 定理从理论上对企业价值、融资成本、资本结构、现金流量、风险等这些重要的财务概念,做了非常系统的分析。

为了讲清楚 MM 定理,我们先用一个简单的案例来讨论这个问题。

假设有 A、B 两家企业，它们的业务和产品完全相同，但是两家企业在融资的时候，选择了完全不一样的融资方式，A 公司发行股票，B 公司发行债券。如果你是分析师，你需要给这两家公司进行估值，你觉得哪家企业的价格应该定得更高一些？我先把这个问题放在这里，在学完了 MM 定理之后，相信你会给出自己的答案。

我们分三步来讨论这个问题。

第一步，假设有一个完美的没有摩擦的世界，其中没有税收，没有信息不对称的问题。在这个非常完美的金融市场中，企业的价格就应该等于企业未来价值的贴现值。

因为两家企业业务相同，产品相同，现金流也是一样的，所以 A、B 这两家企业的估值应该完全相同。在没有摩擦，并且信息完全对称的情况下，一旦 A 和 B 两家公司的估值出现价格差，就一定会有人进行无风险的套利，卖出价格高的，买入价格低的，直到这两家公司的价格完全相等。

这就是 MM 定理的第一个推论：一个企业的市场价值取决于它未来创造的价值。所以无论你是发行股票还是债券，其实对企业的价值是没有影响的。

米勒在获得诺奖的时候曾经比喻：一个公司的价值就像

一块比萨，它取决于面粉和水的多少，至于是切成四块还是六块，对比萨的大小，也就是对这个公司的价值其实是没有影响的。

第二步，在完美世界当中引入"税法"的概念。发行股票是没有利息的，而发行债券是有利息的，而且所有的利息都可以抵税，这就是常说的"税盾"。

利息所抵扣的金额实际上会增加企业的价值，所以通过发行债券融资的B公司，它的估值应该高于A公司。显然税负越重的地方，就越应该选择用债券来融资，因为这样会提高企业的价值。

这就是MM定理的第二个推论：在存在税收的情况下，一个企业的价值会随着债务融资比例的上升而上升，增加的那部分价值，理论上就等于利息乘以企业的税率。

第三步，在引进了税制这个基础之上，引入"破产"的概念。我们知道企业的债务过重会出现很多的问题，一方面银行不会向债务过重的企业发放贷款；另一方面，如果企业无法支付利息，那么这个企业就会面临破产。破产风险越高的企业，越不值钱。

可以看出MM定理的第三个推论：当债务较高，存在破产风险的时候，一个企业的价值会随着债务比例的上升而下降，而下降的价值等于公司的总价值乘以破产风险。

这就是 MM 定理的三部曲了。看上去非常简单，但是它用一个非常简洁的框架解释了几乎所有可能出现的现象。

我们可以用 MM 定理作为看待现实的金融市场和公司融资的概念框架，去还原现实中比较复杂的企业的融资决策。当一个企业的现金流不稳定的时候，比如高科技、生物制药公司，或者是在经济下行的背景之下，企业应该增加还是减少它的负债？当企业的利润率很高，但是投资机会不多的时候，应该增加还是减少企业的负债？预计三五年就有盈利的时候，企业应该用发行股票，还是发行债券的方法来融资？

用 MM 定理的分析框架，可以帮助简化一些具体问题，同时能够让这些问题在解决方案上找到重要的理论依据。

最后，我还是给大家留道思考题：你觉得为什么中国大多数的公司都希望在资本市场上市？如果你是一个企业的老板，你选择在资本市场上市的理由到底是什么？如果觉得不上市对公司发展更有利的话，你的理由又是什么？

| 第二部分 |

# 家庭生活也离不开经济学思维

# 两个孩子分蛋糕,怎么做到每个人都满意?

本节要讨论两个孩子分蛋糕这件事。我们怎么才能做到让每个孩子都满意?这件事情看起来很简单,其实背后的原理相当复杂。我猜很多人一定知道,最广为人知的分配方案,就是负责切蛋糕的孩子要最后去拿蛋糕。

为什么这个方案可以让每个孩子都满意?其中的逻辑是这样的:我们先假定这个蛋糕已经被切成了两块,这样的话第一个拿蛋糕的孩子相对就有了优势,因为他会选择较大的那一块蛋糕,那么留给负责切蛋糕的孩子的是比较小的那块蛋糕。

当然切蛋糕的孩子也不会这么傻,他事先也会想到,一旦自己把蛋糕切好,就不可避免地会拿到相对小的那一块。在这种情况下,他一定会考虑应该怎么切才能够防止自己的利益受到伤害。显然唯一的办法就是把这个蛋糕切成完全相同的两块。这样的话,第一个拿蛋糕的孩子无论怎么选,负责切蛋糕的孩子也都能够拿到这个蛋糕的另一半，因为两块蛋糕是一样大小。

在这种程序下，两个小孩都努力地使自己得到尽可能多的蛋糕，但是最后产生的其实是一个非常公平的结果，我们得承认这当然是一个相当不错的方案。

这种所谓负责切蛋糕的人最后拿蛋糕的方案，其实也体现了整个西方文明关于权力的分立和制衡的思想。这个思想认为人性是不可靠的，每个人都有自私和贪婪的一面，往往在这种情况下，正义的结果不太容易出现。所以要防止这种情况发生，最好的办法就是让权力形成一个对立的分力，用来制衡，把它们交给不同的人来独立地行使。

在分蛋糕的例子里面，如果一个孩子既负责切蛋糕又负责分配蛋糕，就有可能把蛋糕切得大小不同，然后给自己留一份比较大的。但是只要把切蛋糕的权力和分配蛋糕的权力分开来交给不同的人，那么最后的分配结果就可以让每个人都满意。

但是如果你认为这种逻辑可以解决我们人类面临的一切麻烦，你就高兴得太早了。这里有个显而易见的问题，为什么我们在现实的人与人的交往当中，看不到或者极少看到用这种办法来处理利益的分配？假如你经常要和别人分蛋糕，而且每次你都要提出用这种方案，我相信没有人愿意跟你做朋友。

道理也很简单，这种方案之所以有效，是因为每个人都把自己的自私和贪婪暴露出来了。现实当中没有人希望向别人展现我们贪婪或者自私的一面。除了获得眼前的物质利益，我们还渴望得到其他人的信任、理解，尽可能多地向其他人和外界展示我们的善意。

你也许会问，人类为什么需要向自己的同类展示善意呢？因为人类之所以能够创造出伟大的文明，主要是因为懂得相互之间的协作。如果人人都是孤立的，或者是视他人为地狱，那么我们人类和野兽的区别就不大了。

而人和人之间的这种协作，很大程度上取决于我们彼此之间的信任。比如我们和其他人一起吃饭的时候，不是希望别人为自己的饮食买单，而是想通过共同进餐来观察对方是否可以信任，并且最大限度地获得对方的信任。如果大家都认为彼此不是自私和贪婪的，那么在未来就会成为协作的伙伴。这就解释了为什么我们在聚餐结束的时候，大家都抢着要去买单。

所以，前面谈到的切蛋糕的人最后拿蛋糕的机制，是没办法满足我们向外界尽力地展示自己善意的那一面的需求的。

举个例子，你和你的朋友约定说，由你来切蛋糕而由他来分配，你希望他得到较大的一块，这个时候你该怎么做？假设你把蛋糕分成大小不同的两块，他该取走大的还是取走小的？如果他取走大的，他就会觉得他没有向你表达他的善意，反倒显得他非常自私和贪婪。如果他取走小的，你向他表达善意的这种想法就没有成功。如果你把蛋糕切成完全相同的两块，那么他就会怀疑你不信任他。

所以，你要表达善意，其实最好的办法就是切蛋糕和分蛋糕这两件事情都由你一个人来做，把这个蛋糕切成不同大小的两块，自己留一块小的，只有这样，你的善意才能够得到清晰的表达。

简而言之，我们在生活当中往往很不喜欢赤裸裸地来谈利益的分配，用我们现在流行的话说就是"谈钱伤感情"。况且，任何基于人性的自私和贪婪所设计的机制，在现实中都有巨大的漏洞。

回到前面切蛋糕的案例，如果小孩 A 对小孩 B 说，我来切蛋糕，你来分配，那么会怎么样？小孩 B 也有理由担心这是不公平的。因为这样一个充满不信任的方案出来以后，B 和 A 就处在利益的冲突当中了。B 也许会想，你拿出来分的蛋糕是全部的吗？你也许还藏了一个更好的蛋糕，你只拿出来一个不好吃的，要分一块给我，等等。

在这种情况下，只要我们彼此之间缺乏信任，任何方案都不可能让每个人满意。所以我们中国古人是有大智慧的，我们教育小孩分食物，用的是孔融让梨的故事，孔融直接把大的梨子给了他的兄弟，而不是坚持要求把所有的梨都切成相同的几块。

用私利之间的相互对抗来解决利益分配，还是会出现无效率的僵局。比如美国总统特朗普和国会之间围绕修建美国与墨西哥边境墙的预算问题就吵得不可开交。大家僵持的结果很可能就是谁的利益都没有实现，其实是两败俱伤的。

李鸿章在曾国藩手下当幕僚的时候，曾国藩曾经给他讲过一件事，李鸿章说他受用终生。事情是这样的：有一天一户人家家里来了贵客，父亲让儿子到集市上去买点饭菜、水果准备午餐。谁知道已经过了11点了，儿子还没有回家，父亲就很着急，跑到村口去看。他发现儿子挑着菜担和一个货郎僵持在一个田埂上面，田埂两侧都是水，又很窄，只能容一个人过。两个人都不愿意下到水田里去，所以就僵在那里，两人都过不了。父亲就上前礼貌地和货郎商量说："朋友，我家有客人要准备午餐，你往水田稍微让一步，让我儿子过来怎么样？"

这个货郎就说:"这是什么话,你儿子就不能让我先过?"他父亲说:"我儿子个子比较小,下田怕打湿了这个担子,你的个子高也不至于沾到水。麻烦你先让一下。"货郎就说:"你儿子担子里也不过就是一些食物,就算湿了也能够吃。我担子里是北京、广州带来的一些贵重的物品,万一被水打湿了,就不值钱了,对不起,我不能让。"这里我们可以看到,一旦大家以自己的利益为出发点,是很难说服别人来考虑你的利益的。

我们开车的时候,一直强调说礼让三先,道理也在这里。如果你强调你的利益,我就会强调我的利益,最后就变成了僵局。所以,这个时候父亲就想了想说:"那么我先下水,朋友你把货担给我,我顶在头上,然后你就空着身子从我儿子的旁边绕过去,我再把这个担子递给你,你看怎么样?"说完这个话,父亲弯着腰去脱自己的鞋子、袜子。货郎看到这个情形,突然觉得非常过意不去,说:"算了,老先生,你也不要费事了,还是我先下水,让你儿子过去。"于是僵局就打破了。

我们可以看到,父亲的聪明之处就在于他发现当事人双方的利己之心都被唤起来以后,麻烦是解不开的。但是对于是否应该照顾老年人,所有人是有共识的,所以他就迅速调整他的策略，改为表达善意。当一方表达善意的时候，那么另一方也会选择表达善意，原来的僵局或者麻烦就迎刃而解了。

总而言之，如果一种机制运行的基础，是强调个人的自私和贪婪，而没有留下表达善意的空间，那么这种方案即使是可行的，也未必是有效率的。

在最后我给大家出一道思考题，在贾樟柯执导的电影《江湖儿女》里有一个非常有趣的场景：黑社会的老大斌哥有孙某和贾某两个马仔。有一天在麻将桌旁边，孙某声称贾某借了他一大笔钱没有还；贾某说孙某无凭无据，所以坚决否认向他借过钱。最后两个人闹到了拔枪的程度，斌哥就说："去把二爷请来，当着二爷的面，老贾你说说你到底有没有欠过老孙的钱？"在关公的塑像面前，贾某承认了自己欠孙某的钱，纠纷得到了解决。

大家觉得分蛋糕这个问题，能否用类似这样的方式来解决？如果可以，它的优点、缺点又是什么？

# 婚姻是一份合同，什么条件下应该签？

本节我要跟大家来聊一下婚姻这个话题。大家发现，现在不仅在国外，在中国的一些大城市里，婚姻和生育已经不再是天经地义的事情，而是大家变得可以自由选择了。

据说现在中国的结婚率越来越低，特别是在一线大城市，同时离婚率也变得越来越高了。那么今天我想用经济学的眼光来讨论一下婚姻，到底婚姻是一个什么样的行为？我相信这节课对你会有所启发。

众所周知，第一次对婚姻做出比较系统的经济学分析的是芝加哥大学的经济学教授加里·贝克尔（Garys Becker），他也获得了诺贝尔经济学奖。

他在1981年出版了《家庭论》一书。在这本书当中，他把婚姻看成一种市场行为。因为事实上婚姻双方的各种选择行为，在很大程度上是遵循了经济学关于"成本—收益"的分析逻辑。也许婚姻的当事人并非真正地按照所谓"成本—收益"的测算来做出选择，但是很多选择的做出，它背后的思考逻辑非常吻合经济学关于"成本—收益"的分析框架。

贝克尔对婚姻做出了一个非常有意思的分析。婚姻的成本分为两大类，第一类是我们前面谈到过的交易成本。比如说我们要找朋友，我们要了解对方，我们要准备结婚，要举办婚礼等，这个成本大家也不要小看，因为现在有很多地方举办婚礼是一个巨大的负担，所以这些成本不可以忽略不计。

第二类就是所谓的机会成本。因为结婚要寻找对象，而可供选择的范围其实还是蛮大的。比如说小李温柔善良，小王美丽大方，可是我要选择其中一位，就要放弃另外一位。所以说我们选择跟谁结婚，其实是有机会成本的。婚姻的收益主要来自婚姻的双方互补性。比如说婚姻双方在生理上需要有互补性，要生儿育女，要进行很多的情感交流，等等。

在整个社会分工还不太明确的时候，一对夫妻组建一个家庭，就相当于他们共同组织了一种生活的方式，甚至生产的方式。所以你可以想象丈夫这个角色不仅仅是丈夫，他同时还可能是一个猎人、一个水电工、一个泥瓦工，很多生活中所需要的角色都要由丈夫来扮演。妻子这个角色你可以想象她是一个洗衣工、一个做饭工或者是奶妈等，她也把生活当中所需要的很多的角色都整合到她一个人身上。所以婚姻双方组建了家庭，实际上等于把这些角色都内部化了。

从这个意义上讲，男女组成一个家庭，就可以扬长避短，产生一个互补的效应。他们从婚姻当中所得到的收益，应该远远大于他们独自生活的收益，所以婚姻当然是一件非常合算的事情。

当然也有经济学家是从另外一个角度研究婚姻的，比如从管理的角度。如果从"组织"这个角度来看待婚姻，那么婚姻是一种规模最小的组织形式，因为只有两个人，而且是一种最古老的组织形式。

从最早的群婚制开始，人类的历史逐渐发展，最后都选择了一夫一妻制这样一种现代文明的婚姻形式。大家可能会问，为什么最后选择了一夫一妻制？因为一夫一妻制在经济学家看来，使交易成本降到了最低，能够保持一个组织的稳定性，使得整个行为具有一贯性。

既然是这样，为什么现代婚姻又变得越来越脆弱了？

在经济学家的视野里面，可能会把婚姻变得脆弱这件事情，跟社会分工的发展联系起来。

因为现在的社会分工越来越细致，很多东西在市场上都可以买到，很多东西也可以外包。很多女性发现水电工这个角色，也许丈夫还不如楼下的保安专业，这个时候就相当于丈夫的业务资产被剥离了，所以这就是分工发展对婚姻造成的一个冲击。

女性的角色其实也在发生外包的现象，过去我们经常讲"相夫教子"，这两个角色现在也都外包出去了。"相夫"其实就是有人专门来支持、来服务先生的工作，比如说现在有秘书。而"教子"——现在有家教，对吧？所以随着社会分工的不断深化，就像企业不断地把它的业务外包出去一样，我们会发现越来越多的家庭面临着这样一个角色不断被外包的问题。

因此现代的婚姻，如果在角色可以被不断地社会化的过程当中，能够继续保留下来的话，说明实际上有别的基础来支撑婚姻。

很多所谓的婚姻专家讲的一个话题就是"婚姻需要经营"。在共同经营的理念里面，他们提到一个非常重要的问题，两个人同住在一个屋檐下，他们是不是有共同的生活目标和愿景？

如果这两个人没有共同的人生理想，刚开始结合的时候就是一种利益的互换，其实就是我们所说的"郎才女貌"，我拿我的财富换你的美貌。这种婚姻不能走得很远，原因在于缺乏一种共同的认知层面上的基础，有时候被叫作共识性的权利。随着时间的流逝，曾经拿金钱换取的美貌，也要减损，要减值，比如说 25 岁结婚，到了 30 岁以后外貌往往会发生变化。所以这个时候组织的稳定性也会受到非常大的挑战。

如果没有其他的东西来平衡的话，那么这个组织很容易陷入崩溃。

从这个角度来看，很多婚姻的破产就可以解释得通了。为什么前面我说我们要建成所谓的共识，也就是要有一种所谓共识性的权利呢？即便这两个人没有所谓共同的精神追求、共同的理想目标，但是如果他们有一个孩子的话，其实他们就会拥有基于孩子形成的所谓共识性的权利。他们俩因为孩子变成了利益共同体，分割起来就非常麻烦，你中有我、我中有你。

所以很多婚姻能够维持得比较久，可能跟夫妻双方所拥有的共同的东西有关系。这些东西既包括感情层面上的，也包括前面谈到的共识性的权利，他们拥有的共同的东西越多，分割的成本、退出的成本也就越高，这样会让婚姻变得更加持久。

有些东西是有形的，比如说财物；有些东西是无形的，比如说产权。从技术上来讲的话，我们要分割一些东西，对有形的财物来说并不难；但是对一些价值观的东西，认知层面上的东西，甚至包括共同抚养的孩子、一些共同的朋友等，要分割起来其实是相当困难的。

所以，退出成本对于维持婚姻的长短其实是蛮关键的。我听说在一些西方国家，特别是北欧，结婚率非常低。因为大家都恐惧婚姻，总觉得一旦婚姻破产的话，退出成本太高，所以就干脆选择不结婚。

那么大家可能还是会问，都说婚姻需要爱情，那么爱情到底是什么呢？其实从经济学看来，爱情源自人的本能，因为人毕竟有动物的一面，异性之间会产生一种本能的相互吸引，也就相当于经济学上所说的，彼此之间会产生一种客户的价值。你提供的东西，你的价值会对他产生非常大的吸引力，而且还有锁定效应，就是我们经常讲的"一见钟情""迷恋""痴迷"等。

但是这种锁定的状态也不能持久，因为它带有本能的色彩。随着年龄的增长，时间的推移，它会慢慢地变弱。所以婚姻要能持久，需要双方拥有超越这种本能色彩的爱情，那么这种爱情可能更多地包含一种信任、理解、宽容、忍耐，甚至到最后变成所谓的亲情了，这些东西会变成婚姻持久的基础。

我总结一下，这节课我们从加里·贝克尔的关于家庭的经济分析开始，侧重谈了婚姻这件事情，以及婚姻的选择背后有什么样的经济学逻辑。

最后，我还是出一道思考题。2018年全国的结婚率据说创下了新低，上海的结婚率是最低的，大家知道是多少吗？2018年上海的结婚率是4.4‰，越来越多的年轻人选择不结婚，做"不婚族"。所以我的问题就是：你认为现在中国的年轻人选择不结婚的主要原因是什么？这个原因在经济学上是否站得住脚？

# 家庭其实是个分工协作单位

本节我们来聊一下"家庭分工"这个话题。

都说"男女搭配,干活不累",真的是这样吗?传统上"男主外女主内"的分工模式非常适合男女双方发挥比较优势,今天这种分工模式是否面临挑战?学完这节课,相信你会有新的认识。

在中国人的传统观念中,男主外女主内,是一种受到广泛认可的家庭分工模式。原因是中国自古以来有男尊女卑的思想,这使得男人有更多在各种场合展现自己的机会,女人的活动范围就相对小一些,家庭成为女人主要的活动场所。另外,相对于男人而言,女人在就业、职场发展当中,可能有一些不利的条件,因而更多地被局限在家庭里。

人们普遍认为男人的特长在于赚钱养家,女人的特长在于勤劳持家。由于生育是女性特有的一种功能,顺带就认为女人除了生育之外,还应该打理好家里的一切事务。中国早期社会的男耕女织，其实就是这样一种分工。

在封建社会，上至帝王的皇后、臣子的夫人，下到普通百姓的妻子，都是在料理家庭的同时支持男性的工作，尽力营造好家庭氛围来确保家庭幸福。因此现代的大多数家庭也一般是男性在外赚钱养家，女性更多地照料家庭生活。

当然社会在进步，思想也在变化，现在越来越多的家庭已经开始突破传统观念，尤其是在一些经济发达的大城市，职场女性也越来越多，女性的工作也越来越多地得到社会的认可和肯定，很多女性还被冠以"女强人""女汉子"的称号。

现代社会里，家庭的分工也在发生着一些变化。这种夫妻双方角色的变化，其实受到很多因素的影响，但是它的基本原理没有发生变化，我们今天讲男主外也好，或者女主外也好，其实都是家庭对外部的条件或者内部的因素的改变所做出的一个合理的调整。

从经济学的角度来看，家庭的分工其实跟国家的分工在逻辑上是一样的，它是由内生决定的。换句话说，我们并不存在一个给定的所谓合理的家庭分工的模式，不随时间或者因素的改变而改变，实际上正好相反，家庭内部的分工变化，其实是对影响这种分工因素的改变做出的一种调整，从而使家庭的分工变得有效率。

所以在经济学家的眼中，女人从来不是必须带孩子的一方。谁带孩子关键是看双方各自的情况，以及在外部条件发生改变之后，他们能否做出一个更合理的调整。今天我们经常会听说"全职先生"或者"全职太太"，这种说法跟他们所面临的内部或外部的、影响家庭分工的那些因素的改变还是有关系的。

目前来看，不管是东方还是西方国家，还是男人赚钱养家居多。二十世纪五十年代，美国的已婚妇女中 75% 是家庭主妇。在日本，家庭主妇比例比较高的时候是在二十世纪的七十年代，占了已婚女性的 60%。现在，女性婚后继续工作在欧美发达国家已是理所当然的事情。日本现在大概有四成的已婚女性是家庭主妇，这当然具有很多方面的原因，是一个内生的结果。

但是它所遵循的基本原理是没有改变的，这个原理就是诺贝尔经济学奖获得者芝加哥大学的加里·贝克尔教授在 1981 年出版的著作《家庭论》中提出的"比较优势"原理。贝克尔在书中提出，家庭的分工是夫妻双方根据自己的比较优势，所形成的时间上的理性配置结果。

男性和女性在生理上的固定差异，导致女性主要在提高家庭的生产效率，特别是在生育、照料子女的人力资本上进行投资方面具有优势；而男性更多地在提高其市场活动生产率的人力资本上进行投资方面具有优势。换句话说，女性在家庭内部的劳动上，比如做家务、带孩子上有相对的优势；而男性在外部的劳动力市场上会有更多的比较优势。这就意味着只要任意一方在内部劳动和外部劳动的边际产出上，能够寻找到一个接近于均衡的点，就完成了一个家庭的分工。

曼昆（N. Cregory Mankiw）在他的《经济学原理》当中讨论过家庭分工的改变。他就是用比较优势的原理来讨论，家庭当中夫妻双方应如何进行分工，才能实现整个家庭利益的最大化。一个国家面临和其他国家在生产和投资上的分工，跟家庭面临的内部分工，其实在逻辑上是一致的。

国家或者个人可以通过专业化的生产、彼此之间的贸易，来解决各自的短板、资源的稀缺，或者在某一个领域中产品供给不足的问题。相互依存或贸易之所以合意，就是因为它们可以使每一个人享用更多数量和品种的产品与服务，而不受到各自局限的影响。这个道理在家庭的分工中依然适用。

在家庭分工中，谁擅长什么就应该去做什么。所以曼昆在他的《经济学原理》中，就用这样一个原理来讨论家庭的分工。夫妻双方的角色应该是什么样的，完全取决于夫妻双方谁更擅长做什么，这样分工的结果一定是最好的。

换句话说，每个人都要从自己的比较优势出发，来形成这种家庭内部的分工。说到比较优势，我们就必须提出另外一个更早在经济学家的头脑当中形成的概念，就是"绝对优势"。

比如说两个国家，一个国家只能生产汽车，另外一个国家只能生产杯子，这可以理解为两个国家在各自的领域中拥有自己的绝对优势。相对优势是说这两个国家都可以生产杯子，也都可以生产汽车，但是在生产汽车上，我的成本比你低；在生产杯子上，你的成本比我低。在这种情况下，双方进行贸易依然可以带来好处，因为它们的贸易是基于各自的比较优势。

所以，应该指派每个人从事他具有比较优势的工作，这一点是非常重要的。家庭内部也好，其他方面也好，我们要形成一种分工的状态，这种状态是每个人能够基于他的比较优势来进行更加专业化的工作，至于你所做的每件事是不是拥有绝对的优势，其实没有关系。例如你非常擅长洗衣服，但是你在搞卫生方面不如人意，这个时候你就应该负责洗衣服，让你的伴侣去搞卫生，你要告诉他/她这样做家务一定是最有效率的。

当然了，经济学中还有一个原理叫"干中学"，就是说当人们从事一项工作时，会不断地提高工作效率。所以随着时间的推移，夫妻双方都将是做家务的高手。

随着整个社会经济的进步发展，特别是随着一些技术的革新，我们原有的分工状态，会受到外部条件变化的影响。比如说有很多家务，今天我们可以请人来做，甚至可以引入比较智能化的一些手段来提升整个家庭内部家务的生产率。所以整个家庭内部的分工，随着新技术的引进是在改变的，但是这背后所遵循的比较优势原理其实没有改变。

总结一下，今天我们用"男主外女主内"的传统家庭分工模式作为切入点，介绍了芝加哥大学的贝克尔教授、哈佛大学的曼昆教授都谈到的家庭内部分工问题，并用经济学的比较优势原理来加以探讨，同时还阐明了生产模式专业化，以及彼此之间通过贸易来提高各自总效率的原理。

总而言之，在劳动力市场和家庭内部当中，我们所拥有的比较优势、对金钱和时间的偏好、对性别的角色定位，以及和对方在一起的幸福感等，这些因素都会影响家庭内部的劳动分工，以及我们对这一分工公平感的评估。

相信学习完这节课，你一定会想，你在家庭生活中扮演的角色是否合理？那么你认为在未来的科技和整个市场条件的改变中，应该如何通过调整家庭内部的分工，来提升整个家庭的效率？

# "要不要生孩子"的收益成本分析

本节我要来聊一下生孩子这个话题。

众所周知,现在我们国家的生育率非常低,甚至比很多发达国家都要低。要不要生孩子,生几个孩子,我想每个家庭都有很多的考虑。那么考虑中的一个重要因素,其实就是收入,或者说跟整个经济有关。为什么经济发展了,生活水平上去了,生育率反而下来了?为什么现在放开了二孩政策,整个生育率的改变没有我们想象的那么大?

其实早在二十世纪六十年代,有一位经济学家就费尽心思地去研究了这些问题,他构建了一个经济学的模型,后来发表了《生育率的经济学分析》这篇著名的文章。在这位经济学家看来,整个家庭的生育决策,其实也是基于成本和收益的考虑。这位经济学家就是1992年获得诺贝尔经济学奖的芝加哥大学的加里·贝克尔。

贝克尔认为孩子其实是耐用消费品:作为一种商品,孩子能给父母带来极大的效用；孩子是夫妻双方爱情的结晶，可爱动人，可以让父母享受天伦之乐；孩子长大以后可以孝敬父母，使人老有所养。所以尽管养育子女要花费很大的心血，但是绝大多数人还是会选择生孩子。

既然孩子是宝，是不是说多多益善呢？贝克尔认为生孩子就像生产商品一样，也要花费代价。在落后的地区，妇女的劳动生产率很低，生孩子的机会成本就相当低，并且孩子的抚养费用相对来说也少，所以人们可能愿意生更多的孩子。而发达地区人口的出生率更低，因为这些地区养育孩子的成本非常高，一般的家庭不太容易承受，所以这时候生小孩的愿望就大大地降低。

贝克尔在二十世纪六十年代的经济分析，有个很重要的含义，人均收入的增长，一定会导致生育率的下降，以及抚养孩子的机会成本急剧上升。这也就是说你一旦生儿育女，就不得不放弃一些其他的机会，而这些其他的机会对你来讲很可能是你不愿意放弃的。所以生孩子这件事，就会受到你愿不愿意放弃其他经济机会的选择的影响。

越是经济发达的地区，越是经济机会成本更高的地区，妇女生孩子的愿望就越低，这样就会抑制家庭的生育意愿，导致生育率的下滑。同时我们也看到，父母的教育水准，尤其是母亲的教育水准相对越高,父母对孩子出生后的教育质量、受教育的程度以及未来的发展就越关注,这种关注的程度,要远远胜过对拥有孩子数量的关注,这也会导致生育率的下降。

除了 1960 年贝克尔的开山之作以外,他还发表过两篇小文章讨论中国的计划生育政策。芝加哥大学还有一位经济学家,同时也是法学家,叫波斯纳(Rich Allen Posner),波斯纳是美国的一位非常著名的大法官,也是推动法学跟经济学相结合的主要人物。

在博客比较流行的时候,贝克尔和波斯纳都有一个很著名的博客,两人经常在上面写文章。贝克尔在博客上发表过一篇叫《中国到了放弃一胎制的时候了》的文章,这一年是 2012 年。2013 年,贝克尔又写了一篇文章叫《中国放弃独生子女政策的影响》。第一篇文章的主要看法是,1978 年中国改革开放以后,整个经济获得到了迅速的增长,同时中国的教育水平、城市化进程等都在大幅度地提升。这个后果是什么?他说一定是中国生育率的急速下降,这反过来又会影响中国未来的经济增长。所以他的建议就是中国应该放弃一胎制。在第二篇文章里,贝克尔说中国放弃独生子女政策当然是好的,但是恐怕也难以扭转中国面临的出生率持续下降的趋势。

我想类似的结论也可以在梁建章的相关研究、易富贤的《大国空巢》、何亚福的《人口危局》等相关资料中找到。也就是说，即便中国现在全面放开生育，我们的人口也不会有大幅度的增长。

理由还是贝克尔所讲的，经济发展是最好的避孕剂。按照贝克尔的说法，一个家庭的生育决策是由其收入、教育水平以及其他个人因素来决定的，"让家庭自主选择生育孩子的数量"。总而言之，家庭的生育决策是基于生育子女和抚养子女的成本与收益的权衡做出的理性选择。

我今天要从经济学的角度给大家分析一下生育率下滑背后的原因。现在很多人都抱怨说养不起孩子，网上也曾经有人说，越穷越生得多，越富越生得少。年轻人现在往往只强调前者，不说中国过去有计划生育的政策，即便在欧美没有实行过计划生育的国家，生育率也是下降的。其中最严重的就是日本、韩国。几乎所有发达国家的生育意愿都有大幅度的下降，所以生育率的下降不是个别的，而是普遍的现象。

实际上，通过宏观的数据来看，经济越发达的经济体，生育率下降得越多，而且绝对水平显然比欠发达经济体要低，或者说，一定程度上生育率和经济发展的程度是成反比的。

日本就走入了这样一个怪圈，政府不断地补贴，不断地鼓励生育，但民众就是不想多生孩子。日本的基础生活水准是相当高的，在设计养老金制度的时候，他们约定的是民众给社会交钱，让社会给自己养老，子女对老人是没有赡养义务的，他们只要交养老金就行了。

假设我花 100 万元养育一个孩子十八年，政府补贴了我 50 万元，结果长大了他去交养老金，不来赡养我，那么我是不是还亏了？日本民众并不蠢，在这样的体制下，他们当然就应该不生孩子。这样的激励政策往往只对底层的穷人有用，他们养育孩子的成本接近于零，政府还能补贴，这个时候他们就有动力去生孩子。

其实解决养老问题有两条路，一条路就是补贴穷人，让他们去多生孩子，因为他们的养育成本低，生孩子就很合算；另外一条路就是断掉民众的后路，让没有孩子的人老无所依，为了自己，他们也许会选择去生孩子。

为什么目前放开二孩或者三孩，甚至鼓励生育，都很难让民众去更多地生孩子？因为生育率随着经济发展是递减的，这是一条铁的规律。如今养育孩子的单位成本已经不一样了，如果抚育孩子所占用的时间，在父母的整个时间中是一个固定不变的比例，那么随着父母单位时间的生产率，也就是父母的收入不断地提高，养育孩子的成本就越来越高，所以父母就会倾向于少生孩子，而把更多的钱用于改善孩子的教育质量。所以这和我们的感受是类似的，因为二十世纪七十年代，我们的人均住房面积3.6平方米的时候，一对夫妻可以养四个孩子，现在显然不可能，因为大家更愿意少生孩子，而把更多的精力和开销用于增加孩子的教育支出。

每个人养育孩子的成本是不一样的，假设你是一个自由职业者，月收入为零，全靠政府转移支付，那么你养一个孩子，休息6个月的成本就是零；如果你的月收入是1万元，你休息6个月，养育一个孩子的基础成本就是6万元。你每个月给孩子花费时间越多，就越会减少你工作的时间，进而影响你的收入，这样就会导致你养育孩子之后一直处于亏损的状态。

现在年轻人的爷爷奶奶们在人均居住面积3.6平方米的时候愿意生孩子，是因为那个时候生孩子成本很低，而且回报是很高的，孩子给他养老，当然是多多益善，所谓"多子多福"。但如果你月收入是10万元，按照这个逻辑，生孩子这件事不就亏损了吗？所以从本质上看，生儿育女其实是有功利的一面的。

我们总结一下，今天我们从生育率下降的现象开始，讲了怎么从经济学的成本与收益权衡这个角度来看待生儿育女的决策。

父母对子女的养育行为,是用金钱来计算投入与产出的,其中时间、情感等因素也可以折合成经济的因素。父母将子女看成一种特殊的耐用消费品,并且在质和量两个维度来权衡投入和产出。生育孩子是一种消费行为,孩子是一种效用资源,类似于耐用消费品。作为消费者的父母遵循的是效用最大化的原则。从某种角度来讲,父母对孩子的质量和数量的选择,是家庭内部影响生育率的一个非常重要的决定性因素。

望尘莫及的房价和生不起的孩子,可能是当下生活在都市里面的每个人都常见的一种抱怨。面对整个中国生育率下降的问题,网上曾经有人调侃说:"这都是高房价惹的祸!"我想房价显然会影响生育的选择。

当然生育是一个非常复杂的问题,一方面它是一个家庭的隐私,另外一方面它又关乎着一个社会的未来,一个国家的未来。中国在放开二孩的两年多的时间里,生育率好像并没有像官方所预料的那样有明显回升,依然在 1.5%—1.6% 的低位徘徊。按照国际的标准,要维系正常的代际更替,生育率应该不低于 2.1%。显然,我们的生育率水平没有达到维持正常的代际更替的水平。

在这节课的最后,我留两道题:

1. 你觉得我们现在的生育率还会继续下降吗?

2. 你觉得政府应该采取什么样的措施、什么样的政策来阻止生育率进一步的下降?

# 犯罪是一种理性的职业选择？

本节我们要来聊聊犯罪这个话题。你是不是认为，对违法犯罪这种事情，应该是零容忍？如果是这样，这节课后，你的想法大概会有点改变。

首先，你可能会想，犯罪这件事情应该是法律专家研究的，一个经济学家怎么来跟我谈这个问题？

事实上，用经济学研究犯罪的先河从二十世纪六十年代就开始了，这里面还有一个很有趣的小故事。

故事的主角是大名鼎鼎的芝加哥大学的加里·贝克尔教授，也是 1992 年诺贝尔经济学奖得主。有一次，他需要赶去学校对一个学生进行面试。他当时还在哥伦比亚大学任教，但他住在一个比较远的地方，而哥伦比亚大学在纽约的市中心，于是他选择开车过去。他开车到了学校之后，发现跟学生约好的时间就快到了，可是却找不到车位。哥伦比亚大学没有校园，车子就要停在哥大校外的马路上。你可以想象一下在纽约的市中心找停车位有多困难。

由于时间紧迫,贝克尔不得不立刻做选择:是继续找停车位,还是冒着被罚款的危险在大街上非法停车。于是,他计算了一下收到罚单的可能性、罚金的数额,以及找到停车位后需要花费的停车费,觉得值得冒险在大街上停车,所以他就非法停车了,而且事后也没有吃到罚单。

他在停车的一瞬间,脑子里就有了一个想法,"我这不就是经过理性的计算,主动选择违法吗?"于是他就开始对犯罪的经济分析产生了兴趣。再后来,他写下了那篇著名的论文《犯罪与惩罚》,开创了犯罪经济学的先河。

所以,假设犯罪是一个理性的选择,罪犯的犯罪行为是在使他的收益最大化,犯罪就可以变成一个典型的经济学问题,这正是贝克尔的创新。如果扩展开来,法官也是理性的,立法部门也是理性的,他们也在追求利益最大化。研究这一现象又会得出什么有趣的结论呢?这就是我们这一节要给大家分享的核心问题——怎样引入经济学可以让法律变得更有效率。

首先来思考一个问题。如果张三和李四打架,李四的鼻子被打破了,而你是这个案子的法官,你可以让张三交一笔罚款,或者把他拘留一段时间,你会选哪种惩罚方式?

## 犯罪是一种理性的职业选择？

通常，我们对法律的看法是维护正义，但直白一点说，就是一种报复主义。在这种视角下，犯罪的惩罚力度应该和犯罪的严重程度成正比，不成比例的惩罚就是错误的。这也是法学家通常对犯罪与惩罚的基本看法。

但经济学家的分析不一样，他们将理性分析的框架代入分析中，出发点是社会福利最大化，也就是每个人的福利加总起来要最大化。犯罪之所以是一件坏事，是因为——第一，它会带来直接的损失，比如李四的鼻子被打破了；第二，它还会带来我们预防犯罪的成本，也就是我们要用纳税人的钱去雇用警察、法官、检察官，建造监狱，雇用看守人员来预防犯罪。这两个层面加起来就构成了犯罪的社会成本。所以，站在福利最大化的视角，经济学家认为，好的法律就要让犯罪给我们带来的社会成本最小化。

有趣的是，犯罪造成的损失和预防犯罪的成本往往是反向变动的。也就是说，雇用更多警察、大量采购警用装备虽然会更好地威慑潜在犯罪行为，降低犯罪造成的损失，但也同时会增加预防犯罪所花费的成本。

所以，我们肯定就会存在一个犯罪率的最优解，并且这个解肯定不是 0，因为要 100% 抓到所有的罪犯，这个成本可以是无限高的。在达到了最优犯罪率的状态下，如果你增加警察的数量,那你会过度严厉;而如果你降低惩罚的力度,那你就姑息了不该姑息的犯罪。

就像一开始我们提到的违规停车的例子,被抓的可能性和抓到之后受到的惩罚力度,是两个最重要的影响犯罪的变量。除此之外,还有惩罚形式也是可选的,比如在张三的例子里,我们可以选择罚款,也可以选择拘留。

所以政府的立法和执法部门就好像有一个工具箱,工具箱里有警察的数量、定罪的门槛、罚款、监禁甚至死刑等不同的惩罚方式,供它组合。理论上讲,针对每一种犯罪和不同的犯罪群体,都可以定制一套最优的工具,来使得犯罪率达到我们设想的最优解,也就是社会成本的最小化。

是不是觉得听上去太美好,但实际情况下会不会不适用?还真不是,这套方法在实际中也确实在改变着法律的制定。

比如,针对张三打破李四鼻子这个例子,经济学家的建议一定是罚款,而不是拘留。因为罚款一定可以达到跟拘留相对等的威慑程度,只有一种情况例外,就是这个罚款数额已经大到犯罪分子没有办法支付。但是从成本角度看,罚款比拘留划算多了,因为收罚款几乎不需要成本,而且收100元罚款和收1万元罚款的成本也差不多。但拘留需要建造监狱、雇用警察,成本高昂。美国在二十世纪九十年代的数据是，在最安全的监狱里，每年关押一个犯人的直接成本都高达4万美元。

所以，经济学家认为，除非犯罪太过严重，只要犯罪分子还有支付罚款的能力，就不要把他们关进监狱。

但是，罚款往往会招来很大的批评声音，如果这样做，"富人支付能力强，可以购买更多的违法犯罪行为，这样法律就好像是在为富人开脱，偏向富人，没有维护社会的公平正义"。比如，在现实生活中，普通的有车族可能会为一次交通违章支付的200元罚款感到心痛，但是富人压根就不在乎200元的交通违章罚款。那么是不是意味着，富人就可以更多地违章了呢？

这种指责也不是没有道理，不少欧洲国家创造性地采用了一种叫"日付罚金制"的制度。什么叫"日付罚金"？也就是法官根据罪行先判决罚款多少天，再根据这个罪犯的经济能力确定他每天要罚多少钱。比如两个人的犯罪情节基本相同，都被判罚款30天，但如果一个人的经济能力是另一个的3倍，那他每天交的罚款也会是另一个人的3倍。罚款数额与他的经济能力是成正比的。

除了罚款这种形式，根据最优惩罚的原则，关于惩罚力度的选择，经济学家也提出，应该差别对待不同的群体，这样才能做到相对公平。比如针对一些容易冲动鲁莽的犯罪人员，通常来说就是年轻人，加重惩罚力度，不如增加抓捕的概率来得好，也就是说与其多建一些监狱，不如把这些钱用来多雇警察。

为什么？因为惩罚是发生在未来的，通常来讲，年轻人情绪容易冲动，他们对于未来的重视程度是远远小于当下的，也就是经济学术语里说的，未来的贴现值很低。所以告诉他们，做这件事未来会受多重的惩罚，不太吓得到他们，反而是增加警力，让他们更容易被抓到效果会更好。

一些有趣的研究支持了这个观点。现在很多国家的法律，对成年人和未成年人的惩罚力度是完全不一样的。所以一个人到18岁之后，面临惩罚的严厉程度急剧上升。如果对这些人来说，严惩不贷有用的话，那他们18岁那一年相对于前一年，犯罪数量应该大大下降才对。但实际上研究发现并没有发生这个现象。所以，经济学家建议，对于年轻人容易犯的罪行，还是多加强警力会比较有效。

把经济学引入法律，我们就会听到所谓"最优犯罪率"这种有些奇怪的说法。一旦了解背后的逻辑，你就会发现，这是为了社会福利最大化这个目标进行的一种权衡和选择。它背后会涉及一系列复杂的制度设计，包括怎样立法、怎样合理设置警力、怎样设定罚款力度，等等。

总结一下，今天我们从贝克尔停车的故事开始，讲了从经济学的角度看，个人怎么会理性地选择犯罪，法律又应该怎么理性地去惩罚犯罪。相信你已经感受到，经济学的效率思维，很好地丰富了我们对于法律的理解，让我们不仅仅是停留在正义的层面简单地思考问题。

经济学就是教人这样一种思维方式：假定人们完全理性，找准他们利益最大化的目标，再提出和求解最优策略。用这种思维方式可以帮助我们更好地制定法律，当然也可以用来改变别的东西，这一点在之后的课程中你会更多地感受到。

| 第三部分 |

# 投资要掌握的经济常识

# 应对投资风险，先理解什么是分散投资

本节我们来聊一下分散投资这个话题。

如果你在股市里面有一定的投资经验，相信你对"不要把鸡蛋放在一个篮子里"这句话一定不陌生。说这句话的是一位著名的经济学家，他是1981年的诺贝尔经济学奖得主詹姆士·托宾（James Tobin）。我没有见过托宾，但是我知道他被邀请参加了我们著名的"巴山轮会议"，就是1985年在重庆到武汉段的长江里"巴山"号游轮上开的一场非常重要的讨论宏观经济的国际会议。

这个会议对中国的改革产生了非常大的影响，因为当时中国遭遇了改革开放以后非常严重的一次通货膨胀，而当年我们的政府对于怎么治理通货膨胀其实不是太在行。

托宾在会上就讲，中国的通货膨胀主要是因为货币超发。为什么会货币超发？因为企业都想发奖金，所以当时的消费基金膨胀得非常厉害。托宾建议说，中国政府应该在每一个国有企业的厂长、经理的办公室里挂上一个公式，这个公式就是工资的增长不能超过劳动生产率的增长，对此我是印象很深的。

托宾是非常正统的经济学科班出身，他在哈佛大学读完了学士、硕士，一直读到博士，他的老师包括约瑟夫·熊彼特（Joseph Alois Schumpeter）、张伯伦（E·H. Chamberlin）、里昂惕夫（Wassily W. Leontief）等著名经济学家。他后来就去了耶鲁大学教书，一直到他过世。在这期间他做过肯尼迪总统的经济顾问，也担任过美国经济学会的会长。

他说的"不要把鸡蛋放在一个篮子里"，其实就形象地描述了关于分散投资的这样一个含义，就是说，所有的投资都要考虑如何降低风险。托宾对宏观经济学做出过非常巨大的贡献，这也是为什么他获得了诺贝尔经济学奖。其中一个非常重要的贡献，就是他提出了"资产组合选择理论"。

资产组合的含义就是，在投资的时候，最好把各种不同风险的投资品组合在一起，从总体上降低风险，确保投资的合理回报。

实际上，托宾的思想是把凯恩斯早期提出的一系列理论，特别是关于财政与货币政策的理论模型做了一个推广，加入了金融市场。因为在凯恩斯的理论当中，没有金融市场，托宾把金融市场引入，讨论一旦有了金融市场，货币政策该怎么样借助于金融市场来影响实体经济，影响消费、影响投资、影响生产就业，等等。

托宾还有一个非常重要的成就，就是提出了"托宾Q"。"托宾Q"其实是个比率，它的分子就是公司的市值，它的分母是重建这个公司所需要的成本，也就是所谓的重置成本。

这个比率现在应用得非常广，特别是在投资界、金融市场等领域。如果这个比例小于1，意味着如果想扩大公司的规模，或者是扩大生产，最好去并购这个企业，而不是重建一个企业。当然如果"托宾Q"大于1，那么重建一个企业其实要比并购一个企业更合算。

"托宾Q"对很多公司的投资决策产生了重要影响。特别是在并购的过程中，要去测算并购一个公司所花费的代价，跟重建一个类似这样的公司的成本之间到底有什么关系？并购是不是比重建一个公司来得便宜？换句话说，并购的成本是不是小于公司的重置成本？

这些指标在公司进行并购决策的时候是非常重要的。听说在耶鲁大学有很多托宾的粉丝，他们制作了一件文化衫，上面就印着一个大写的"Q"。

在微观层面上，托宾还创造了"托宾模型"，就是为家庭和企业进行分散的投资决策提供一些理论的依据。在这个模型里面，投资的目标就是使投资者的资产组合能够获得预期收益的最大化。

他把资产的保存形式简化成两类，一类是货币，另一类是债券。债券大家都知道，持有债券就能得到利息，但是要承担市场的风险，因为债券的价格可能会下跌，所以说债券是风险性资产的一个代表。

持有货币，基本上是没有收益的，也不需要承担风险，货币可以看作一个安全性资产的代表。

在托宾之前，经济学家凯恩斯就认为投资者要么选择持有债券，获得风险收益；要么就持有货币，规避这个风险，可以保本。

托宾认为在现实中，投资者往往是在两种资产当中进行某种组合选择，也就是说企业也好，家庭也好，往往既持有货币，也进行一些市场上的风险资产投资。这样可以确保在市场有风险的时候，由于拥有一部分货币，可以不受资产价格波动的影响，同时又可能会因为资产价格的上涨获得一部分资产升值的收益。

问题在于，人们怎么去决定或者选择这两者之间的配比？托宾总结出，配比其实取决于投资者的风险偏好。我相信每个人对风险都有某种给定的偏好，这种偏好在托宾看来无外乎是三类：

第一类是风险的规避者，这类投资者非常注重资产的安全，尽可能地去规避风险。

第二类是风险的偏好者或者爱好者，这一类的投资者乐意承担风险，因此也有可能获得超额收益。

第三类可能是大多数人所具有的偏好，就是所谓风险的中立者。这部分投资者既希望能够保障资产的安全，也不排斥承担一定的风险来获得部分的超额收益。

作为第一类风险的规避者，他们只持有货币，没有什么超额的收益，也没办法达到资产价值的最大化。因此他们会逐渐分散一部分货币，进行风险类的投资，成为所谓的第三类风险中立者。在分散投资的初期，通常可能会有部分的超额收益，但是随着这部分收益的增长，他们要承担的风险可能也在增长。

随着风险所带来的负面影响越来越大，甚至有可能抵消了风险投资所获得的正收益，这个时候投资者就会停止增加风险类资产的配置，整个资产组合的分配就达到了一个均衡的状态。

因此托宾的模型就解释了风险投资的机制。它的意思就是，不要把所有的鸡蛋都放在一个篮子里面，选择某种组合也许是最合理的。

其实，我们绝大多数投资者对风险的偏好都比较接近于中立，即风险中立。换句话说，在这种情况下我们要分散投资，从而分摊我们的风险，这样可以获得资产收益的最大化。

讲完了托宾的基本理论之后，可能很多读者也会自然地提一个问题："不要把鸡蛋都放在一个篮子里，那么我们要把鸡蛋放在几个篮子里？"换句话说，我们的投资要分散到什么样的程度才能够达到资产收益的最大化？

对于这个问题，经济学并没有一个定论，因为说到底这是一个由风险偏好所决定的问题，而每个人的风险偏好可能都会有不同。差不多二十年前，我在哈佛大学访学的时候，当时我手上有一些美元，就找到了一个叫 Fleet Bank 的银行（现在大概是被美洲银行并购了），里面有一个投资的部门。我找到他们的经理说，我手上有点钱，但不多，想做一个投资。

我记得他当时就拿了一张纸出来，开始了解我对风险的偏好。他画了一个三角形，其实是个金字塔，然后，对风险的容忍程度以及相应的回报都写在上面。他问我道："现在如果让你选择，你倾向于选择金字塔的哪个部位？"

## 应对投资风险，先理解什么是分散投资

我相信对投资风险的估计其实很大程度上是来自个人对风险的一个偏好的程度，很多人也都跟我一样，倾向于风险的中立。所以在这种情况下，我们说风险要分摊，投资要组合，但是具体要分摊到什么程度，组合到什么样程度，鸡蛋放在多少个篮子里面，经济学家没办法给出一个统一的结论。

显然，投资分散不足的话，有可能无法有效对冲风险；而投资分散过度，就有可能使各种投资的风险和收益又彼此抵消，使总的投资回报趋于正常，或者说趋于平庸，投资的边际回报可能会达到趋于零的状态。

接下来我要分享另外一个小故事，这个故事可能会给我们的读者一个关于投资组合的启发。

可能很多朋友都知道所谓美国的"股神"，叫沃伦·巴菲特（Warren E. Buffett），他是伯克希尔－哈撒韦公司的 CEO。

巴菲特是念经济学出身的，能够把投资做得那么好，还是蛮少见的。他当时在美国的哥伦比亚大学学习，以优异的成绩获得经济学的硕士学位。他经常在《财富》杂志的全球排名中位居前三甲，也被称为"美国最聪明的人"。巴菲特本人是提倡分散投资的，由于他本人投资水平很高，他往往分散投资 3—6 个公司就够了。

但是对于非职业的投资者来讲，也就是我们通常所说的

股市散户来讲，巴菲特是非常谨慎的，他建议我们要高度分散我们的投资。

2007年，他曾设立过一个著名的"巴菲特赌局"，他打赌在2008年1月1日到2017年12月31日的十年中，没有一个专业的投资者，可以设计一种至少包含五只对冲基金的投资组合，在十年赌约结束的时候投资收益可以超过美国标普500指数的表现。

他选择了美国Vanguard先锋500ETF指数基金来代表标普500的指数。ETF基金指数类似于A股当中的我们的中证500指数，就是分散投资。巴菲特设立了100万美元作为赌注。

有一个著名的美国对冲基金，叫Protege Partners，其中一个非常专业的投资经理叫泰德·西德斯（Ted Seides）就接受了赌局。他选择了五只对冲基金作为分散投资的一个组合，和巴菲特选择的标普500股票指数的高度分散的投资组合进行PK。

结果在十年结束的时候，2017年，专业的投资经理惨败了。在2017年巴菲特致投资者的信中，他对赌约进行了所谓获胜的总结。

他所选择的代表标普500指数的先锋500EFT指数基金，

在十年当中收益率达到了 85%，也就是说平均每年有 7% 左右的收益率。而对冲基金的经理泰德选出的五只对冲基金，其中最好的一只基金十年里涨了大概 63%，另外一只对冲基金涨了 28%，其他的三只对冲基金十年当中的投资收益都不到 10%，所以没有有效地对冲掉风险，因此这位专业的对冲基金经理输掉了 100 万美元。当然，巴菲特把赢来的 100 万美元全捐给了慈善机构。

很多有投资经验的听众可能都知道，ETF 其实是被动投资的指数基金，英文叫 Exchange Traded Funds，也就是我们常说的"不动脑子"的基金。因为它可以自动跟踪所包括的标的股票，可以模拟出"指数赚钱，你就同步赚钱；指数亏钱，你就同步亏钱"的效果。

也就是说，如果十年前一个没有任何投资能力的普通投资人，选择了 500 个股票分散投资的指数基金，那么你不需要动脑子，就会轻松地超过一个著名的对冲基金专业投资人。这就是巴菲特所推崇的对于普通非专业投资人而言的所谓高度分散的投资。

巴菲特一再奉劝股市上的散户，一定要进行高度分散的投资，因为你并非专业投资人士，而且即使你是专业投资人士，你也不见得能够确保在相当长的时间里投资回报跑赢指数。

事实上有美国的研究机构也发现，哪怕绝大多数的专业的投资人，都没有办法战胜类似于500ETF这样高度分散的被动指数基金，这就是分散投资的威力。

本节课我向大家介绍了关于分散投资的经济学理论，特别介绍了经济学家托宾所提倡的"不要把鸡蛋放在一个篮子里面"的比喻。这个比喻其实跟巴菲特所倡导的，绝大多数的投资者应该不要把"鸡蛋"放到同一个"篮子"里的理念是一样的。

我很希望读者能从中得到有益的启发，在未来的时间里，分析一下分散投资的决策，优化自己的投资组合，能够在经济学思维课的学习和现实投资上面实现双丰收。

# 有效市场理论：股票价格到底反映了什么？

本节我要来聊一下股票和股市。也许你对股票还不是那么熟悉，你可能会问，到底什么是股票？股票的价值和价格之间到底是什么关系？股票的价值到底是怎么决定的？股票的价格到底能不能反映公司的价值？……

从本质上讲，股票其实是我们拥有公司所有权的一个凭证。股票之所以有价值可以买卖，是因为这个公司未来会有收益。

我们作为股东或者持有股票的人，不但可以参与股东代表大会，而且对公司的经营决策，借助于股东大会、董事会等，也可以施加一定的影响；更重要的是我们还可以参与公司的分红，可以获得公司经营中相应的收益。而且你拥有的股票所占的比例越高，通常话语权也越大，当然分红也会越丰厚。股票的价值是由公司未来经营的预期收益决定的，所以通常来讲，好的公司，或者说我们认为很好的公司，它的股票就会很值钱。股票的价格是由股市的供求关系决定的，长期来讲，虽然是由公司的价值最终决定的，但是在短期来说，资本市场，特别是股市中，很多因素都会影响供求关系，而供求关系会影响股票的价格，所以就会引发股票的价格波动。

具体到我们国家，比如说Ａ股市场，现在有3000多只股票，那么股票的价值相应也就对应着公司的价值。

现在我们资本市场的市值仅次于美国，在全球来讲市值已经很大了，我们公司的价值，也就值这么多钱。有些公司的业绩非常优秀，我们投资者常常称它们为"白马股"或者"蓝筹股"；有些公司业绩则比较惨淡，甚至长期亏损，我们称它们为"垃圾股"。股票的价格，除了由这个公司的价值决定，还受很多因素的影响，比如说宏观经济形势、行业环境等，另外也跟整个资本市场的景气程度有很大关系。

我们的投资者有的时候可以在Ａ股市场上赚取超高的收益，比如赶上一波股市的繁荣，可以大赚一把。但是在美国的股市里，由于是以机构投资者为主的，他们赚取像中国这种超高收益的机率就非常小。这是为什么？这个问题跟我今天要给大家分享的一个非常重要的理论是有关系的。

这个理论叫"有效市场"假说，对它做出最重要贡献的人就是尤金·法玛（Eugene Fama）。尤金·法玛教授因为"有效市场"假说，获得了2013年的诺贝尔经济学奖。

有意思的是，这一年的诺贝尔经济学奖同时颁给了尤金·法玛和耶鲁大学的罗伯特·希勒（Robert J. Shiller）。希勒和尤金·法玛在看待资本市场，特别是股票市场的问题上，观点是相反的。希勒教授一直致力于研究资本市场上的非理性行为，认为股票市场上的投资者大多数情况下都是不理性的；但是尤金·法玛的"有效市场"假说有一个非常重要的前提，或者说一个假设就是投资者都是非常理性的。

在他们获得诺奖之后的一两年之内，我见到了罗伯特·希勒教授。我一上来就问他："你怎么看2013年诺贝尔经济学奖同时颁发给你和尤金·法玛？"这是一个非常有趣的话题，如果大家有兴趣，可以看我的《顶级对话》一书，里面收录了我跟希勒教授的一段非常长的对话，谈到了很多关于资本市场、股市与投资者是不是理性的问题，以及关于他跟尤金·法玛之间的关系的问题。

事实上"有效市场"假说这个概念，或者说这个术语，并不是法玛自己提出来的。但是法玛可以说是金融学界、经济学界最早对市场展开深入研究的经济学家，也可以说是"有效市场"假说的集大成者，或者说最重要的创立者。

尤金·法玛最初的研究其实是从证券的价格走势入手的。1965 年，他当时以道琼斯工业股票平均价格指数所包含的 30 家公司，从 1957 年年底到 1962 年 9 月这段时间的数据作为样本，对股价"随机游走"的模型进行了一个实证的检验，结果他发现各期的股价彼此之间的相关性都非常小，甚至完全不存在相关性，这就是所谓的"序列不相关"。

因此，在这种情况下，尤金·法玛就想到，我们怎么去解释各个时期的股票价格彼此之间都没有相关性这样一个现象，如果这个现象是成立的话，就没有办法来通过股票价格之间的这种相关性来获取投资的高收益。在这种情况下，他就得出一个结论，可能证券价格变动的这种"序列不相关性"，对应的一定是这个股票市场是非常有效的。

听起来好像是违反直觉的，各期的股价之间都没有相关性，为什么反而说这个市场是有效的呢？因为在法玛看来，在这样的市场当中，任何一个股票或者证券，在任何时点的实际价格，都可以看成是依据可获得的信息，对其内在价值的一个估计而已，但是这种估计会随着新的信息的到达而发生改变。换句话说，股票市场上面的股价，其实在每一个时点上的价格，仅仅是根据当时可以获得的信息，对公司内在价值的一个近似估计。一旦有新的信息发生，市场马上就会把它消化掉，这时候就会导致股票价格发生变化。

在这个意义上，法玛认为，股票市场是非常有效的，所以他给出了"市场有效"这样一个假说。

在 1965 年的另一篇文章当中，他对"有效市场"假说进行了一个比较详细的讨论。在这篇文章当中他说道，在一个有效的市场当中，有大量的追求个体利益最大化的理性投资者，这些理性的投资者相互竞争，都试图预测单只股票未来的市场价格。虽然每个投资者都在预测股票价格未来的走势，但是由于信息对每个参与者来讲都是一样的，都是可以免费获得的，所以投资者之间的竞争就会导致单只股票的市场价格，反映已经发生的和尚未发生但是市场有预期会发生的所有事情。同时由于信息对每个投资者来说都是均等的，因此任何投资者都不可能通过对信息的处理来获取超额的利润，也就是说信息不可能被用来在市场上获利。

1970 年法玛对"有效市场"的理论进行了一个全面的回顾和总结，也标志着"有效市场"假说正式确立了在金融学当中的地位。所以法玛对"有效市场"给出的定义就是：市场中的证券价格在任何时候都充分反映了所有可以获得的信息，也就是说所有的信息都被消化在证券价格当中了。

法玛给"有效市场"设定了三个前提条件：第一，交易是没有成本的；第二，所有的投资者都可以免费获得所有可获得的信息，也就是说，信息对每个投资者来说都是等量的；第三，投资者对当前的信息的看法是一致的。

所以法玛是用这三个前提条件来定义"有效市场"的假说，在这个基础之上，根据投资者对市场信息的掌握程度、获取程度，就可以把有效市场划分成所谓"弱式有效市场"、"半强式有效市场"和"强式有效市场"这三个不同的类型。

在"弱式有效市场"中，资产的价格已经反映了与资产价格相关的所有的历史信息，就是说包括所有历史成交的价格与量的信息，以及其他全部的历史公开信息。在这种情况下，如果你采用K线的技术，对历史成交的价格、数量这些信息进行研究，然后靠这种所谓"K线分析"的方法，要从市场上获取高额的投资回报，是不可能的。要想从"弱式有效市场"当中获得超额收益，只有对公司的基本面进行分析，去挖掘资产的价格还没有反映的那些信息，才有可能实现所谓投资的超额回报。

所以说在"弱式有效市场"当中，一个投资者如果能够获取所谓超出平均水平的超额收益，无非是两个渠道，第一个渠道就是你比其他人对这个公司的公开信息有更深入的研究；第二个渠道就是你掌握了内幕信息，当然我们都知道利用内幕信息来获取投资收益是一种非法的行为。

在"半强式有效市场"中，资产的价格已经反映了与资产价格相关的所有公开信息，包括所有历史成交的价与量的信息，以及其他的全部的历史公开信息和全部当下的公开信息。这个时候其实价值投资就没有意义了，因为只有通过内幕消息才可以获得超额收益。

在"强式有效市场"中，资产的价格已经反映了资产价格相关的所有信息，包括所有历史成交的价与量的信息，所有其他的历史公开信息，所有当下的公开信息和全部内幕信息。在这种情况下，采用任何方法都不能获得超过平均水平的超额收益。所以换句话说，这个时候你投资的会计利润等于你的机会成本，所以你的经济利润为零。

从"有效市场"假说的框架我们可以看出，随着金融市场的发展，金融从业者素质的不断提高，市场当然是可以从"弱式有效"不断地向"强式有效"进化，在一个完全充分的信息对称的环境当中，金融市场是完全有效的。换句话说，所有人都不能通过获得更多的信息来获取市场平均水平之上的额外收益。

基于"有效市场"假说，有一个理论应运而生，就是"随机游走"理论。这个理论就认为市场价格的波动，其实是随机漫步的。有时候高、有时候低，没有什么规律，就像苍蝇在飞一样，是随机的一个现象，没有规律可循。

有些读者可能听说过或者读过一本非常热销的书，叫《漫步华尔街》。这本书1973年就在美国出版了，几十年来一直畅销不衰，时常被一些畅销书排行榜排到比较靠前的位置。这本书的作者叫伯顿·马尔基尔（G. Burton Malkiel），他是一个接受过经济学训练的人，在华尔街专业做投资。在这本书里面，他就相信"有效市场"假说，他认为股票的价格是一个随机现象，即"随机游走"现象。从书名也可以看出来，书名英文叫 *A Random Walk Down Wall Street*，中文翻译成"漫步华尔街"，其实就是根本没有方向的，就是一个漫步，一个随机的现象。

"随机游走"理论的出现，催生了指数基金。我记得上一节课我讲分散投资的时候，特别谈到了指数基金，尤其是标普500ETF基金等。因为市场是没有规律的，是随机的，所以指数基金的发明人认为，在这种情况下，最好的投资就是分散投资，就是买市场平均。我们买了市场平均的指数基金，就可以获得市场平均的投资回报。由于不需要主动去研究市场，所以对投资者来讲，也省掉了一大笔投入研究的费用。

事实证明，就像我上一节课谈到的，其实美国大部分的基金都跑不赢大盘指数，比如说标普500指数，因为这个指数是一个分散的500个股票的指数。换句话说，如果股市更多的是一个随机游走的现象，那么专业的投资者不见得能够比其他散户的投资更聪明，因为专业投资者往往不太喜欢把投资分散在更多的股票上面。

当然我们国家的证券市场从二十世纪九十年代发展到今天，应该说跟发达国家相比还是处于初级阶段，远远没有达到"有效市场"假说所基于的环境条件。

A股市场可能大部分时间依然处于相对无效的状态，特别是存在大量的内幕消息，而且非理性的行为可能主导了我们的市场。在中国目前的环境下，我们利用市场的情绪赚取额外收益，好像要比在欧美发达的市场更容易一些。

当然也有很多经济学家是不认同"有效市场"理论的，比如我前面谈到的罗伯特·希勒教授，他就更多地从投资者行为这个角度来理解金融市场，可以说是行为金融学的一个重要倡导者。下一节课我要重点介绍罗伯特·希勒的行为金融学的思维方式。

关于"有效市场"假说我就讲到这里，我想顺便问大家一个问题：在学完上一节课和这节课之后，如果你愿意去股市投资，你会去购买指数型的基金吗？

# 股市泡沫是怎么来的？

2019年春节以来，整个A股市场应该说是走出了一波小的牛市，其中上证综合指数从2500点左右涨到了3000点以上，涨幅超过了20%。短时间内大家又开始对整个股市的发展表现出了比较大的兴趣，股市开始了一个新的繁荣阶段。

但不知你是否注意到，在2019年1月底很多上市公司预告的2019年业绩其实并不理想。

这就引出了一个很有意思的问题——股市好坏到底跟经济的基本面有没有关系？如果没有，是否意味着股市总存在泡沫？

本节课我们就来聊一下股市泡沫的话题。如果你是一个资深的投资者，或者说资深的股民，那么你应该对2007年上证指数冲到6124点的历史高峰、2015年的A股泡沫并不陌生。其实在过去400多年的历史中，资产价格大幅波动的现象是不断出现的。可能大家都听说过三个非常著名的资产泡沫时期，一个是1634—1637年荷兰的郁金香泡沫，一个是1719年法国的密西西比泡沫，还有1720年英国的南海泡沫。在南海泡沫中，历史上最伟大的物理学家牛顿，把自己全部的身家都赔进去了。他在南海泡沫之后感慨道："我能够预测天体之间的距离，但是没有办法预测人心的狂热。"在最近的二十世纪八十年代末，日本经历了日经指数的癫狂；1997年又发生东南亚金融危机；1995年到2001年前后，美国出现了互联网的泡沫现象；2008年又发生了美国华尔街的次贷危机。

我们不难看出，即使在一个非常有效、非常成熟的资本市场中，资产的价格也有可能偏离它的内在价值。所以泡沫真的就像小孩吹的泡泡一样，无处不在。既然有泡沫，就总会有破掉的时候。在资本市场中，你肯定设想过，在泡沫破裂之前提前离场大赚一笔。关键的问题就在于我们能不能预测到资产泡沫的破裂发生在什么时候，不然我相信很多人都可以在这之前安全离场。

历史虽然不会简单地重复，但是每一次总是多多少少有一些相似的地方。资产价格泡沫的疯狂与泡沫的幻灭，在历史上还是不断地被重演，说明我们总是不太能够记住历史上的教训。经济学家对泡沫现象的看法其实是不太一致的，当然标准的经济学教科书对泡沫还是有定义的。这个定义就是：因为投机交易极度活跃，金融、证券、房地产等这些资产的价格往往会脱离它们的实际价值大幅度地上涨，造成一种表面繁荣的经济现象。

尽管很多学者越来越重视资产价格的泡沫问题，对资产泡沫的研究和认识也愈发深刻，但是资产价格泡沫这个现象并没有因为我们研究的深入而消失，反而有愈演愈烈之势。我们来说说中国A股市场在2015年发生的股市大跌，在此之前，我们显然是经历了一个所谓的大牛市。很多投资者肯定都还知道这样一句话：经济的基本面和股市，它们之间的关系就像主人和他养的狗的关系一样，狗不会离开主人太远，也就是说股市的涨或者跌，总体上不会脱离基本面太远。

可是在2015年，恰恰相反，当时的经济其实不是很好，经济的增速在下滑，企业整体的利润往下走，大宗商品的价格也是连连地下跌。可是在当时A股市场上主要炒作的是国有企业的题材、"互联网+"的题材，还有沪港通等新的概念。再加上当时又出现了场外配资泛滥的现象，大量的资金开始涌进股市，上证指数就从2000点一路上涨到5000点。而创业板更是牛气冲天了，从2013年开始连涨两年半了，从不到

600 点冲到了 4000 点，可以说非常夸张。本来到 2014 年的时候应该停了，但是在整体牛市的带领之下，我们的股市再次上扬。后来大家都知道发生了什么，就是出现了股市的暴跌，上千只股票跌停，多次地跌停。所以资本市场当中资产价格到底是怎么决定的，到底是不是跟它内在的价值有关系等，变成了非常复杂的问题。

在上一节课当中，我重点介绍了尤金·法玛的"有效市场"假说，按照"有效市场"假说，如果这个市场是有效率的，股价会充分地反映当时可获得的信息，也就是说在当时可以获得的所有的信息都会被股市消化掉。在这种情况下，股票的价格其实就是对其内在价值的一个最优的估计，而且股票的价格要发生变化，只能发生在有新的信息到来的时候。用经济学的语言就叫"price in"，就是所有的信息都会在价格当中反映。但是刚才我们谈到的股市的这些暴涨和暴跌的情形，显然跟假说有一些背离，股票价格的变动好像不仅过于频繁，而且过于猛烈，这种情况如果用"有效市场"假说来理解的话，似乎还是有一些困难。

耶鲁大学的金融学教授叫罗伯特·希勒长期关注利率的变动趋势，后来他也开始关注股价的过度波动现象，发现这个现象基本上不能从经济的基本面得到解释。他在 1972 年的时候完成了他的博士论文,题目叫《理性预期与利率的期限结构》。在这篇论文当中他提出,在"有效市场"的框架之下,没有办法协调短期的利率波动跟长期利率之间的关系。

在1979年他发表了《长期利率的波动率与利率的期限结构预期的模型》,重点解释了长期的利率波动的原因。我这里要插一句话,在前几年希勒跟他夫人到上海来,我跟他见了面,并且约他进行了一次比较长时间的对话。当时希勒的太太也在,不过他太太当时是带着他的一本书到成都去参加中文版首发式的。

希勒的太太是一名心理学家和儿童教育家,这可能对希勒后来的研究产生了一定的影响:希勒后来把他对金融市场研究的注意力转移到人类的非理性心理,以及人类的非理性行为上面。这也使得希勒后来专攻行为金融学,成为行为金融学的创始人之一。希勒教授的行为金融学研究,具有很强的现实意义,最为人称道的就是他曾经两次成功预言到金融泡沫行将破裂。

因为预言被验证,他也成了一名非常有名的畅销书作家。在2000年的时候,他出版了《非理性繁荣》这本书,预言美国的股市泡沫就要破裂,而大家都知道在2001年的时候,美国的股市崩盘了。另外一次是从 2003 年开始,他就一直说美国的房地产市场存在着严重的泡沫。在雷曼兄弟公司破产的前一年,他还撰文说,美国即将出现房地产的崩盘,并将带来非常严重的金融恐慌。我们都知道 2008 年美国发生了次贷危机,而次贷危机就是由房地产崩盘导致的一场全球金融危机。

在《非理性繁荣》这本书当中,希勒教授提到了造成互联网泡沫的几个主要因素,第一个当然就是互联网技术的发展;第二个就是冷战以后所谓的胜利主义,这主要是针对美国了;第三个就是对个人成功致富的这种神话的吹捧,再加上共和党国会的减税计划、生育的高峰、媒体的扩张、养老金计划和共同基金的增长、通货膨胀率的下降、赌博成本的增加等,所有这些他认为都可能影响互联网的泡沫。其中最重要的原因,在希勒看来,其实是二十世纪九十年代以来互联网的飞速发展。这和我们的生活息息相关,对我们人类的心理也产生了巨大的影响,至少在当时,所有人都相信我们进入了一个新的时代。

这些影响的机制,在希勒看来无非就是有三个渠道。第一种就是从价格到价格,也就是说股价上涨会使更多的人参与到股市的交易中,引起股价的进一步上涨,所以这个机制是非常简单的，但是我们大多数的经济学的教科书，包括金融的教科书，其实都很少谈到这个问题。

第二种机制就是从价格到 GDP，然后再到价格。股价的上涨当然会导致国内生产总值的上涨。人们就会相信宏观经济处于一个上行的阶段，新科技的应用会使股价进一步上涨，所以这是从价格到基本面，然后再到价格的机制。

第三种机制是从价格到收益再到价格。因为股价上涨以后，公司的收益会增长，人们会看到更好的公司，从而增加更多的欲望去购买股票，进一步引起股价的上涨。

尤金·法玛和罗伯特·希勒，我前面那节课也提到过，他们对股市问题有完全不同的看法。尤金·法玛是坚定的"有效市场"假说的倡导者、支持者；而罗伯特·希勒是基本上不认同"有效市场"假说的。当然，到底他们俩谁说得对，这个问题其实并不重要，事实上也很难断定谁对谁错，不光我们很难断定他们俩谁对谁错，就连诺贝尔奖的评奖委员会都觉得很难，这也是非常有意思的一个现象，因为这个奖同时颁给了两位在股市层面上具有完全相反看法的经济学家。

在今天，更多的金融学家会从噪声交易行为、羊群效应，投资者的情绪过度自信等角度来研究资产价格泡沫的形成机制，这些就属于罗伯特·希勒所倡导的行为金融学的范畴了。

在金融市场当中，所谓的噪声是指虚假的，或者是真的，但是与投资的价值没有关系的那些信息，它可能来自两个方面，一个就是市场的参与者会人为地主动地去制造这些信息，另一个就是市场的参与者可能会被动地误判，这些都会导致市场存在着大量的噪声。

金融市场当中的羊群效应，说的就是从众心理，投资者可能会跟着大多数人的行为来做出他的选择。在信息不确定和信息不对称的情况之下，投资者并不是根据基本面研究来选择最有投资价值的资产，而是选择观察其他人的行为来提取信息，并相信其他人拥有更充分的信息，从而做出更合理的决策。在短期里，投资者可能更倾向于选择市场价值更高的资产。

由此就会经常出现投资和消费的所谓"跟随"策略。同时越来越多的证据也表明，其实投资者的理性是有限的，他们的交易活动受到自己的主观概念和情绪的影响，因此羊群效应的研究不可避免地要与市场情绪挂钩。如果投资者对未来市场的走势保持比较乐观的态度，羊群效应会变得更加明显。

过度自信也是资产价格泡沫形成的一个重要的刺激因素，过度自信会引起投资者之间关于资产的基本面信息的分歧。

在做空受到限制的情况下，当投资者非常乐观，对市场有信心的时候，他就会选择持有资产，并且打算将来把资产卖给对资产更乐观的投资者。所以即使投资者之间存在过度自信的微小差异，也会产生足够量的交易，使资产的价格出现显著的泡沫现象，整个市场会出现过度的亢奋。

总结一下，我们这节课重点谈了泡沫的现象。从历史上来看，泡沫是不断发生、不断重现的，这就说明股市或者资本市场上一定存在着很多非理性的东西。所以罗伯特·希勒跟尤金·法玛就不一样，他不认为这个市场是有效的，他认为参与市场的投资者不仅本身是非理性的，而且可能存在着很多行为上面偏离理性假设的现象，比如说跟随效应、羊群效应、过度自信等，这些现象可能会导致资本市场在一段时间里聚集越来越多的泡沫，最后一发不可收拾，出现股市的过度震荡等。

当然这并不一定会推翻尤金·法玛提出的"有效市场"假说，尤金·法玛与罗伯特·希勒对股市的认识也许是互补的，而不完全是相互替代的。

最后我想问大家一个问题：

如果我们认识到，作为市场的参与者，我们不可能做到完全的理性，不可能掌握所有的信息，还是会出现情绪的波动，会有一定的跟随或者羊群的行为，在本节课之后，如果你未来要参与股市的投资，你会变得更加理性吗？你会深信要坚持关注和研究公司的基本面，进行更加理性的投资，还是说其实没有关系，你会顺从内心与市场共舞？

# 期权价格：怎么给看不到的未来定价？

中国的 A 股 2019 年春节后经历了一波牛市，我们前面课中也谈到了，上证指数从 2500 点涨到了 4 月的 3200 点，很多股票上涨都不止 20%，我相信也有不少投资者真的是在股市上赚得盆满钵满。当然也有很多投资者踏空了，我猜想这些投资者如果在 2500 点的时候没有去买股票，那他们在 3200 点的时候就更不敢买了。

除了股票上涨以外，可能你忽略了一个小众的市场，就是可转债市场，它也跟我们这波牛市一样，涨了非常多。什么是可转债？可转债的全称就是可转换公司债券，据说这个产品 1843 年在美国第一次出现，指发行人可以依照一个法定的程序来发行，在一定的时间内依据约定的条款，可以转换成股份的一种公司债券。换句话说，可转债本质上是公司的债券，但是投资者可以选择在条款规定的时间内，按照约定的价格把债券转换成公司的股票，当然也可以选择不转换，这是债转股的一种方式。

在金融学里，我们常把可转债看作债券和看涨期权的一个叠加，即可转债就是债券加上看涨的期权。债券很容易理解，公司向投资者发债融资，要支付债券的利息给投资者，到期要还本付息。你可能要问，债券的涨跌幅度应该是远远小于股票的涨跌幅度的，可是为什么在中国的这一波牛市当中，可转债的涨幅反而挺大呢？有的可转债的涨幅甚至超过了对应的公司股票的涨幅，其中的奥秘在什么地方？是因为看涨期权吗？看涨的期权到底应该怎样理解？

期权英文叫option，也可以翻译成"选择权"，所以期权又称为选择权。其实这是买卖双方达成的一种合约，买方向卖方支付一定的金额以后，就拥有在未来一个特定的时间段内，或者在未来某一个特定的日期上，以事先约定好的价格向卖方购买，或者卖出约定数量特定标的物的权利，但并不具有必须买进或者卖出的义务。比如说我们买卖二手房，买方先付给卖方一定数量的定金，支付定金以后就等于换回来一个在未来，在三个月内要支付约定好的尾款前提下，购买这间房子的权利。这个权利就是一种期权。当然买方也可以放弃这个权利，不再继续支付尾款。简单地说期权就是对未来的一种承诺的权利。

从期权的定义出发，我们可以根据期权买方的意愿，把期权分成看涨的期权和看跌的期权。看涨的期权，英文叫 call option，我们有时候也翻译成"买权"，是指期权的买方向期权的卖方支付一定数量的金额以后，拥有在期权合约的有效期内，按照事先约定的价格向期权的卖方买入一定数量的期权合约规定的特定标的的权利，但是并不负有必须买进的义务，就像前面讲的买二手房的情形一样。但是期权的卖方有义务在期权规定的有效期内，应期权买方的要求，以期权合约事先规定的价格卖出这个期权合约规定的特定的标的。

在企业的运营当中，企业主为了激励他的核心员工、骨干员工努力工作，通常也会进行股权的激励，授予他的核心员工以企业的看涨期权。核心的员工，包括高管，获得了期权激励以后，会有动力为企业的长远发展做出好的业绩，把股价推高，从自己的看涨期权当中获得很大的收益。如果他不努力工作，企业的业绩下滑，股价下跌到比约定的价格还低，这个时候看涨期权就是一张废纸，也就是会变成所谓的虚值期权。如果你在外资企业工作，你可能会听说过"ESOP""ESPB""RSU"等方案，这些方案就是股权激励。

看跌期权的英文叫 put option，也叫"卖权"，指的是期权的买方向期权的卖方支付一定数额的权利金后，拥有在期权合约的有效期内，按事先约定的价格，向期权的卖方卖出一定数量的期权合约规定的特定标的的权利，但是并不负有必须卖出的义务。但是期权的卖方有义务在期权规定的有效期内，应期权买方的要求，以期权合约事先规定的价格买入期权合约规定数量的特定标的。

之前我提到的买二手房的例子当中，买方向卖方支付的定金其实就是一种看涨期权。如果未来房价涨得很厉害，买方就可以按照事先约定的价格支付尾款购得房屋。如果房价在未来下跌得很厉害，买方就可以放弃这个权利，不再支付尾款。

看跌期权稍微有些晦涩难懂，我们举一个例子来说明。在资本市场当中，一般中小投资者往往就是"涨了赚钱，跌了亏钱"这样简单的想法；而大资金的运作方式完全不一样，因为大资金的收益率很难超过小资金，大资金更看重的是资产的安全性。比如说某笔大资金持有 10 亿元的股票，如果未来股票大幅度下跌，那么损失就会很大，在这种情况下，大资金往往会同时持有股票的看跌期权，对持有的股票进行保护。

假设股票价格确实跌了 30%，但是由于购买了看跌期权，大资金就有权利以合约当中约定好的下跌 5% 的价格，抛售手中持有的股票，这样就可以避免大幅度的股票价格下跌所造成的巨大损失。在我们的A股市场当中，上市交易的有上证50ETF期权，一些大的资金看好股市，就会大笔地买入上证50ETF。关于ETF，我曾经提到过，就是一种指数基金。但是这些大的资金也会同时买入一些上证50ETF的看跌期权进行保护，避免因看走眼而造成巨大的损失。所以买看跌期权就如同买保险。

了解了看跌期权以后，大家可能会问，在前面提到的企业股权激励计划中，公司的核心人员能不能故意把企业运作得业绩很差，而偷偷在资本市场上大笔买入企业的看跌期权来获利？我只能告诉大家，这是一种犯罪行为。

既然期权这么有用，那它值多少钱，也就是期权是怎么定价的？

二十世纪七十年代初，有一位经济学家叫迈伦·斯科尔斯（Myron Scholes）。斯科尔斯出生在加拿大，在他上中学的时候，生活的地方有很多矿，他当时就知道矿区有很多人做股票投资，很多矿的股票涨得很厉害，而且投机的色彩很浓。斯科尔斯找的第一份工作，是在美国麻省理工学院（MIT）当教授。当时，股票期权其实还没有一个明确的定价方法，投资者和交易商都只能凭借自己的主观推测和判断，对期权来进行估价，盲目性很大。斯科尔斯有一个合作者叫费希尔·布莱克（Fischer Black），是一位数学家，虽然他们两位专业领域离得很远，但是他们对期权定价都非常感兴趣。

斯科尔斯在获得诺奖以后来到上海，我跟他进行过较长时间的面对面对话，斯科尔斯告诉我，当时他和布莱克在为富国银行（Wells Fargo）做一个项目，他俩经常见面，慢慢地他们开始对期权的问题产生了兴趣，出于学术上的好奇心，他们就做了这样一个研究。

最后，他们找到了一个比较科学的为股票期权定价的数学公式。这个公式就是著名的"布莱克—斯科尔斯期权定价公式"。我记得我看过的一篇文章说，人类历史上有17个重要的公式，是改变我们的历史的17个公式，其中只有一个是来自社会科学的，这个公式就是"布莱克—斯科尔斯期权定价公式"，可见这个公式是多么重要。

1973年，他们把这篇论文写出来以后，发表在芝加哥大学的学报，我们通常叫"JPE"（《政治经济学杂志》）上面。不过在这之前，他们这篇论文也多次投稿，但都被退稿，因为这篇文章很复杂难懂，人们不知道这篇文章在谈什么。

也是在这一年，芝加哥的期权交易所开张了。这篇论文所讨论的定价公式是非常复杂的，但是因为电脑技术的进步，交易商操作起来还是很方便的；而且用这个定价公式定价不仅快，还很准确。它不仅扩大了期权交易的规模，还降低了定价的成本，斯科尔斯也因为期权定价的公式获得了1997年的诺贝尔经济学奖。很遗憾的是，诺贝尔奖只颁发给在世的学者，布莱克教授因为过世了就未能获奖。

在布莱克—斯科尔斯期权定价公式当中，期权价格的影响因素主要有六个方面，分别是：标的资产的市场价格、期权合约中的执行价格、期权的有效期、标的资产价格的波动率、无风险利率和标的资产的收益率。这几个因素通过期权的内涵价值和时间价值来共同影响期权的价格。

在布莱克—斯科尔斯期权定价公式发表之后，我们对期权的定价就有了一个相对比较可靠的算法，但是这个公式还是比较复杂的，我相信普通的读者要理解这个公式也不是那么容易。不过还好，有一本书叫《公司理财》，作者是斯蒂芬·罗斯（Stephen Ross）。这本书里面对布莱克—斯科尔斯期权定价公式有比较浅显的一种解释，所以我推荐大家去读这本书。

另外我也想说，斯科尔斯这位犹太裔经济学家其实是一个非常有趣的人。他不仅仅对期权定价做出了重要的贡献，而且对当下整个新的科技革命对我们人类可能产生的影响都有很深入的思考，他自己也有很多有趣的故事。我在这里也推荐大家去看我的一本书叫《顶级对话》，这本书收录了我跟斯科尔斯面对面的一个长篇对话。相信大家读了那篇文章，会对斯科尔斯有一个比较深入的认识。

# 行为经济学："避害"比"趋利"更重要？

2017年，美国经济学家理查德·塞勒（Richard thaler）因为在行为经济学上面的贡献，被授予了诺贝尔经济学奖。什么是行为经济学？塞勒自己讲过一个真实的故事，我想它或许可以帮助大家来认识什么是行为经济学。他说他的朋友文斯在一家室内网球俱乐部交了1000美元的会员费，这样他可以每周在这里打一次网球，但两个月后他得了"网球肘"，也就是打网球的时候肘部会感到非常疼痛。可是他不想浪费会费，于是继续忍痛坚持，结果又打了三个月，实在没办法再打下去了。听上去这个行为好像毫无道理，因为1000美元的会费都是不退的，无论他是继续打球还是不打球。我们也可以倒过来想，假如他忍痛去打三个月的网球，就可以多挣1000美元，他会去做吗？我相信他不会。那么为什么他交了1000美元的会费之后，反而要忍痛去打网球，从而可以使自己相信1000美元的会费没有被浪费掉呢？

其实类似的例子在我们身边还有很多。比如说对于一些常打麻将的朋友来讲，如果他赢了200元然后及时收手，好像比较容易做到；但如果他输了200元想要及时止损，好像就很难。为什么会这样？这里就引出一个非常重要的行为经济学概念。我前面曾经说过，对很多现象的理解需要建立概念，有了概念我们对这些现象就能够比较容易地做系统研究。

这个概念就是"损失厌恶"，听起来好像有点拗口。损失厌恶的意思，就是说人们总是不喜欢损失。根据美国的经济学家卡尼曼（Kahneman），还有塞勒等人的研究，损失厌恶就是指人们面对同样数量的收益和损失的时候，损失好像总是令他们更加难以忍受。换句话说，损失厌恶指的就是我们对损失的这种不喜欢，大大地超过我们对获得的喜欢，所以一定数量的损失带来的痛苦好像比同样数量的收益带来的快乐要大，一般要大2—2.5倍。

损失厌恶反映了人们对损失和获得的敏感程度的严重不对称，对损失的痛苦感要远远大过获得的快乐感。由于人们对于等量的得失态度不同，人们对于收益和损失的风险偏好也是不同的。如果涉及的是收益，人们往往会表现为对风险的厌恶。在确定的好处和赌一把去获得更多的好处之间，如果要做一个选择，因为害怕自己失去已有的好处，我相信多数人会选择确定的好处，用一个接地气的词来形容就是"见好就收"。

如果我们涉及的是损失的情况，人们往往会表现为对风险的偏好。在确定的损失和赌一把将损失降到最低之间做一个选择的话，我相信多数人会选择赌一把，也就是所谓的"两害相权取其轻"。因为多数人在处于亏损状态的时候，会非常不甘心，宁愿承受潜在的、更大的风险，也要赌一把，把损失降到最低，这就是前面塞勒讲到他的朋友在出现"网球肘"的时候，还要继续打球的一个原因，也是在麻将桌上输了钱还想赢回来的一个主要原因。

关于"损失厌恶"这个概念，经济学与心理学史上也有过一些著名的实验案例来证明这种现象的存在。最经典的大概就是二十世纪八十年代做的一个马克杯实验。实验者把志愿者分成两组，让他们待在不同的房间里。实验者给了第一组志愿者每个人一个马克杯，并且告诉他们现在拥有了马克杯；而给第二组远远地展示了马克杯，但是没有给到他们手里。

之后两组志愿者都收到了调查问卷，让他们估计愿意出售自己拥有的马克杯的价格，以及愿意购买马克杯的价格。结果第一组志愿者给出的可以接受的平均售价是 5.25 美元，而第二组志愿者给出的愿意支付的平均价格是 2.5 美元，甚至更低，这个价格当然就低于前者给出价格的一半。

两组给出的回答为什么会出现如此大的差别呢？实验者给出的猜想是这样的：因为第一组志愿者手上拥有了马克杯，这使得马克杯拥有了情感方面的价值；但是对第二组志愿者来讲，他们与马克杯没什么接触，只是远远地看到了，并不拥有杯子，所以马克杯对他们根本没有什么特殊的意义。因此想让第一组志愿者损失掉自己的杯子，开的价格自然要比第二组志愿者为了得到杯子的开价高得多。

对于人类在心理上的这个特点，其实销售人员是最了解的，他们常常也会利用心理上面的一些特点来套住潜在的消费者，最常见的做法就是鼓励我们的消费者去试用他们的产品。比如每当我们逛街或者买衣服的时候，店员小姐总是喜欢让消费者拿着衣服仔细地打量，并且鼓励试穿。经过这一系列行为与这件衣服建立亲密接触以后，我相信很多消费者难免会产生一定的感情，就好像已经拥有了它，尤其是在试穿了以后，发现自己穿上这件衣服还是蛮好看的，这种拥有感就会体现得比较明显。这个时候如果不买，那就等于失去了它，所以我们可以接受的价格往往就会比真实价格要高一些，很可能会自愿地买下它，这就正好中了卖家的下怀。

究竟是什么让我们人类有这样的心理干扰呢？有的学者

认为损失厌恶这种现象跟人的进化过程有关。进化心理学家就认为，比如说我们怕蛇，比如说我们有"广场恐惧症"等，这些人类常见的害怕与情绪，其实都是一种进化的记忆，是我们人类长期进化过程中赖以提高繁衍与生存成功率的一种适应。损失厌恶就是属于这样一种进化的记忆。

我们假想一下，在东非的大草原上，一个原始人奋力地抓住了一只羚羊，但另外一个原始人看到这只羚羊后要过来争夺。如果抓住羚羊的原始人有一种强烈的损失厌恶感的话，他就有了更强烈地保护自己食物的动机，他愿意为保卫自己的食物付出的代价是非常大的，甚至超过了食物本身给他带来的价值。另外一个试图要抢夺羚羊的原始人意识到了这一点之后，就会放弃抢夺的行为。而假如没有这种损失厌恶，食物得而复失的可能性就会比较高，从而导致这种类型的原始人最终被自然选择淘汰掉。

简而言之，损失厌恶是人类进化过程中长期面对恶劣的自然条件和残酷的生存斗争的一种产物。损失厌恶型的主体，比非损失厌恶型或者其他类型的主体，在长期进化过程中会表现出一种更好的适应性。在人类漫长的进化过程当中，生存的斗争是非常残酷和激烈的，个人所面临的外部环境也相当恶劣。正是这种长期的选择压力塑造了人类普遍存在一种损失厌恶的倾向。

在生活中，经常见到一些损失厌恶的心理产生巨大影响的例子。比如说一些劳动经济学家所研究的纽约出租车司机的工作行为。一般而言，我们认为在打车的旺季，比如节假日、旅游旺季，司机总是愿意趁着生意好的时候多工作一些时间；在淡季客源比较少，司机会倾向于早点收工回家。但是研究的结果显示事实恰好相反，也就是说司机在旺季工作的时间更短，在淡季反而更长。

司机的这种工作策略似乎不能使得他们的收入最大化，但是这种现象背后的原因是什么呢？劳动经济学家给出的解释是这样的：司机每天在自己的心里都有一个稳定的预期收入，如果一天挣到的钱低于预期收入，损失厌恶就会让他们在心理上产生巨大的痛苦；但是如果一天挣到的钱超过了他们的心理预期，这些多挣的钱带来的快乐，与少挣的钱带来的痛苦相比就比较小了。所以每个司机在工作时间里都在计算自己挣到的钱和预期收入之间的差距，如果差距还在，他们就继续在大街上找客户、找客源；一旦达到了预期的收入，他们大概就可以松一口气，觉得随便再拉几个客户就可以回家睡觉或者去泡吧了！显然，在旺季司机可以在更短的时间内达到自己的预期收入，他们的劳动时间反而会缩短；而在淡季司机要劳动更长的时间才能达到自己的预期收入,他们的劳动时间就会更长。

正如我们前面所说,损失厌恶是人类在过去几百万年的进化过程当中自然形成的一种心理特点,这种特点使得我们的祖先在前工业化的时代具备了某种生存的优势,但是这种特点在后工业化时代未必能够继续成为生存的优势。这类似于我们对高热量食物的一种喜爱:在食物极度匮乏的工业革命前的几百万年里,对高热量食物的偏爱,可以使我们的祖先在身体里面储存更多的能量,从而熬过一个个饥寒交迫的夜晚;但是在现代社会,这种偏爱反而会导致我们的疾病与死亡。也许我们不能在心理上克服我们的损失厌恶,因为这是我们的天性;但是我们必须了解我们自己的这种天性,用理性来抑制我们的本能,从而在现代社会里面,可以获得一种更高的生存优势。

这节课我们讲了行为经济学中的一个重要概念,就是损失厌恶。损失厌恶可能是我们人类在进化过程中留下来的一种心理记忆,使得我们本能上对损失掉的东西更看重,而对得到的东西没有那么看重。所以从某种意义上讲就是"避害"比"趋利"更重要,这是我们人类的一种心理倾向。但是在很多情况下,这种倾向会带来很大的问题。

在最后,我也想给大家留下一道思考题:在当下的社会中，我们都特别喜欢市场上的一些打折优惠活动，我相信很多人会努力地说服自己，一定要去占便宜，当然最后我们经常发现自己其实买了很多根本不需要的物品。这都是因为损失厌恶在作祟。在学完这节课之后，我们能不能找到更合理的办法来抑制这样一种天性，抑制这样一种本能，抑制我们这种损失厌恶的倾向呢？

# 替代效应：苹果涨价了我们会吃更多梨吗？

在冬季的时候，我们往往会看到这样一个现象，比如说菜市场或者超市里面新鲜蔬菜的价格，在下雪的时候会涨得比较高。这个比较容易理解，因为下雪天公路变滑，运输难度加大，运输成本变高，运输量相应地也会减少，随着供应的减少，新鲜蔬菜的价格自然就涨上去了。其实菜价涨了以后，卖菜的摊主也不一定开心，为什么？因为有一些精打细算的消费者，在天气比较冷的时候，新鲜的蔬菜价格涨上去以后，他们往往会放弃吃新鲜的蔬菜，转而去买价格一直比较稳定的腌制蔬菜或咸菜。新鲜蔬菜一年到头当然都是有的，只是在天气不好蔬菜价格涨得比较厉害的时候，他们就选择少吃或者不吃。

换换口味，吃点腌制的咸菜也不见得是一件坏事，精明的消费者往往就会这样想问题。这样一来，腌制的萝卜、黄瓜、雪菜、梅干菜等，就会卖得很好，风头在那段时间可能会超过平日里受到青睐的新鲜蔬菜。天气好转以后，一切都会恢复正常，新鲜蔬菜的运输量、供应量上升，价格也就开始回落。这个时候腌制菜有可能又会变成冷门产品。这其实就是我今天想给大家讲的一个非常重要的概念在起作用，这就是所谓的替代效应。

在经济学里面，替代效应指的是一种商品的价格变动而引起另一种商品的相对价格发生变动，从而导致消费者在他的总预算支出不变的情况下，为了要保持效用水平不发生改变，通过调整对商品的需求量来实现这样一个目的。又比如说你在市场里面买水果，看到橙子的价格降下来了，而橘子的价格没有变化，橘子相对橙子的价格变贵了以后，你可能会选择多买一点橙子，而不是买橘子。对于这两种物品，如果一种物品的价格上升，使得另外一种物品的需求量增加，就会产生这两种物品之间的所谓替代效应。

替代效应在生活当中是非常普遍的，我们日常的生活用品之间大多数都存在着这种可以替代的关系。萝卜贵了就多吃点白菜，大米贵了就多吃点面条，猪肉贵了可能会去多买点鸡肉等。所以一般来讲越容易替代的物品，替代效应越明显，价格越平庸；越是难以替代的物品，替代效应就越微弱，相对来说它就可以保持比较高的价格。比如高科技产品，它在市场上相对来说就可以维持比较高的价格水平，因为高科技产品只有在复杂的技术条件下才能生产出来，技术含量比较高，它的替代性就比较低；而馒头谁都会做，相对来说价格就比较低了。价格昂贵的艺术品，比如达·芬奇的《蒙娜丽莎》，我们都知道它价值连城，因为它独一无二，完全没有替代品。

消费者对不同媒介的使用，也可以算作一种商品的组合，你花费掉的时间也有金钱的价值。所以经济学认为时间也有价格，是机会成本的一个货币化表达。

比如说随着宽带上网费用不断降低，有线电视每月的服务费长期保持不变，那么消费者就会增加对以互联网为代表的新兴数码媒体的使用，相应地就会减少以电视为代表的传统媒体的消费。换句话说，互联网对电视的替代效应，现在也非常明显。中国互联网信息中心有一个统计数据，截至2016年上半年，平均每个网民每周使用互联网约26.5个小时，比2011年年底的18.7个小时增长了42%；2016年的上半年每个电视观众，每周平均收看电视的时间是29.4小时，和2011年之前相比，增幅只有5%。这至少可以说明消费者在电视上的消费时间已经基本处于停滞的状态，只是还没有下降。这突显了网民对互联网的消费时间经历了高速增长期，实际上这还显示出我们的日均电视观众的规模，其实已经基本饱和或者说处于逐年下降的趋势，但是网民的规模大家可以想象，正在超速地增长。

在职场上，替代效应也会发挥很大的作用。比如说那些有技术、有才能的人，在企业里面往往就是香饽饽，老板见到可能就是又加薪又升职，努力挽留。为什么？因为我们知道有技术、有才能的人是比较稀缺的，要找一个替代人员，也不是很容易；而对普通员工来说，企业很容易从劳动力市场上找到可以替代的人。中国是人力资源大国，所以劳动力相对来说还比较充沛，这个工作你不愿意做，但想做的人其实有很多。所以，如果看到别人的薪水比你高，也没必要感到惊讶，或者心理不平衡，只要自己具有不可替代性，我相信你的待遇自然会上升。

其实一种商品的价格发生变动的时候，除了会产生我们前面讲到的替代效应，还存在着另外一种效应，就是收入效应。在我们经济学的文献中，收入效应指的就是在收入不变的条件下，由商品的价格变动，引起消费者的实际收入水平的变动，消费者改变消费数量，从而对商品的需求量产生一定的影响。我们还是拿买橙子和买橘子的例子来讲，超市里橙子的价格下降的时候，一方面，对消费者来讲，虽然手头的钱没有发生变化，但是相对于橙子和橘子的组合来说，你手头的购买力实际上变强了，也就是说你的实际收入水平提高了。而实际收入水平的提高会使得消费者同时增加对橙子和橘子的购买量，以达到更高的一种福利水平，这就是收入效应。当然收入效应也可以指你的真实收入提高，产生对所购买的消费品数量的一种需求的变化。

另一方面，如果橙子和橘子能够完全替代，在橙子的价格下降以后，消费者可能会去购买更多的橙子，而不是橘子。当橙子和橘子无法完全替代的时候，那么橙子购买量就会增加，橘子的购买量，因为替代效应的原因，反而会下降。

但是因为这个过程当中还有一个收入的效应，所以这时候你对橘子的购买量又会上升，在这种情况之下，因为既存在替代效应又存在收入效应，你对橘子购买量的最终变化或许难以确定到底是上升了还是下降了，这需要更进一步的观察。

简单地讲就是，一个商品的相对价格发生变化以后，产生的总的效应，可以分解成收入效应跟替代效应，两者往往是同时发生的。

我们来看看利率变化的一个总的效应。如果我们把利率当作储蓄的价格，利率上升的时候，储蓄所得的利息就会上升，为了获得更多的收入，消费者会把原来打算消费掉的钱，索性存到银行里去变成储蓄，也就是说暂时牺牲一下消费，这个时候储蓄会上升，所以储蓄跟利率发生了同方向的变化。但是利率上升以后，存在银行里的钱的利息收入就增加，这种情况下，在眼下的消费和未来的消费的选择当中或者组合当中，两者或许都会有一定程度的增加，毕竟我的期望收入增加了。

在现实中，除了储蓄的利率以外，其实税收也会对我们产生收入效应和替代效应。

如果我们把所得税看作我们向政府购买公共服务所支付的价格的话，所得税的税率提高了，就相当于这些公共服务的价格提高了。由于公共服务是政府提供的一种共享的服务，所以个人不会因为享受到了它而产生比别人更多的满足感。而且税收是强制缴纳的，又不能选择减少对公共服务的购买，换句话说，其实个人选择对政府提供的公共服务的影响是很小的。在这样一种背景之下，税率的提高就会使人们产生两种感受，第一种就是感觉到自己的实际收入降低了，因为税率提高了，我们会更加心疼我们的钱，同时为了补偿多交税的损失，我们会工作更长的时间，或者去做兼职来增加收入，这个可以理解为收入效应。

第二种就是感觉努力工作变得不值得了。我们工作是为了取得收入，而取得收入又是为了提高我们的生活水准，得到快乐和满足，但是闲暇娱乐也会使我们感到快乐或者满足，所以税率的提高，特别是累进税率的提高，也就是边际税率达到比较高的水平之后，会让我们觉得自己多挣钱反而不值得，因为多挣的那一部分所对应的边际税率会更高，要缴纳更多的税，所以工作就越不值得。这种情况之下，闲暇带给我们的快乐反而有了一种更强烈的价值和吸引力，人们会更多地选择闲暇来替代工作，这就发生了替代效应。所以我们说一般情况下，如果边际税率太高的话，整体上会减少这个国家中人们的工作时间，因为收入到了一定的水平之后，人们要缴纳更多的税，他会觉得不值得，宁可去度假，宁可宅在家里看书、听音乐，也不愿意去工作。

本节课我们学习了经济学中非常重要的一组概念，就是替代效应和收入效应。

替代效应和收入效应，在早期芝加哥学派所谓价格理论当中就被特别强调，它们是分析很多经济现象的非常有用的一组概念。我记得张五常先生也经常讲，很多看上去很复杂的经济现象，可能大部分都跟替代效应和收入效应有关系。

最后我还是留给各位一道思考题：前面我们讲到，所得税税率的提高，会使这两种效应对我们的经济各自发挥不同方向的作用，当然这种作用有正面和负面的。而这两种效应并不是等量的，大小并不是相等的。在什么情况下，你认为收入效应可能会占主导地位？在什么情况下，替代效应可能会占主导地位？

## 市场失灵：同一件商品，为何在不同店里价差可能很大？

在当今这个市场经济蓬勃发展的时代，"买买买"已经成为我们日常生活中不可或缺的一部分，衣食住行、吃喝玩乐，几乎所有的活动都需要通过购买的方式才能实现。而且，我们不仅喜欢光顾线下超市、餐厅、专卖店；还喜欢在各类线上购物网站"剁手"，网络的发展使我们的购买行为更加便捷。

但是，当你打开购物网站上下浏览或进入超市、商场逛了一会儿之后，你可能会注意到，看起来没什么差别的同一种商品在两家店的标价竟然相差不少呢！

举个例子，经济学的入门教材——曼昆的《经济学原理》（第七版）平装本在京东自营店的售价为89.60元，在亚马逊自营店的售价为103.40元，两者相差13.80元。而在其他不计其数的线上书店和实体书店中，这本书的价格波动幅度更大——少则二三十元，多则一两百元。

我们在经济学中学过这样一个定理——一价定律（the

law of one price），同样的商品售价应该是一样的。为什么生活中同一件商品的价格在不同商店里差别如此之大？这种现象是不是违反了一价定律？这便是我本节课想要和大家交流的话题。

"这还不简单，不同店里的东西质量不一样呗！"你的第一直觉可能是这样。确实，不同店里的同一种商品可能在用料、工艺上有着不小的差别，因此商品自身的品质高低不一、价格不同也就合乎情理。我们经常讲的"按质论价"也是这个意思，只要商品质量不同，价格就会不同。

而且，即使是同一件商品，也可能因为店家营造的店铺环境以及提供的服务不同而要价不同，这在现实中也是极为常见的事情。以大家熟知的火锅店为例，海底捞火锅的口味如何或者说它与普通火锅的差别有多大可能并不是那么绝对，但是海底捞服务员的温馨热情可是出了名的，就连你去洗手间都有专门的店员在外边给你指示纸巾、洗手液、烘手机的具体位置，这在其他火锅店可不多见。因此，食客们对海底捞和其他火锅店在菜品定价上的差异也就不会介意了。

不难看出，上面的讨论将"商品的价格差异"完全归因于"商品的质量差异"，将商品质量作为价格的唯一决定因素。而且，正如我们上面举的例子所阐释的那样，这里的商品质量是广义上的，不仅包括商品本身诸如质地、色泽、口感、精致程度等方面的特征，而且也将与商品相关的各个方面的特征——比如店铺环境和店员态度——都考虑了进来。

其实，传统经济学家们也是这样看待商品价格差异的。在他们看来，如果两家店里的两件商品完全相同，包括商品本身的各种品质、商店的环境、售货人员的态度、售后服务的及时性等一系列条件都一样，它们的标价就应该完全一样。另一方面，如果相同的商品在不同的地方要价不同，消费者就会敏锐地察觉到这种差异并转而光顾出售价格最低的销售方，然后定价较高的店家也会依据客流量的大小来调整自己价格标牌上的数字，价格差异最终会被完全消灭掉。说得稍微艰深或学究一点，一个市场上的同质商品只可能有一种价格，这就是所谓的一价定律。

事情难道就这么简单？不同店里同一种商品价格的高低难道仅仅反映的是商品在质量上的参差不齐吗？现实中不同商品之间的质量差异真的有那么大、那么明显吗？如果我们在这里停下，那不就等于告诫你们要"不买对的，只买贵的"了吗？

商品的性质只是我们今天讲的商品价格差异的故事的一部分，上面的分析只是体现了传统经济学教材阐述的一种逻辑上的理想状况或者说"应然"状况，但我们还是得直面在现实生活中，同质商品的价格在不同店里仍然有高低之分、不同商品之间的质量差异并没有那么大，这样一些"实然"的状况。

这就引出了 1982 年诺贝尔经济学奖得主乔治·施蒂格勒（George Joseph Stigler）对信息经济学的创造性贡献，将信息引入经济学研究中。和我们上面讨论的问题类似，施蒂格勒刚开始关注的是这样一个现象：逛街购物时，人们走访的商家越多，就越容易找到更便宜的价格。相信你对此应该不会有太多异议。

从消费者的角度来讲，其他条件允许的前提下，只要我们准确地知道了不同店里特定商品的价格信息，我们肯定会选择最便宜的那一家进行购买——请大家注意，这里的关键在于，我们要对不同店里的定价信息有准确的、充分的掌握——但是，获取各大购物网站和不同商店的价格信息实在是一件麻烦、令人头疼的事情，且不说有些定价要通过和店员或老板打交道甚至讨价还价之后才能确认，单就各类电商平台上少则几十页的搜索结果而言，我想用"眼花缭乱"来形容也不为过；而且，就算你通过各种方式了解到你想购买的商品的所有价格，想必时间也已经过去不少了吧，你本来可以利用这段时间做很多其他事情的。

一言以蔽之，搜寻价格信息不仅是有收益的，更是有成本的！因此，你在权衡成本和收益之后选择是否花时间和精力去了解所有价格就成为一个视情况而定的选项，这就可能使得消灭价格差异的消费者方面的力量大打折扣，不同店里同一件商品的价格就可能不会完全相同。这便是以施蒂格勒为代表的经济学家们从信息的角度对商品价格差异所做的解释。

为了加深大家对"信息搜寻成本的存在使得价格差异无法避免"的认识，我们结合日常生活中的一些例子对它做进一步的说明。

第一，如果某一种商品的市场范围特别广，普通消费者搜寻所有价格信息的难度和成本就会非常大，因此价格差异相对于市场范围较小的商品就会比较大。大家可以想一想路边水果摊贩和农贸市场中水果摊贩的例子。一般来说，路边水果摊比较分散，你应该不会为了省几斤苹果的钱而多跑出几条街去问价；而在农贸市场可不一样，两家摊贩就挨在一起，"货比三家"更容易实现，你甚至只需要把分贝提高一些就可知道附近几家的水果卖价。如此一来，路边水果摊之间的价差应该会比农贸市场中的价差更大。

第二，不同消费人群对价格的敏感度相差很大，而且在信息搜寻上的成本不同，对价格越敏感且信息搜寻成本越低的人群更容易消除市场上的价格差异。大家可以想象一下老年人逛超市的例子。相对于新时代的年轻人而言，老爷爷、老奶奶不仅有着勤俭节约、花钱谨慎的消费观念，还有大把的空闲时间来关注各大超市和商店中米、面、油、服装、家居用品等各种货物的价格，而且还喜欢互相交流经验和最新成果。可以说，老年人在消灭价格差异上比年轻人更有成就。

总结一下，不同店家对同一种商品的定价不同不仅反映了他们所出售的商品在质量上的差异，更为重要的是，消费者出于对价格搜寻的"成本—收益"考虑而没有完全掌握市场上的所有价格信息，进而无法选择最有利于自己的价格，因此不同商店之间会存在价格差异。我们今天多次提到了这样几个经济学关键词：价格、质量、信息、成本、收益，其中最重要的就是施蒂格勒教授提出的"搜寻成本"，信息不是免费的，获取信息需要付出时间和精力，由于对每个人来讲时间成本是不同的，进而同一种商品在不同的店家、区域会存在价格差异，而这种差异不是由于商品质量的不同决定的。

学习这些关键词对经济学思维的培养非常有帮助，希望大家能在课下多多结合日常进行思考和训练。

# 逆向选择：经济学家为什么说二手车市场注定失败

"逆向选择"这个概念本来是保险行业的术语。考虑一大群投保人，他们的健康风险各不一样，有些人患疾病的风险比较低，有些人则比较高。每个人都愿意为自己的健康买一份保险，但是每个人愿意为保险支付的价格是不一样的。健康风险越高的人，越愿意支付更高的保险价格；相反，健康风险越低的人愿意支付的保险价格也越低。

如果保险公司清楚每个人的健康风险，它就会要求风险高的人支付较高的价格而让风险低的人支付较低的价格。但保险公司面临的问题在于，它很难知道谁的健康风险更高，谁的健康风险更低。这样一来，它就难以根据个人的健康风险高低实施差别定价，最后，只好根据平均赔付水平来确定保险费。

根据平均赔付水平来确定保险费会产生什么后果呢？显然，风险高的人会乐于购买保险，因为他们将以比其意愿支付价格更低的保险费买到保险；而风险低的人将拒绝购买保险，因为保险费水平高出了其意愿支付的价格。结果，保险公司的保险合同全部卖给了高风险的人，而保险公司最终的赔付水平，可能就会超过制定保险费时所依据的平均赔付水平。也就是说，由于不了解投保人的健康风险，保险公司吸引到的是其最不愿意吸引的高风险人群；保险公司做出了不利于自己的选择，这就是逆向选择。

今天，逆向选择这个概念早已走出了保险领域。经济和社会生活中，诸多因信息不对称而导致行为主体做出不利于自己的选择之现象，都被归结为逆向选择，逆向选择也已成为现代经济学中的一个基本概念。经济学家早就认识到逆向选择问题会干扰市场的有效运行。但是对其进行正式的理论研究则始于诺贝尔经济学奖得主阿克尔洛夫。

阿克尔洛夫考察了这样一个市场。这个市场交易的物品是二手车，存在大量的买家和卖家。卖家知道其待售汽车的质量，但买家不知道。阿克尔洛夫假设汽车的质量在 0—80 之间均匀分布，最差质量水平为 0，最高质量水平为 80。假定对于打算出售二手车的卖家来说，其愿意出售的最低价格正好是他的车的质量水平，比如一个卖家的二手车质量是 60，那只有出价在 60 以上才能让他把车卖掉。

在这样的市场上，如果买卖双方都知道汽车的质量，则交易是很有效率的。但问题是，买家并不知道汽车的质量。如果他按照二手车的平均质量40来出价，那么什么人会把车卖给他呢？显然，所有二手车质量高于40的卖家绝对不会出售给他。所以买家能买到的二手车质量最高为40，最低为0，平均质量为20。预测到这一点，买车的人只能出价20。但20的出价会迫使质量在20—40之间的二手车退出市场。这样买主只可能买到质量在0—20之间的车，平均质量为10。如此一来，平均质量和买家支付价格交互持续下降，最终导致市场上任何质量高于0的汽车卖家都退出了市场，买家支付的价格也成为0，即整个市场瘫痪了，或者不存在了。

阿克尔洛夫的例子代表了逆向选择带来的无效率结果。在这种情况下，市场上只有最低劣的产品横行，而良品没有出路。所以，有不少想买质量高一点的车的买家，买不到高质量车；而希望出售高质量车的卖家，则无法在其意愿最低的价格上出售。

好几年前看到一篇报道《旧车市场为何难火》，说的是专家曾预测国内旧车市场将日渐红火，文章引用数据说发达国家新旧车销售比例基本上已经达到1∶1，而我国人均收入逐年上升，更多的人欲过把"车瘾"，必将把目光投向旧车市场云云。该文认为，我国旧车市场并不红火，原因有四，即收入有待提高、二手车定价不准、售后服务无保证以及中介人员乱出手。

当大家了解到阿克尔洛夫的理论后，相信对这个问题会有更深刻的认识，并认识到该文章提出原因的合理或不合理成分。从本质上说，旧车市场难火的原因在于信息问题。买家对于质量不放心，因此只愿支付更低的价格，而更低的价格又进一步将良质车排挤出市场；市场上良质车更少，则买家愿意付出的价格就更低。这种恶性循环将导致二手车市场不断萎缩。除非有某些方式来解决信息问题，使得买家可以避免逆向选择，旧车市场才能真正地红火起来。

同样的道理还可扩展到旧车市场之外，几乎所有的二手市场都面临信息问题。任何买家都会质疑，如果产品质量的确很好的话，对方是出于什么目的要急于出售二手货呢？比如你今天购买一台新电脑，明天准备转手出售，可能价格都必须便宜一半，因为买家难以相信你的电脑不存在某种严重问题却使你在购买的第二天就急于出售。事实上，当买家愿意支付的价格很低时，如果你的电脑确实拥有等同于新电脑的价值，你也就不会出售。所以，二手电脑市场，或者其他二手市场，都存在逆向选择问题。

读者可能会问，为什么发达国家的二手车市场似乎比我国的二手车市场要繁荣一些？答案正在于，发达国家有较为成熟的市场制度安排来克服信息不对称所导致的逆向选择问题。比如，发达国家往往有更好的治理交易的法律及其实施保证，形成了更高的信任度和注重商誉的社会环境等。无论如何，发达国家中市场机制的运行被证明比发展中国家有效得多，因此其交易中面临的信息问题常常能够得到更有效的克服，市场也就更繁荣。

在更一般的意义上，阿克尔洛夫的理论告诉我们，如果存在信息的不对称，在市场上调整出价要非常谨慎。这是因为当你调整出价时，会改变的不仅仅是所能购买的物品的数量，更重要的是还会影响商品的质量。比如说，当一个企业面临财务困难的时候，是否应该考虑削减员工的工资以提高企业的经营利润呢？可能不少企业是这样做的，但是这会带来很大的逆向选择问题。因为企业降低工资会导致高质量的员工离开企业。什么样的工资水平会吸引什么质量层次的员工，低工资只能吸引低质量的员工。低质量的员工导致生产率更低下，反而可能令企业的生产和经营状况更糟糕。

百年老店沃尔沃斯的倒闭就是绝好的例子。沃尔沃斯是美国零售业的巨头,在美国经营了 118 年,是名副其实的百年老店。后来各种各样的原因导致它在 1996 年宣布破产倒闭。专家们认为它倒闭的原因之一就是为削减开支而大幅削减员工工资,结果导致员工队伍质量越来越差,从而使经营状况更加恶化。

我们再来总结一下今天的内容。经济学家认为,二手车市场难以发展并不是因为有中间商赚差价,而是因为买卖双方对商品质量信息的了解是不对称的。由于买方总是按照平均质量出价,拥有高于平均质量的二手车的车主就会退出市场。如此反复,最终导致市场上出现"劣币驱逐良币",仅存在最低质量的二手车。而要克服信息不对称,就需要建立良好的信誉机制和信号发送机制,使得买家可以获得关于二手车质量的可靠信息。

最后给大家留一道思考题:在企业的招聘中,逆向选择是经常面临的潜在问题。譬如,当企业打出广告许诺以固定年薪 10 万元招募一个经理,就会导致太多年薪不值 10 万元的人前来应聘。越是表现出对这份工作很有兴趣的人,就越有可能是在其他地方拿不到 10 万元年薪的低质量经理。如果他是高质量的经理,那么他就不会表现得非常看重这个招聘。

甚至，更有能力，其年薪可以在其他地方拿到超过 10 万元的经理，根本就不会来企业应聘。

如果你是人力资源部门的经理，你会如何设计招聘程序来解决这个问题呢？

## 信息不对称：银行为了赚钱，为什么不把贷款利息定得高一点？

在上一节课里面我们讲了"信息不对称"，讲了"逆向选择"，这个问题太重要了，所以在这节课里面，我还会对这个问题做进一步的分析和讨论。不过这节课的重点是要回答，银行为了挣钱为什么不能把利率定得更高一些，或者说银行为什么不能够实行差别利率？为什么不能随行就市来确定它的利率水平？

在上节课里我讲过，如果企业因为财务的压力，来降低员工工资，最后的情况不见得令人满意，因为降薪可能将素质比较高的员工排挤出企业，所以有选择性的裁员，其实要比减薪更合理。

与此类似，如果银行为了赚更多的钱，不断提高利率，也会产生同样的后果，会把风险比较低的贷款申请企业排挤出它的潜在客户群，反而让银行面临一个非常不利的选择，因为它把那些高风险的客户都筛选进来了。这就是由诺贝尔经济学奖得主、哥伦比亚大学的约瑟夫·斯蒂格利茨（Joseph Eugene Stiglitz）教授，和他的同事安德鲁·威斯（Andrew Weiss）所做的研究，他们还为此发表了一篇非常有影响力的论文。

我和斯蒂格利茨教授十分熟识，在十年前我曾经邀请他来复旦大学做过一次演讲。在过去这些年里，几乎每年3月我都会在北京碰到他，他是一位非常了不起的经济学家，也很"多产"，不论对美国政府，对全球经济，包括对现在的中国经济他都有一些很好的观点和言论。接下来我将通过一个简单的例子，解释一下他们当年发表的那篇关于银行信贷分配的论文的基本想法。

假设我们有两类贷款申请人，一类风险比较低，一类风险比较高。每类贷款申请人都需要一个初始的投资资金100万元，但是他们自己没有钱，只好去向银行贷款。低风险的贷款申请人的投资没有风险，银行可以确保收回100万元的投资，再加上10万元的回报，就是10%的回报。高风险的贷款申请人的投资是有巨大风险的，因为投资可能会失败，所以有50%的概率最后只能收回90万元；另外50%的概率是投资很成功，投了100万元，最后获得130万元，有30%的回报。平均而言，也能收回110万元，也就是说平均的回

### 信息不对称：银行为了赚钱，为什么不把贷款利息定得高一点？

报率也是 10%。

如果银行的利率是 5%，这两类信贷申请人，都会去申请银行的贷款。但是假设经济社会中货币开始紧缩，银行的资金成本增加了，此时银行向借款人发放贷款，会提高利率。我们可以断言银行的利率，其实只能少于 10%，为什么呢？

因为他们的投资可以确切地收回 10% 的回报，而现在银行利率是 10%，显然这个时候低风险的贷款申请人去向银行借钱投资就无利可图，所以他们肯定会放弃申请贷款。这个时候，银行所贷出去的资金，就会全部到高风险的贷款申请人手里。大家可以想象，这个时候银行就遭遇到逆向选择问题。换句话说，银行提高利率就等于把高风险的人留下，把可靠的低风险申请人排挤出去了。高风险的贷款申请人如果投资成功了，可以还银行 100 万元的本金加上 10 万元的利息；但是如果高风险的投资者失败了，就没有办法让银行获得 10 万元的利息，甚至本金还要损失 10 万元。总而言之，银行在这个时候，是不应该把利率提高到 10% 以上的。但是如果银行把利率定在 10% 以下，大家会觉得融资比较便宜，就会有很多人来向银行申请贷款，出现资金供应短缺的情况。银行对每个企业的贷款需求都不可能做到全额满足，这个时候只能采取配给的方式。这个就是斯蒂格利茨教授和威斯教授在当年发表的论文《信贷的配给》一文中的基本思想。

所以银行信贷其实不能采取市场随行就市的办法，对发放的贷款进行定价。应该采取配给的方式，就是采用分配贷款的方式，并不完全借助于市场的价格。这个看起来没有效率的结果，源于银行要防范风险。如果随行就市地来发放银行贷款，利率就会定得比较高，导致把高风险的借款人都筛选进来了，在资金供不应求的时候，利率高了反而会让更多的贷款人最后无法还本付息，这对银行是很致命的。银行的可贷资金来自存款人的储蓄，作为一个风险规避者，银行会把风险控制放在第一位，这就是出现信贷配给的一个原因。

那么在出现信贷配给的时候，银行如果不是按照借款人愿意出的价格，也就是利率来发放贷款的话，那会以什么为标准发放贷款呢？也许银行愿意按照一个很奇怪的原则来发放它的贷款，比如说凡是公司的名字笔画为单数的企业可以获得贷款，为双数的就不能给予贷款。这样做是不是有什么特殊的歧视意图呢？其实不是，这样做仅仅是为了回避将贷款过多地发放给那些高风险的企业，从而降低银行面临的风险。只要这个公司名字的笔画数跟公司项目的风险之间的关系是相互独立的，银行这么做一定有道理，因为这样它就可以避免逆向选择的问题。

### 信息不对称：银行为了赚钱，为什么不把贷款利息定得高一点？

金融市场上的逆向选择理论还可以解释穷人的借款，或者中小企业的融资为什么这么难。很多人指责银行嫌贫爱富，因为穷人去银行申请贷款要比富人难得多。在许多发展中国家，贫困农村的金融信贷体系非常脆弱，许多农户是得不到贷款的，所以就形成了一个恶性循环，越贫困越不能脱贫。即使他们拥有很好的商业性的创业项目，但是因为得不到融资，就没办法实现。这是一个全球性的问题，也是一个恶性循环。

银行为什么会嫌贫爱富？难道就没有一家银行可以有一点爱心或者社会责任感吗？经济学家对这个问题给出的当然是另外一种解释了。

在经济学家看来，这个问题不在于银行有没有爱心或者社会责任感，而在于信息不对称。道理当然也很简单，就是面对素不相识的，也没有借款记录的陌生客户，银行难以判断这个人的诚信程度和偿债能力。所以如果银行不加区别地把贷款发放出去，就会造成大量的呆账、坏账。所以银行必须借助于某种手段，来甄别客户的诚信程度或者偿债能力，要求贷款人必须向银行提交很多的书面资料来表明自己拥有足够的偿债能力，甚至有的时候要抵押房产等。

而揭示一个人偿债能力的最好指标，可能就是这个人的财产了。所以如果一个人愿意将他的财产抵押给银行，银行当然乐意为他提供贷款，这样银行就可以避免将贷款发放给那些没有偿债能力的借款人所造成的逆向选择问题。但问题是穷人通常没有财产可以抵押，所以他们就更难以得到贷款。穷人当然可以承诺自己的项目一定会挣钱，而且挣钱以后将还本付息给银行，甚至可以多还给银行一些利息。但是银行没办法判断这个项目的投资收益，是不是像借款人所说的那么好；更没办法在没有抵押品的情况下，相信穷人的偿债承诺是不是可信。考虑到贷款给穷人的风险很大，银行可以提高对他们的贷款利率，但是这么做又会使得只有那些具有更高风险的项目，才能够申请到贷款。在这种情况下，银行就面临着一个对自己非常不利的选择。

所以很多时候为了让贫困的农民获得金融支持，往往是政府为他们提供担保。即便如此，政府也面临着对自己不利的逆向选择，因为农民还不了钱或者拒绝还钱，政府就要背负农民的债务。所以政府的担保通常都是小额贷款，而且要求农民必须将贷款用于指定的农业生产，只有这样政府才愿意提供担保。

银行贷款当中的逆向选择是一个很普遍的问题，很早就引起了经济学家的重视。比如说美联储的前主席，也是非常

234

### 信息不对称：银行为了赚钱，为什么不把贷款利息定得高一点？

有名的经济学家本·伯南克（Ben Shalom Bernanke），他就曾经用这个思想来解释美国 1929 年大萧条，他认为大萧条的困难不在于最初的股票市场的崩溃，而在于随之发生的持续性失业。

伯南克认为股票市场的崩溃冲垮了地方银行，使得信贷人员趋于保守，失去专业的判断能力。由于逆向选择的存在，其他的银行也不愿意去放贷，这就使得经济的恢复更加困难。所以我们经常讲，一旦金融危机爆发，整个金融系统就会变得非常保守，特别是银行，就会变得非常谨慎，会惜贷；而此时，恰恰需要市场上有足够的流动性货币，从而使市场可以逐步地恢复信心。

如果逆向选择在市场上出现，在二手车市场上最终买到的都是质量最差的车；在企业里面，同样的问题就是留下的都是生产力最低的员工；在金融市场上就是资金都被风险最高的企业借走了。这种局面就会形成拍卖理论当中所谓的"赢家的诅咒"。

什么叫"赢家的诅咒"？举个例子，比如现在我拿出我的钱包放在桌子上拍卖，所有的工作人员都可以来出价，但是不能偷看我的钱包里有多少钱。显然每个人的出价都取决于对我钱包里面到底有多少钱的猜测，猜测低的人出价就低，猜测高的人出价就高。如果有两个人来参加竞拍，一个人出价10元，另一个人出价100元，假如所有人的平均出价和我钱包里面的实际的金额是一样的，也就是55元，在这种情况下，出价100元的人就把我的钱包拍下来了。大家可以想象，他的内心必然是崩溃的。这就是"赢家的诅咒"。之所以能够拍下我的钱包，唯一的原因就是他高估了我钱包里面的金额，当他用100元换来55元以后，虽然他赢了，但是他反而吃了大亏！

生活当中也存在这样"赢家的诅咒"的例子，比如说婚姻，并不是所有的婚姻都是以恩爱美满为结局的。2005年的一份报告中显示，北京的婚姻离结率大概是50.9%，基本上每两对情侣结婚，就有一对夫妇要离婚。失败的婚姻，显然是"赢家的诅咒"，因为寻找伴侣的过程，实际上跟竞标是一样的，如果你对某个潜在的婚姻伴侣是否理想的估计高于其他人，显然你和潜在伴侣结婚的概率就比较大。但是婚姻是否理想，其实只有结婚以后才能知道。所以你对这个潜在对象的理想程度的估计越是比别人高，你估计错误的概率就越大，婚姻的结局也就越可能成为"赢家的诅咒"。

好了，这节课跟大家继续讨论了信息不对称和逆向选择问题。在斯蒂格利茨教授和威斯教授当年的那篇论文当中，信息不对称：银行为了赚钱，为什么不把贷款利息定得高一点？

重点讨论了银行在发放信贷上可能面临的一种困境。我想其实不仅仅在银行，在其他领域当中都存在这样的现象。

美国在 1979 年的时候修订了《就业法》中关于年龄歧视的条款，修正所导致的后果就是大学终身教授的强制退休年龄从 65 岁提高到了 70 岁，而且从 1993 年开始取消了关于强制退休的规定。我有很多的同事和朋友是不退休的，除非你自己愿意，到了一定的年龄不想做了可以退休，学校不能强制让你退休。这样一来，占据大学课堂的大多都是年纪比较大的老教授，而不是学生所习惯的、所喜欢的那种博学多才、精力充沛的年轻教师。

现在美国的一些大学为了使这些高龄教授能够自动退出讲台，动了很多脑筋。比如，有的大学现在实行买断计划，假如你是 55 岁以上的教授，你可以主动选择退休，学校会提供一个非常优厚的养老金计划。

结合我们这节课和上一节课所学的知识，请你思考一下：大学的这种买断计划，能不能鼓励更多的高龄教授选择退休呢？这种买断的计划会有什么弊端吗？

# 价格发现：市场是怎么确定商品价格的？

我们每天都会为了吃、穿、住，或者干脆为了享受而消费数不清的商品和服务，有了手机与移动互联网以后，这种消费变得更加便利，更加有趣。我们想当然地会认为，只要想买这些东西，就总能购买到。我们的购买流程如此便捷，缘于其背后有一个复杂的经济系统在有效、高速地运转。换句话说，我们的生活之所以如此便利，其原因就在于我们人类为这个复杂的经济系统找到了一个最佳的解决方法，这个解决方法就是价格机制。今天我们就来和大家聊一聊经济学家是怎么思考价格的，或者称之为价格的经济学理论。

提到价格理论，就不得不提到1976年诺贝尔经济学奖得主、芝加哥大学的已故教授米尔顿·弗里德曼（Milton Friedman）。他在芝加哥大学长期教授"价格理论"这门课，讲义也广泛流传，1962年这些讲义被整理成《价格理论》教科书出版发行。张五常先生曾经讲过，《价格理论》是对他影响最大的四本书之一。

　　弗里德曼的大名常常与"货币主义""通货膨胀"等宏观经济学词汇密切联系在一起。弗里德曼毕生坚持经济自由主义，他与凯恩斯理论的交锋几乎贯穿整个二十世纪。1998年的美国经济学会议上，150名经济学家投票评选二十世纪"最有影响力"的经济学家，凯恩斯排名第一，而弗里德曼排名第二；但如果以"最伟大"为标准评价，弗里德曼则成为第一。弗里德曼曾经说经济学是研究两大问题的学问，第一是研究价格的学问，第二是研究货币的学问。弗里德曼本人一直研究价格，后来转向研究货币，晚年又回归价格理论的研究。弗里德曼在1980年和1988年两次来到中国，1988年他到复旦做过一次讲座。弗里德曼是一个小个子，但讲话十分铿锵有力，当时我和他拍的一张照片，至今还存在我的电脑里。当时陪弗里德曼来中国的是张五常教授，他们是非常要好的朋友，弗里德曼是张五常教授的证婚人，张五常教授也为弗里德曼的中国之行拍下了许多珍贵的影像。

　　让我们回到价格理论。价格之所以重要，是因为价格涉及资源的最优分配问题，资源分配有许多方法，为什么价格体系那么重要？原因在于资源分配最有效、最简单的方式就是价格。

回到前面商品和服务的生产，有些朋友可能会认为，价格机制不是唯一的方法，也可以存在某个人发号施令，确保"适当"数量的某种"适当"的物品在"适当"的时间被生产出来，并被摆在"适当"的位置。

发号施令确实是一种协调很多人活动的方法，在军队里就是这样的——司令下达命令给军长，军长给师长，师长给团长，一级级传下去，一直到士兵。

事实上，这种下达命令的方法，只在很小的群体中才可能成为一种主要的组织方法。即便是在家庭中，最具家长作风的一家之主，也没办法完全通过命令来控制其他家庭成员的每项具体活动。

回到军队的例子。在军队命令体系中的每一个环节，下级军人都会根据具体的情形做出审慎的判断，而这些关于具体情形的信息，则是上级长官所无法完全掌握的。

而命令要起作用必须伴随着自愿的配合，也许这种配合很容易被忽视，但却是协调众人活动所必需，且更为根本的手段。

没有哪个社会可以完全依靠命令来长久地运作；同样，也没有哪个社会可以完全依靠自愿合作来解决资源分配的问题。在发达国家有一些合作社组织，比如在英国的大学里有

## 价格发现：市场是怎么确定商品价格的？

些农产品商店，采用合作社的形式组织起来，在哈佛大学里也有着这样的合作社商店。每个社会都有一些命令的成分，当然其表现形式也多种多样。命令原则与自愿合作二者不同比例的搭配，所对应的结果也大不一样。

那么，究竟是哪种方式占主导的搭配更有利于经济繁荣呢？

如果你已经人到中年，可能会对我国改革开放前的计划经济有一定的了解。从过去的计划经济、计划价格时代到现在的市场经济、市场价格时代，变化真可谓是"天翻地覆"。

在计划经济时代，产品的生产计划是由上级部门制定的，产品价格也是由上级部门制定的。在这样的计划经济、计划价格下，你往往能看到价格，却不一定能买到商品，甚至还要辅以一些粮票、肉票、蛋票、布票等票据，才能买到商品。国营商店里的计划价格标得清清楚楚，但是却没有货，事实上这是一种短缺，政府采用配给制的方法来分配有限的资源。这种情况在苏联更加严重，当时苏联街头经常可见人们排长队购买消费品，物资十分短缺。那种计划经济，就是一种人为制造短缺的经济。同时，计划经济体制下也存在着地下市场。在老百姓中间，常常又有另外一套交换体系、交换价格，比如说一斤大米换三个鸡蛋等。在这种体系中，是价格在起着资源分配的作用。

所以从某种意义上讲，价格是消灭不掉的，只能改变它的存在方式。价格之所以有强大的生命力，就是因为相对于人类的需求而言，在给定的时间里面，我们能够生产的东西实际上是固定的，甚至于总体上是存在着资源稀缺的。由于稀缺的存在，人类就需要找到有效的办法解决资源稀缺和人类需求之间的冲突，办法有很多，但似乎只有价格是永恒的解决之道，因为价格机制是一种对人类约束最小、保证人类的自由不受伤害，又使社会福利可以达到最大化的资源协调机制，其他的方法都不能做到。配给制必然会限制个人选择的自由；基于习俗和道德原则的分配方法必然伤害效率，甚至于也会危及公平和正义。而且对于整个社会而言，价格体系也是唯一一种能够让资源的使用付出真实代价的方法，如果没有这种代价，很多资源就会加速枯竭，会伤及未来的人。所以说资源分配的价格机制，既不需要上下级的命令，也不需要人与人之间彼此沟通、相互喜欢来完成交易，而是基于两个人自愿的、自由的选择，这也就是市场机制最重要的社会功能。自由选择、自由交易构成了价格机制发挥作用的前提。在组织经济生活方面，价格机制不仅可以在供求间传递信息，也可以为供给方（生产者）提供强烈的激励，而不需要强制命令。

假设由于生育高峰，学校的小学生增多，同学们对铅笔的需求量增加了。文具零售商会向批发商订购更多的铅笔，批发商就会向铅笔生产企业订购更多的铅笔，而铅笔生产企业则会去向原材料厂商购买更多的木材和制造笔芯的石墨，同时会招聘更多的生产工人。信息的传递像涟漪一样一环一环地扩散开来，最终使世界各地的人们都知道自己产品的需求增加了，尽管他们不大知道具体的原因。

价格体系只传递最重要的信息，并且只传递给最需要这些信息的人，这是非常经济的一件事。木材厂不需要知道是铅笔的需求增加了还是木制家具的需求增加了，他们只需要知道有人愿意出高价买更多自己的木材，使自己获利更多就行了。从这个意义上讲，价格是可以节省信息的，是最经济的一种信息。

有些朋友可能知道，在二十世纪二三十年代，关于计划经济是否可行的问题，有过一次比较大的争论，提出了"计算机社会主义"的构想，或者叫"计算机计划经济"，也就是说，如果要搞计划经济，能不能发明一种庞大的计算机系统，来计算各种商品的价格。当时有些批评者说，制定价格所需要的信息量过于庞大，完全超出计算机的计算能力。一旦采用计划经济，我们就会发现经济变得越来越简单，而不是变得越来越复杂，因为只有在非常简单的经济结构之下，计划才能够变得不那么困难；如果经济结构过于复杂，超出了计划者的计算能力，计划经济就会趋于崩溃。

举一个最简单的例子，计划经济下，按照量化的指标为一个橘子定价，它所需要的信息，就完全超出了计划者所能够处理的能力范围。一个橘子的信息维度能够达到十个以上，比如说大小、颜色、成色、甜度等，每个维度上面至少可以划分为十个单位。一个橘子的信息量至少是十的十次方，计划者没有这么大的能力可以处理这么多的信息。就算计划者可以处理大部分的信息，产品总体上也只能是非常简单的产品，而产品的质量和生产产品的技术在很长时间里是不能改变的，这就是为什么计划经济会变得越来越简单，而不是越来越复杂。

在价格体系之下，生产者可以通过相对的价格决定资源的分配，他不需要任何的命令，也不需要计划的指标，价格就成了市场上协调供给和需求最简单的信息，不需要计划经济那么大的信息量。

如果木材的价格持续上涨，木材商就会倾向于加大产量直到最后一单位木材的边际收益等于生产这单位木材的边际成本。一般来说，生产越多，成本越高。比方说，老板不得不雇用一些伐木生手去更为偏远的地区伐木，或者开出更高的薪水吸引熟练工。不过，现在较高的木材价格使老板能够承受更高的成本。这就是价格既提供了增加产量所需的信息，也提供了相应的激励，是一个一举两得的过程。

在价格上涨的信息传递过程中，我们也能看到一个生产链条上收入增加的过程。不论是老板还是工人，广义上说，每个人都是通过市场交易获得收入的。工人通过工资这个劳动力价格获得收入；老板通过地租、设备厂房租金等生产资料租金价格获取回报。而公司仅是一个中介，它把公司股东和股东购买的各种生产要素联系起来。最终产品价格的上涨，会使生产过程中的各个环节都能够获得收入的增加。

更简单点说，每个人通过将自己手中的广义资源用于更多的交易机会，获得收入的增长。广义资源除了厂房、设备、土地、劳动力以外，还包括人力资本、企业家才能等。如果一个人的收入不取决于他手中资源所提供的服务的市场价格，那么他又有什么动机去寻找价格传递的信息，并受信息的激励去采取行动呢？

好了，今天我们简单介绍了商品的价格理论。价格理论实际上讨论的是关于选择和选择的自由的问题。最重要的是，我们要学会价格的思维。真实的市场是很复杂的，涉及太多的参与者和信息，很多变化我们都难以把握，但它们都有可能反映在价格上，这就是所谓的"price in"，就是被价格吸收，这个问题在高频交易的金融市场上就显得格外重要。很多的经济现象，比如家庭、企业、宏观经济，我们不需要找太多原因去理解它们，其实它们都跟价格有关系，甚至跟价格的扭曲、政府的干预有关系，某些经济现象可能是价格扭曲的后果。很多看上去难以解决的经济问题，如果我们能够放开价格的限制，我想大多数都能解决。如果你想了解更多，可以阅读1979年米尔顿·弗里德曼和他太太联合署名出版的《自由选择》，这本书后来在1980年还被美国公共广播公司拍成了电视片，广受欢迎。还有一本就是《价格理论》，在我看来，很多经济学原理的教科书缺少经济学灵魂，而弗里德曼的这两本书是具有灵魂的。

| 第四部分 |

# 贫富的陷阱

# 穷者恒穷的因果循环

近些年来，随着社会分化的加剧，个人奋斗似乎越来越艰难，家庭背景对个人发展前景的影响权重也似乎越来越大，阶层固化和社会流动成为热议话题。特别是在高考时期和大学毕业季，不经意间就会涉及阶层固化和社会流动问题。当下的中国社会是否已形成了社会阶层固化？社会流动是否充分？社会流动性与过去相比是大了还是小了？我们今天就来讨论这个问题。

其实，早在二十世纪四五十年代，瑞典的经济学家纲纳·缪达尔（Gunnar Myrdal）就分析了"穷者恒穷"的社会现象。缪达尔教授是发展经济学的先驱人物之一，在 1974 年获得了诺贝尔经济学奖。他通过对经济、社会和制度现象的内在依赖性分析，总结出了循环积累因果原理。

循环积累因果原理指的是，从一个动态的社会来看，社会经济各有关因素之间存在着循环积累的因果关系。某一社会经济因素的变化，会引起另一社会经济因素的变化，而后一因素的变化又反过来强化前一因素的变化，从而导致社会经济过程沿着最初的那个因素变化的方向发展，最终形成积累性的循环发展趋势。这种循环发展趋势可能是向上的，也可能是向下的，理工科背景的同学把这称为正反馈。例如，工人收入降低，会损害工人健康，降低工人的生产能力；低的生产能力又使工资水平进一步降低，生活条件更加恶化，这就会使工人健康进一步受到损害，工人的生产能力进一步下降。反之，工人收入增加，则会引起相反的变化。这里，工人收入最初的下降或提高，会引起工人收入进一步的降低或提高的累积现象。

按照缪达尔的思路，社会经济各因素之间的关系不是趋向均衡或收敛，而是以循环的方式运动。他特别强调，这种关系不是简单的循环流转，而是具有累积效应的运动，即自我加强的运动，是一种"循环积累因果关系"。

举个例子，缪达尔在他写的《美国的困境：黑人问题和现代民主》一书中指出，白人对黑人的歧视和黑人物质文化生活水平低下这两个因素互为因果，并不断加强，呈现出循环积累的发展态势，造成歧视黑人问题的日益严重。由于种族歧视，黑人难以享受到平等接受教育的机会，导致了黑人教育水平低下，影响到黑人的就业和竞争能力；缺乏必要的谋生手段，又造成了黑人生活的贫困化，在此情形下，许多黑人采取偷盗、抢劫等犯罪手段来维持生计；而以这种面目出现的黑人又进一步加深了白人对其的厌恶与歧视，使得黑人的处境更加艰难。用缪达尔的话形容就是"歧视繁殖了歧视"。

循环积累因果原理也可以应用在区域经济学的分析中。缪达尔对此提出了"扩散效应"和"回波效应"的概念。

扩散效应是说，某一地区出于某种原因（比如交通便利或者享受特殊政策优惠）而创办了许多工厂，渐渐形成了一个经济中心。这个经济中心的形成和发展又向周边地区扩散和辐射，从而带动周边地区的经济增长，而这些邻近地区的经济增长又反过来进一步促进中心地区的经济发展，从而形成了一个上升的循环积累过程。比如说，上海对长三角地区以及广州、深圳对珠三角地区的经济辐射影响，促使长三角、珠三角地区迎来了更高水平的发展，从而进入到一个良性的积累循环。

回波效应是说，某一地区经济中心的形成和发展，出于种种原因会引起其他地区经济的衰落。比如，人才、资金、技术纷纷从落后地区被吸收到经济发达地区，从而使经济发达地区更加发达，而欠发达地区的经济越来越衰落，这就产生了一个下降的循环积累过程。比如说环京津贫困带的出现。"环京津贫困带"这一概念是在 2005 年亚洲开发银行资助的一份调查报告中首次提出的。具体是指，在北京和天津周围，环绕着河北的3798个贫困村、32个贫困县，有272.6万贫困人口的年均收入不足625元。如果以150公里的直线距离计算，与北京接壤的河北省张家口、承德、保定三市就有25个国家级和省级贫困县，"环首都贫困带"名副其实。

那么，如何解决地区间的发展不平衡呢？缪达尔认为，市场机制这只"无形的手"只善于"锦上添花"，而不会"雪中送炭"。完全寄希望于市场，对经济运行放任自流，只能是等待积累因果过程自然结束，这会使经济发展停滞，因此，必须借助政府的力量。他建议政府扶弱抑强，来个"抽肥补瘦"，熨平回波效应，使各地区齐头并进，共同繁荣。

同样地，打破穷者恒穷，也需要制度做保障。比如说年轻人喜欢看的美国职业篮球联赛（NBA）。NBA堪称体育产业成功经营的典范，它的体制也成为全球各大体育联赛竞相效仿的对象。在NBA极具个性魅力的体制中，选秀制度是一项重要的内容。选秀制度在NBA诞生的那一年就出现了，在七十多年的时间里，尽管选秀制度不断地改变着形式和规模，但有一点一直没有变，那就是对弱队的照顾。简单说就是，在上一个赛季中战绩越差的球队，在选择新秀球员时，越有机会优先进行选择。这不难理解，上赛季的弱队，在优先挑选了高质量的新秀球员后，更有可能在新赛季发生脱胎换骨的变化。最有名的例子是克利夫兰骑士队，这支多年的弱旅在 2003 年选秀中获得有"小皇帝"外号的勒布朗·詹姆斯后，一跃成为 NBA 总冠军的有力争夺者。NBA 有这一选秀制度存在，球队之间就没有绝对的强弱之分。一场实力过于悬殊的比赛，不仅观众不愿意观赏，就是场上的球员也提不起精神，一方是英雄无用武之地，一方是陪太子读书，这样的比赛无法制造传奇，更不能创造奇迹。

NBA 选秀制度与缪达尔的经济学思想，在制度设计中蕴含着极其相似的精神实质。二者都不拘泥于形式上的公平，其倾力构筑的是起点平等，努力寻求的是公平竞争的最终结果。

我们熟知的两千多年封建王朝也是类似的循环积累因果过程。地主兼并土地，越来越多的农民逐渐失去土地，然后爆发社会危机，最后王朝更替。未来我们要推行的房地产税，理论上会起到遏制房地产过度集中到少数人手中的作用。

另外还有一个税种，遗产税。世界上已有一百多个国家开征了遗产税，但是各国具体执行的遗产税制度有较大差别。总体来看，遗产税制度大体可以分为三种类型：总遗产税制、分遗产税制和总分遗产税制。参考已经实施遗产税国家的经验，不论哪种遗产税，都能在一定程度上改善人生起点不平等的问题，促进人生的起点平等。

除了房地产税和遗产税以外，你觉得还有什么方案和措施能够改善穷者恒穷、阶层固化的趋势呢？注意，在考虑解决这个问题的同时，既要强调起点平等的重要性，也要注意不能刺伤了积极上进的富人的积极性。也就是说，我们在考虑这个问题的时候，要兼顾效率与公平。

# 造成饥荒的原因从来不是食物不够

说到饥荒,大家的脑海中可能会浮现出一些十分悲惨的历史画面——瘦骨嶙峋、饿殍遍野、举家迁逃、哭声震天……今天我们偶尔也能在电视上看到,在一些非洲国家,由于饥荒,由于营养不良,发生了一些人间惨剧。对中国而言,直到今天还在强调确保粮食安全,换句话说,吃不饱肚子这件事情其实离我们并不遥远。大家知道1959—1961年中国曾经发生过非常严重的饥荒,像我爷爷这一代人他们都经历过饥荒,甚至有人在饥荒中丧生。

的确,长期非自愿的饥饿是人之为人的最根本的威胁。在马斯洛的需求层次理论中,果腹位于最低的"生存需求"的核心层,是一切生命活动最根本的保障。减贫、扶贫最根本的就是要确保人能够得到最基本的生存保障,摄取必要的营养。今天,我们就来聊一聊这个稍微有点沉重的话题。

直观来讲,饥荒、饥饿最根本的原因就是吃不饱,无法摄入正常生命活动所必需的能量。说得学术一点，饥荒的根源在于没有充足的食物供应——这便是对饥荒原因的"食物可得性下降"(food availability decline，FAD)的解释。按照这个逻辑，解除饥荒、避免饥饿的唯一办法就是提高食物产量、增加食物供应。

回溯历史，的确也是这样，人口大幅增长的时期必然是食物产量大幅提高的时期，而人口大幅减少也常常伴随着食物产量的急剧下降。1798年，英国人口学家马尔萨斯发表了《人口论》，指出人口增长需要基本的生活资料作为保障，其中最重要的保障便是食物充足，否则便会遭受饥荒、疾病、战争等多种苦难。马尔萨斯比较悲观，认为人口的增长速度会快于食物的增长速度，最终会造成饥荒，这为"食物可得性下降"假说提供了相当坚实的注解。但是马尔萨斯没有看到的是，工业革命以后，包括育种、化肥、灌溉、大棚在内的各项农业技术的飞速发展使得食物供给大大提高，在这一福音下，饥荒数量减少，全球人口总量持续增长。可见，食物数量不够这种直观的、简单的饥荒解释的确具有一定说服力。

然而，我们不难发现，上面这种解释仅仅关注了饥荒发生时食物不够这样一种总量特征，而没有涉及饥荒时期究竟哪些人食物不够这样一种结构特征——历史告诉我们，在饥荒肆虐的年代，一部分人腹内空空甚至最后失去生命，另一部分人则几乎没有受到太大影响。说得严重一点，"食物可得性下降"假说只看到了问题的表面，而没有深入问题的实质——即使在食物供给总量没有减少甚至有所上升的时候，饥荒还是发生过，对此又做何解释？这就引出了诺贝尔经济学奖得主阿玛蒂亚·森（Amartya Sen）从"权利关系"（entitlement relation）的视角对饥荒进行的解释。

阿玛蒂亚·森对饥荒的解读集中体现在 1981 年出版的《贫困与饥荒：论权利与剥夺》这部著作之中。他在第一章的第一句话就对"食物可得性下降"假说提出了质疑。在他看来，饥饿只是一部分人没有获得足够的食物，但这并不意味着整个社会都缺少食物——换句话讲，食物分配所造成的部分人群没有食物才是饥饿和饥荒的根本原因。

在他看来，食物供给只涉及可供使用的食物数量本身；而饥饿反映的是人与食物之间的一种紧张关系，肚皮挨饿的人丧失了对维持生存所必需的食物的所有权，这种对食物的所有权又间接地来源于他对其他东西的所有权。阿玛蒂亚·森在书中重点讨论了人对食物的所有权的来源以及它是如何被剥夺的，这种总剥夺很可能造成在社会总的食物供给没有下降的情况下，依然出现一部分人吃不饱肚子的现象。

我们知道，一个人要想拥有食物，要么从父母那里直接继承——这时他必须拥有对父母遗产的合法继承权；要么自己种田种地从事农业劳动——这时他必须拥有对土地、种子和农具的自由使用权；要么参加工作获得收入进而到市场上购买粮食——这时他必须拥有对自我劳动的收益权以及对粮食的自由交换权；要么奢望社会保障部门大发善心——这时他必须拥有索取救济粮或救济金的公民权……这些情况数不胜数，但它们都指向了一点，饥荒和饥饿问题的本质不在于食物绝对数量的下降，而在于不幸的人们在食物获取过程中各种权利上的缺失。

如此一来，饥荒年代一部分人挨饿致死（我们不妨将这部分人笼统地称为"平民"），而另一部分人生活依然如常（同样，我们将这部分人笼统地称为"特权者"）。这样我们就可以来构建一个解释：与"特权者"相比，"平民"在食物存量、经济收入、社会关系和地位等诸多方面都处于绝对的劣势；当灾难降临的时候，他们既没有足够的食物储备，又没有可以用于换取食物的其他有价值的"权利"，只能任由饥荒吞噬自己和家人。与之相对，"特权者"在诸多权利上的优势给予了他们从容应对饥荒的能力。

在阿玛蒂亚·森看来,从"权利关系"的角度也可以解释为什么在食物供给充足时仍有可能发生饥荒:如果将总的食物平均分配给所有人,每一个人都能获得生活必需的口粮,饥荒也就不会发生——但现实的食物分配情况却不是这样。很多国家在发生饥荒时,不见得是粮食供给出了问题,比如说 1943 年、1974 年的孟加拉饥荒,1973—1975 年的埃塞俄比亚饥荒,二十世纪七十年代撒哈拉以南非洲地区的频繁饥荒,这些国家和地区发生饥荒的时候粮食产量并没有发生惊人的减少。真正的问题不在于食物量的多少,而在于食物是怎么分配的。如果食物分配的依据不是每个人平等的生存权,而是涵盖收入、身份、地位等诸多特权因素,就会导致每个人最终获得的食物数量差距很大。这样一来,获得食物少得可怜的那一部分人就处于悲惨的饥饿状态,如果这时再发生一场天灾,而政府和社会的救济又没有及时赶到,专属于这部分人的饥荒在很大程度上就无法避免。很多国家由于政府能力有限,发放的救济对于饥荒来说杯水车薪,而且不能有效率地把食物送到急需食物的灾民手中,这个时候如果天气状况不好,发生自然灾害,整个社会都会面临严重饥荒的威胁。

我们已经对饥荒的两种解释进行了介绍,传统意义上的

"食物可得性下降"假说认为食物不够是罪魁祸首,而"权利关系"假说则更本质地揭示出受害者与食物获取相关的权利丧失才是饥荒的根源。通过上面的介绍我们也知道,食物的总量固然重要,但食物的分配才是决定每一个人是否挨饿的关键所在——如果说食物供给本身对饥饿现象有什么影响的话,它也是通过食物分配才产生作用的。

在此基础之上,理解饥饿和饥荒现象的重点便转向了与食物分配相关的权利关系这一层。你凭借什么获得食物?这一点非常琐碎也非常复杂,但大致可以分为两个相互关联的环节:其一,你直接拥有了各种所有权,比如你拥有了物品、收入、身份、地位和关系;其二,你间接拥有了用上述所有权交换食物的权利,比如你可以在集市上使用货币"交换"米、面、油,或者你可以凭借困难户的资格获得政府的救济。

其实,饥饿和饥荒(抑或其他现象)可以发生在这两个环节中的任何一个。比如,天灾人祸可能让你失去收入,你便无法买到食物来填饱肚子,直接所有权的丧失会让你饥肠辘辘;又比如,经济危机爆发使你手中的钞票一文不值,间接交换权的丧失也会让你遭受厄运的折磨甚至危及你的基本生存权。

你也许会说,这些至关重要的权利关系背后的影响因素又是什么？这当然是一个好问题。坦白来讲，我们现在无法也无力给出更翔实、更具体、更肯定的回答，因为它在某种程度上开启了苏格拉底式的无穷追问——然而，从另一方面讲，学术研究和日常生活难道不正是时时刻刻都在探寻这些问题的答案吗？

总结一下，我们今天的话题以饥荒为切入点，向大家呈现了两种假说对饥荒成因的解释，我们重点介绍了阿玛蒂亚·森按照权利关系进行的食物分配不均导致某些人群面临饥荒威胁的逻辑，这种解释赢得了更多人的认同。其中凸显了经济学中总量和结构的并重，也含蓄地透露了经济学以行为人作为分析起点的基本思路。当然，一旦涉及权利关系和权利分配，就超出了经济学解释的范畴，和社会科学中的其他学科产生了交叉，在浩瀚无边的现实问题面前，经济学研究和思维能准确回答的问题还很有限，但至少经济学家用经济学的思维为我们指明了努力和前行的方向。

# 农民穷是因为缺乏知识和经济头脑吗？

大家都知道，一个国家如何进入现代化，发展现代化的经济体系，在经济学家的研究视野中是一个非常重要的话题。第二次世界大战以后，欧美各国都面临着战后重建国民经济的任务；广大亚、非、拉地区的民族国家纷纷独立，摆脱殖民统治，也面临着改变国家落后面貌，发展国民经济的重任。在这种情况下，经济学家也纷纷提出经济发展的理论，最有名的理论就是强调发展中国家如果要有良好的发展，就必须大力推进工业化，大力发展工业。这些国家农业生产长期以来都是停滞的，或者说发展是非常缓慢的，劳动生产率极其低下，如果要改变这种发展落后的面貌，就必须寻找工业化发展道路。所以经济学家根据发展中国家面临的迫切发展经济的愿望，提出了经济发展的理论，今天称之为发展经济学。因为这些国家的经济往往都是农业主导，大量的人口生活在农村地区，以务农为主，而农业又是一个发展相对停滞或者极其缓慢的部门，很多经济学家不仅把农业看作落后部门，更是把农民的生活方式、生产方式看作阻碍经济现代化的巨大障碍。但是今天回过头看，这样一种看法以及当时提出的理论，并没有能很好地指导发展中国家的经济发展，也没有能成功地推动发展中国家走上可持续发展的工业化道路，反而导致更多贫困的产生和巨大的经济发展不平衡。

我们今天有必要来了解一下，在当时的经济学家头脑中，农业到底在一个国家的经济发展和工业化进程中扮演着什么样的角色。

二十世纪世纪六十年代，美国经济学家舒尔茨（Theodore W. Schultz）撰写了《改造传统农业》一书。在书中，舒尔茨对当时经济学界关于农业的主流看法提出了挑战。当时对传统农业的主流看法以刘易斯（William Arthur Lewis）的观点为代表，刘易斯认为：第一，农业的劳动生产率极其低下，特别是要素配置效率非常低。农民不够理性，造成资源分配缺乏效率，如果我们可以改变这种分配状况，农业劳动生产率会提高。第二，传统农业部门吸纳了过多的农业劳动力，如果劳动力可以从农业中转移出来，整个农业的产出不会下降，反而会提高。在文献里我们把这两种理论称为"要素配置的效率低下说"以及"零值农业劳动学说"，用学术的语言来表述就是，农业的边际生产率为零，很多劳动力在农业中并不创造价值，如果能把他们转移出来并不会影响农业的产出。总而言之，当时比较流行的看法是，农民没有足够的理性对市场做出反应，没有办法调整资源配置的结构，从而没有办法实现生产率的提高。比如，明明市场上棉花或者蚕丝的价格要比粮食高很多，但貌似大多数农民却不懂得调整生产结构，少种粮食，多种棉花、桑树可以多挣钱的道理。另外，在农村里，似乎可以看到几乎所有的土地上都承载了过多的劳动人口。如果把这些劳动人口转移到工业部门，也不会影响农业产出。换句话讲，传统的理论认为农村中存在着大量的隐性失业人口。这些过剩的农业人口固执地守在家乡的一亩三分地上无所事事，却从不考虑去回报高得多的工业部门就业，对经济学家而言，这实在是一件不可思议的事情。

但舒尔茨不这样认为。他根据危地马拉的帕那加撒尔和印度的塞纳普尔这两个传统农业地区的资料证明：传统农业中的农民并不愚昧落后，他们能对市场价格的变动做出迅速而正确的变动，他们会为了多赚一个便士而斤斤计较。农民多年经验的积累使得现有的生产要素在使用层面上已经实现了最优化，重新配置这些要素并不会提高生产率，也就是说，在传统农业中，生产要素配置效率低下的情况是比较少见的。

另外，舒尔茨根据印度1918—1919年流行性感冒所引起的农业劳动力减少，从而导致农业生产下降的事实证明：在传统农业中，农业产量的增减与农业人口的增减之间有着极为密切的关系，农业劳动力的减少必然使农业产量下降。因此，农业中存在大量的隐性失业是一种错误的论断。但是，他的结论是基于印度和危地马拉的调研事实，是否具有稳健性和广泛的应用性还值得我们讨论。当然，至少对于东亚和东南亚，包括中国，农业当中存在着隐性失业这个判断还是有些道理的。

总而言之，舒尔茨认为，农民并不缺乏理性，他们只是缺乏必要的知识。要摆脱贫困，需要改造传统农业，需要对农民进行人力资本投资。这样，一方面农民可以采用更节省人力的技术进行农业生产，另一方面，节省下来的具有现代知识的农民可以进入工业部门获得更高的收入。不过，有趣的是，尽管舒尔茨和刘易斯的结论恰好相反，他们两人却分享了1979年的诺贝尔经济学奖。

当然，无论是舒尔茨还是刘易斯都认为，农业部门在整个境界发展过程中扮演的角色都是极其有限的，要么不重要，要么为了其他工业部门的发展提供原材料和劳动力。在之后的四十年里，人们对农业重要性的认识基本上就局限在这个框架里了。

然而有一个有趣的问题一直为大家所关注,二战以后,从全球来看,从传统农业经济走上工业化道路的成功案例基本在亚洲,主要是在东亚和东南亚。经济学家必须去思考,为什么同样是落后的农业经济体,只有这些地方可以成功实现工业化和经济快速发展。

对这个问题的研究引起了人类学家的关注。2009年,美国犹他大学的两位人类学教授乔治·柯克伦(Gregory Cochran)和亨利·哈本丁(Henry Harpending)撰写了《一万年的爆发》一书,利用最新的分子生物学研究成果,阐述了农业对人类进化的巨大影响,从一个新的角度来解答了经济学家关心的问题。

很多研究发现,一个民族进入农业化的时间和如今的经济发展状况密切相关,几乎没有例外。这是为什么呢?柯克伦和哈本丁的研究发现,在农业文明诞生之后,人类的进化速度不但未减,而且快到足以改变族群基本性状的程度,这里面不光包括身高、肤色和相貌,还包括认知能力和情感模式,正是后面这两点使得不同民族在面对相同的局面时能够做出不同的反应,直接导致一些国家形成了有利于工业化和经济发展的文化,而另一些国家则没有,进而产生了强弱和贫富的差距。

比如,他们的研究显示,相对于以狩猎和采集为生的族群而言,以农业为基础的族群往往更加服从权威和秩序。这是因为,农民的生活依赖于自己的土地上的庄稼,而庄稼是难以移动的。所以农民必须服从于统治者的权力,这就是所谓的"人在屋檐下,不得不低头"。而一个猎人完全可以不必屈从于统治者的权力,因为他可以选择离开自己的领地,去追逐移动的猎物。因此,在农业社会里生性好斗的个体会越来越少。

农业也加强了人的自私和财产权观念。对于一个以狩猎为生的族群,自私是有害无益的。如果一家人打到一头长颈鹿,最好是让族群里的所有人一起来吃鹿肉,这样就可以赶在肉变质之前全部吃完。以后族群里有其他家庭打到了猎物,他们也可以同样去分享。如果关起门来各家吃各家的,那很大一部分肉就会因为变质而浪费了。但对农业族群而言,分享食物就不是生活中的常态,这是因为谷物通常可以存储很长时间,不存在吃不完变质的问题,也就不存在分享的必要。因此,农业族群往往有很强的财产观念。

农业社会还培养了一个人对自己欲望的克制能力,这在打猎的族群里是不需要的。因为肉类难以存储,需要尽快地消费。南部非洲的布须曼人是一个典型的打猎族群。现代人发现很难教他们学会放牧,因为他们会把牲口都吃了,"从长计议"这个想法是他们所没有的。非洲有广大地区有极好的发展农业的自然禀赋,在过去几十年里,国际组织向这些地区提供了大量的援助,试图发展当地的农业。但要让当地人在拿到援助的粮食种子后不直接吃掉是相当困难的事情。对于农业社会里的个体而言,把节省下来的一部分粮食播种到泥土里,辛勤耕种一年半载再收获更多的粮食是再正常不过的事情了;但对这些地区的族群而言,在篝火旁一边载歌载舞,一边迅速吃掉自己和别人手里的食物,迅速花掉自己和别人口袋里所有的钱才是正常的行为,而像农业社会里把财富节省下来,并且投入到无法立刻得到回报的努力里才是极其不可思议的行为。

因此,我们可以发现,由于一个脱胎于传统农业社会的个体往往更加服从秩序,有更强的财产权观念,并且更加勤劳节俭,由这些个体构成的国家从进化的角度讲就很容易实现现代经济增长。这就可以解释,为什么在很多东南亚国家,来自东亚的移民往往比当地人拥有更高的经济地位和更多的财富;为什么在东亚社会人们那么勤俭节约;为什么东亚和南亚的国家在接触到西方技术后在很短的时间里就实现了经济赶超，但很多缺乏农业传统的国家不是难以起步，就是起步后很容易掉进陷阱。因此，农业的历史作用并不仅仅是为工业部门和工业化提供原料和劳动力那么简单，而是从根本上"驯化"了人类，当强大的技术进步到来时，人类有足够的"社会资本"来高效地利用技术，实现经济的发展和整个社会的进步。

# 二元经济：欣欣向荣的城市和萧条停滞的农村为什么共存？

今天我们要来聊聊城乡二元经济这个话题。不论你来自农村，还是来自城市，都会对我国城乡之间的巨大差距有所了解。城乡之间的巨大差距是经济发展的一个必然阶段，中国是发展中国家，所以二元经济的情况比较明显。

"二元经济"这个概念是由荷兰经济学家伯克（Booke）首先提出来的，伯克用这个概念来描述发展中国家普遍存在的一种社会经济分化的现象，也就是生产效率较低的传统农业与生产效率较高的现代工业并存的一种状态。

"二元经济"这个概念后来被威廉·阿瑟·刘易斯（William Arthur Lewis）等经济学家加以发展，成为发展经济学的重要理论之一。刘易斯1954年发表他的著名论文《劳动无限供给条件下的经济发展》，建立了"二元经济"的转型理论，用来解释发展中国家的"二元经济"的问题，这个研究也是他获得1979年诺贝尔经济学奖的主要原因。

## 二元经济：欣欣向荣的城市和萧条停滞的农村为什么共存？

刘易斯认为，经济发展的过程就是现代工业部门相对传统农业部门的扩张过程，这一扩张过程从理论上讲将一直持续到把沉积在传统农业部门中的剩余劳动力全部转移干净，直到出现一个城乡一体化的劳动力市场为止。在这个过程中，"二元经济"逐渐消解。

为什么刘易斯的研究这么重要？我们来看一下他对传统经济学的冲击。

传统的经济分析中，随着生产力提高，增加投资扩大生产，就会使劳动力需求增加，劳动力的价格也就是实际工资也会随之上升，这是很简单的供求关系。但是刘易斯注意到，扩大生产、技术进步虽然带来了利润的增长，但底层劳工的收入并没有增加。这是怎么回事呢？

刘易斯经过思考，提出了他的观点。他认为，这是因为在技术革命之前，基本上每个国家都有大量的农村劳动力，随着生产技术的进步，工业的生产效率大大提高，收入也大大高于农业；同时，农村也不需要那么多劳动力，于是，农村大量剩余的劳动力转而到工业部门求职。可以说，传统农业部门里的劳动力供给弹性无限大，也就是说，劳动力要多少有多少，并不需要增加工资才能吸引劳动力。这样，针对劳动力的供求关系就被改写了。

这一发现确实引发了当时经济学界的热烈争论，当然也得到了越来越多的认可。

那么，二元结构下经济会怎么发展呢？刘易斯认为，随着农村劳动力慢慢地向工业等技术发达部门转移，农村劳动力过剩的问题会慢慢消失，农村的人口越来越少，劳动生产率逐渐增加，最终，城乡收入水平会趋于统一，二元经济就消失了。这个临界点，也被称为"刘易斯拐点"。今天我们讨论中国问题时，经常通过劳动力市场结构的改变、劳动力的转移、农民工的实际工资是不是在上升，来判断中国经济是否已经达到了"刘易斯拐点"。

"二元经济"理论不但可以用来解释城乡差距，还可以用来研究移民问题。比如，墨西哥人移民到美国，土耳其人大批向德国移民，等等，都可以用这个模型来研究这些移民对劳动力市场造成的影响。

刘易斯之所以会率先提出这个问题，跟他个人的背景当然也有关系，他是一位黑人经济学家，1915年出生在当时的英国殖民地西印度群岛，从小受到种种不公正的待遇，所以对低收入群体、贫穷国家的人民有比较多的关心和研究。

1972年，刘易斯又发表了《对无限劳动力的反思》这篇论文，对"刘易斯拐点"进行了发展，提出了"两个拐点"

的论述。

当二元经济中的劳动力由无限供给变为相对短缺,此时由于传统农业部门的压力,现代工业部门的工资开始上升,这时候就会出现第一个转折点,也就是"刘易斯第一拐点";随着农村劳动力不断转移到工业,农业的劳动生产率不断提高,农村剩余劳动力得到进一步释放,当传统农业部门与现代工业部门的工资水平大体相当时,也就是劳动力市场已经形成城乡一体化结构的时候,"二元经济"状态结束,这个点,就是"刘易斯第二拐点"。

总结一下,刘易斯第一拐点,就是农村劳动力由无限供给变成短缺,城市的工业部门需要涨工资才能吸引劳动力的拐点;刘易斯第二拐点是指,城乡之间的劳动生产率和工资水平基本一致,也就是二元经济状态结束时的拐点。

与"刘易斯拐点"相对应的概念是"人口红利"。"刘易斯拐点"与"人口红利"之间似乎有一种正相关的关系,刘易斯拐点的显现,往往是"人口红利"逐渐消失的一个前兆。在十年前,中国的东南沿海地区开始出现"用工荒";近两年,中国劳动适龄人口占总人口比例开始明显下降。可以说,人口红利已经逐渐消失,"刘易斯第一拐点"正在到来。

从"刘易斯第一拐点"到"刘易斯第二拐点",要经过一个比较长的时间，需要农业生产效率大幅提升，经济进一步发展，最终达到城乡平衡。即使我们现在已经进入刘易斯第一拐点，农村剩余劳动力从无限供给变成相对短缺，城市农民工工资由于市场供求关系的改变开始持续上升，但是要达到城乡生产率趋同，消除城乡收入差距还有比较长的过程。其中有一个重要的指标，就是一个国家或者地区的城镇化率。我国的城镇化率目前接近60%，发达国家普遍在80%左右，日本城镇化率最高，达到93%。平均而言，我们与发达国家还有20个百分点的差距，按每年城市化率增长1个百分点来计算，差不多还要花费二十年的时间追赶。

我国的城镇化率虽然接近60%，但户籍城镇化率只有42%，也就是说，有许多在城镇工作和居住的人是农村户口，他们并不像有户籍的城市人能够享受政府提供的公共物品和公共服务，比如医疗、子女教育因为户籍的原因会受到很大限制，这是十分不公平的现象，给我们国家带来了较大的社会问题，也是经济发展的一个制约因素，也有很多经济学家都呼吁要尽快消除户籍歧视。

目前，很多中小城市已经做到了消除户籍歧视，但很多大城市，尤其是特大城市，比如北京、上海，户籍限制可能在短期还不能完全放开，对于流向特大城市的劳动力还有一些准入的限制和壁垒，可能需要工作一定的年限，满足一定的条件，才能解决户口的问题，但是取消户籍限制是大势所趋。现在许多城市都对大学毕业生取消了落户限制，户口问题解决，有助于加速中国的城镇化进程，逐渐缩小城乡差距，使刘易斯第二拐点能够尽快到来，二元经济逐渐消亡。

总结一下，我们这节课主要讲了发展中国家的二元经济的问题，介绍了发展经济学中的一个非常重要的概念：刘易斯拐点。刘易斯拐点又分成刘易斯第一拐点和刘易斯第二拐点，刘易斯第一拐点事实上在中国已经出现了，也就是农村劳动力由无限供应到供不应求，城市需要增加工资才能留住农民工。相对应地的，中国的人口红利正在趋向消失，这是中国人口转变中的重要现象。刘易斯第二拐点，意味着城乡的人均收入趋于一致，城乡差别大幅缩小，二元经济趋于消失，真正做到像发达国家那样城乡一体化，这也是中国经济发展的目标。当然，这会是一个长期的过程。刘易斯第二拐点并不是一个时间点，可能是一个渐进的时间段。

我们刚才说到，中国还需要一二十年的时间，才能把城市化率从 60% 提高到 80%，而户籍城市化率的提高还需要我们解决户籍歧视的问题，其中还有很多政策和体制改革的工作要做。请大家思考一个问题：如果要消除城乡之间的差距，帮助中国尽快达到刘易斯第二拐点，你认为中国还需要做什么？现有的经济发展的政策还有哪些方面需要改革？

# 制度的作用：富裕与贫穷的分流

1500年，普遍被历史学家看作中世纪社会和近代社会之间的分水岭，在这之前，财富主要集中在东方，而中国在这个"东方"概念中的地位举足轻重。之后欧洲才开始崛起，并且在十八世纪较晚的时候，东西方之间出现了"大分流"现象，东西方开始沿着不同的轨迹发展，欧洲开始越过东方的繁荣，开始主宰整个世界，一直到现在。

大约在相同的时间范畴里，中国与西方在经济、科技和生活水平上的差距明显拉大，中国过去是世界财富的主要创造者，后来逐渐变成一个积贫积弱的国家。涉及增长的话题向来如此令人着迷，不论是学者、知识分子还是大众，都很难停止思考这个问题。我们今天就来分析一下，经济学家是怎么看"大分流"这个问题的。

在经济史学中，存在著名的两大问题，即"韦伯疑问"与"李约瑟之谜"。

德国社会学家马克斯·韦伯（Max Weber）曾经提问：工业革命为何没有首先发生在孕育了资本主义萌芽的中国？而剑桥大学的李约瑟（Joseph Needham）则疑问，尤其考虑到中国宋代曾经一度很领先，为何在前现代社会中中国科技遥遥领先于其他文明，但是工业革命却没有发生在中国？为何在现代社会中国不再领先？李约瑟一生都在研究这个问题，后来写了多卷本关于中国技术发展的巨著，他的助手——也是他的夫人——是一位中国女性，两个人一生都在试图理解、回答工业革命为何没有发生在中国。

在相当一段时间里对这个问题的解释都是五花八门的，有的理论比较强调中国的农业发展水平，认为中国发达的农业为人口的繁衍、增长提供了大量的食物，进一步促进了农业水平的提高，农业的发展又进一步养活了更多的人。如此，农业发展和人口增长之间就形成了一个正反馈的循环，这样便限制了对工业发展的资源投入，使得中国没有发展出现代工业。这个假说就是所谓的"高水平均衡陷阱"理论，农业能够养活很多人，使得我们没有动机和资源去改变这个均衡。这个假说也有很多争议，因为中国早在明清时期就已经有了工业的萌芽，而假说认为由于农业水平比较高，就不会发展工业，这个理论恐怕不是很有说服力。

还有一个看法认为，中国的文官制度，特别是科举制度，限制了我们把人才应用到科技领域——而是去做官了，"学而优则仕"实际上限制了人力资源的有效分配。

关于这个话题，还有一个影响比较大的理论叫"地理决定论"，这个理论认为，一个国家或者地区处在什么地理位置决定了它的文化、经济、国民性格等种种问题。曾经在国内有一种比较流行的看法认为，中国不是海洋文化，而是一种农耕文化，而农耕文化难以发展出先进的技术，比如说航海的技术，中国发明了指南针，可是中国没有能在航海技术上打入到世界前沿。到现在还有很多人支持地理决定论，当然这个理论对于回答"中国为什么没有发生工业革命"没有太强的解释力，但是能给我们提供关于理解经济增长的新角度。

那么，经济学家是怎么看这个问题的呢？我们本期请出著名的制度经济学家道格拉斯·诺斯（Douglass C. North）。

诺斯认为，经济增长的关键在于制度（institution）因素。他和他的团队对西方的历史有过非常深入的研究，但是他们跟历史学家不一样，他们是从经济学家的视野去看待历史，而且和早期历史学家的看法也不同，所以我们将他们的工作称为新经济史学。诺斯来过很多次中国，我和他也多次见面,第一次见面是在二十多年前的巴黎参加制度经济学年会的时候。诺斯是一位性格开朗、幽默风趣的教授,爱喝红酒,讲话语速很快,在华盛顿大学教书直到去世,他因为对制度变迁的研究获得了 1993 年的诺贝尔经济学奖。诺斯为什么这么强调制度?制度到底有什么用呢?诺斯举过一个例子,也是他早期所做的一个重要研究,在史学界和经济学界都引起了广泛争议。在 1600—1850 年,航海技术并没有什么发展,但是船运制度和市场制度发生了根本性的变化,因此,海洋运输变得安全可靠,效率大为增长,进而促使经济大幅增长。

就"东西方分流"这个话题,诺斯在 1973 年出版了一本书叫《西方世界的兴起:一种新经济史》,这是他关于制度变迁理论的代表作。在这部著作中,诺斯指出,市场是一种经济制度安排。西方世界之所以能够崛起,就在于它发展出一种有效率的制度安排。英国之所以爆发工业革命,就是因为在此之前,英国无论在现代财政制度、产权制度、专利制度还是金融制度层面都已经为"工业革命"的爆发提供了制度环境,扫清了种种体制障碍。比如,英国最早出现了限制王权的《大宪章》,1624 年出现人类最早的专利制度,1694 年出现全球第一家中央银行,1773 年成立伦敦证券交易所,这些都为英国工业革命奠定了制度基础。

诺斯认为，技术进步对社会生产力的促进是毋庸置疑的，但是，人们是否愿意投身于技术创新，就取决于制度安排。也就是说，需要有一种机制对人们不断进行技术创新的激励，技术才能不断进步，所以有效率的制度和组织是经济增长的关键。因此，他认为有效的制度和组织才是西方世界兴起的原因。

过去二十年，诺斯的制度理论在我国广泛传播，产生了很大影响，被很多经济学家所接受，应该说，诺斯的理论对我们今天的经济发展依然有非常重要的启示。所以，我们今天把他的理论再拆开来说一下。

诺斯制度变迁理论的第一个支柱是产权理论。在诺斯之前，经济学家对产权关注得还不够，而诺斯所指的产权，是一个宽泛的概念，就是支配的权利，并不区分所有权、使用权、转让权、收益权等。能够支配资源的使用，能够从使用资源中得到相应回报的权利，就是产权。在诺斯看来，产权是否安排得有效率是经济能否增长的关键，而形成一种"有效率"的产权制度并不容易，所以，历史上经济发展顺畅的时期也并不多。今天，处在经济改革的大背景之下，中国经历了四十多年的产权变迁阶段，我们很容易理解产权的重要性。我们的国企改革、知识产权保护,包括当年的农村家庭联产承包责任制改革等,都是为了理清产权关系,提高资源配置的效率,同时激发人的生产积极性。

除了产权理论之外,国家理论是诺斯制度变迁理论的第二个理论支柱。诺斯认为,产权制度离不开国家的存在,如果国家能够清晰界定产权,提供一个经济地使用资源的框架,就能促进全社会福利增加,推动经济增长;而产权也需要国家权力的保护,如果发生侵权事件,人们可以诉诸国家法律寻求保护,防止自己的产权被侵犯,收益被掠夺。在历史上,一些国家和地区不能发展出一套行之有效的产权制度,相反地,他们对产权的界定,仅使权力集团的收益最大化,因此不但无法实现整个社会经济的发展,反而会人为造成经济衰退,这就是产权制度没有效率引起的结果。那么,为什么有的国家会被利益集团绑架,为什么有的国家不能确立一种有效率的产权制度?这就是另一个很复杂的话题,我们这里就不展开了。

诺斯之所以能提出产权理论与国家理论,和他对经济史的研究是密不可分的。

在诺斯的书中讨论过一个历史案例。美国现在的黑人大概包括美国本土的黑人和西印度群岛来的黑人两部分。而现在美国上等阶层的黑人基本上都是西印度群岛黑人的后代，而西印度群岛来的黑人也不大看得起美国本土的黑人，因为后者普遍比较贫穷落后，而前者已经融入上流社会。问题在于，这两部分黑人的祖先都是当初从非洲被贩卖到新大陆的，只不过去向不同而已。被卖到美国的黑奴是所有黑奴中待遇最好的，寿命也最长，而当年西印度群岛的黑奴死亡率比美国高很多，为什么西印度群岛黑人后代的成就反而会远远超过美国黑人的后代？

在诺斯看来，原因可能是这样的：美国的奴隶主视黑人为自己的财产，黑人没有自己的私有财产，帮主人干活，吃住都由主人提供。所以，他们干活消极、破坏工具、吃穿用度都很浪费，生产生活资料都不珍惜，反正省下来也不归自己。时间长了，美国的黑人就变得没有主动性，做什么事都听主人吩咐，也不懂得积蓄的道理，没有计划性，不懂节约过日子。被解放以后，他们的这个习惯短时间也难以改变，久而久之形成了一种文化基因，传承到了现代的美国黑人中。而西印度群岛的黑人则不一样，他们虽然也没有完全的人身自由，也要依附于他们的主人，但是他们给主人干完活儿之后，可以回到自己的小茅屋居住。主人则给予黑人一小块地由他们自己耕种，也就是说，他们有自己的生产和生活工具，可以积蓄起自己微薄的财产。被解放以后，他们这种节约、吃苦、懂得规划的生活方式立刻产生了巨大的效果，很快就开拓出自己的一片天地，这种优秀的文化基因就传承给了西印度群岛黑人的后代。这样就导致两类黑人虽然同种同源，但后代的表现和成就都大相径庭。

所以，地理决定论、人种决定论、技术决定论等，可能都不如制度决定论的解释有说服力。

诺斯所说的关于制度的作用，不但与一个国家、一个社会、一个种族的发展息息相关，就是对于企业、个人的发展，也非常具有启发意义。从中国过去四十多年的经济改革历史中，可以发现大量重新进行制度安排的设计。在二十世纪八十年代初，我们放弃了集体耕种，允许将土地分给每一户农民，并且设计了一种承包制，用农民的话说就是"交足了国家的，剩下的都是自己的"，这样就使得产权界定变得清晰。在过去的集体耕作制度之下，大家一起劳动，按工作时间分配粮食，尽管我们引入了公分制，但由于生产队长难以监督每个社员工作的努力程度，通常情况下会造成社员平均主义的做法，大家没有生产的积极性，同吃一碗大锅饭。而承包制改革使得每户农民可以持有公粮之外的剩余，剩余索取权归农民自己所有，这样就不需要外部监督，为了获得更多的剩余，农民自己会"监督"自己，这大大提高了生产效率。劳动力与土地的投入不变，而粮食产出却在八十年代以后大幅增长，这与人民公社制度下劳动生产率低下的状况形成了鲜明的对比。在这个案例中，我们并没有将土地所有权私有化，土地依然是集体所有，但这并不妨碍我们通过承包制度将土地以一种比较有效的方式分配给农民，激励农民投入更多的劳动与生产资料，努力提高粮食的产出。在历史上，有着"永佃权"的概念，农民可以将土地长期租种下去，这在经济上的效果与土地私有化是等价的。

最后，请你想一想，身边有没有典型的制度设计的例子，可以证明产权制度设计对经济效果的重要性。

| 第五部分 |

# 看懂宏观经济

# 中国人储蓄率高不是因为更节约

在我们的印象中,中国的储蓄率是非常高的。的确,不论是从统计数据来看,还是依据我们自己的生活经验,大概现在40岁以上的人,都还是比较重视财务稳健的,也就是说,他们不太会超前消费,总是会存些钱以备不时之需,储蓄已然成为中老年人生活的一部分。经济学家通常把这种为了应对未来不确定性的储蓄称为预防储蓄。

但是,在现在的年轻人中,好像确实存在许多"月光族",甚至借贷消费的现象也非常普遍。

所以我们就来聊聊消费与储蓄的事情。

在过去的许多年间,我们总能从新闻里听到,要出台政策拉动内需、刺激消费、提振经济等。我们的确也出台过一些具体的政策,比如家电补贴、新能源汽车补贴等,甚至还发放过一些消费券,鼓励人们在当期消费,希望家庭能够购买更多的耐用品。

为什么要拉动内需、刺激消费呢？道理很简单，因为消费作为需求的重要组成部分，对于稳定短期经济，实现当年经济增长目标都是十分重要的，尤其是当需求受到外部冲击时，我们经常会刺激内需以弥补外需的不足。但是因为我国的储蓄率在横向比较中比许多发达国家都高，也有很多人建议如果要扩大内需，特别是扩大消费需求，就需要把储蓄率降下来。但这并不是一件容易的事情，中国的高储蓄率是结构性的，不是简单的政策能够改变的。

我们在新闻里常常听到拉动经济增长的"三驾马车"是消费、投资和出口。在理论上，对应的是凯恩斯总需求模型，总需求是消费、投资、政府支出和贸易余额的总和。贸易余额就是一个国家的出口减去进口，是一个净出口的概念。

在不考虑政府支出和净出口的简化版凯恩斯总需求框架里，当期总收入取决于当期总需求，而总需求又等于消费需求加上投资需求。

宏观经济学教材中常常假设消费分为两部分，一部分是较为稳定的、维持生活的必需消费支出，另一部分则是根据收入变化的、按照收入的一定比例消费的支出，这个比例就被称为边际消费倾向。边际消费倾向通常大于0小于1。这很好理解，因为人不可能只消费最基本的生活必需品，所以边际消费倾向不等于0，而是大于0；而总有一部分收入要用于消费以外的部分，所以边际消费倾向也不可能大于等于1。如果忽略掉维持生计的基本消费，再简化一下，就可以认为边际消费倾向的反面就是储蓄率。从某种意义上讲，储蓄就是没有消费掉的收入。

当经济形势不好的时候，中央银行，在我国就是中国人民银行，会实施宽松的货币政策，通过增大货币供给来降低融资成本，或者直接调低作为利率标杆的一年期定期存款利率，来刺激国内的需求。当利率低的时候，企业家更容易借到钱，这样就可以帮助企业家进行投资扩张。每多一元钱的投资，总需求或者说总收入在当期就增加一元钱，然后到了下一期总收入分配给居民，按照边际消费倾向，居民又会按收入的一定比例进一步消费，形成了新的消费需求的扩张，又增加了下一期总需求或者总收入，不断继续下去，在宏观层面上就保证了经济的持续增长。

稍微用一下中学数学里面的无穷递缩等比数列知识就能明白，在最简单的凯恩斯宏观经济学框架中，边际消费倾向大于0小于1的特征，对我们理解宏观经济变动与相关政策的调整就非常重要。计算一下，最开始每多一块钱的投资，会使得每轮经济分别增长边际消费倾向的指数幂。

你可能会怀疑，对消费需求的假设听起来合理，但事实上真的是这样吗？

事实上，凯恩斯对边际消费倾向的定义并不是非常严格，这套理论建立在主观的心理分析基础之上，而在逻辑上，它并不严密。凯恩斯在概括其中的边际消费倾向递减规律时，把它称为"正常心理法则"，每个人收入增加时，都会存下一点留作他用，并不会全部用于消费，这就产生了储蓄。虽然他也指出这套理论尚须若干修正，但对此却再没有更充分的证明或修正了，仅仅是归结为"人类天性"。但是边际消费倾向作为宏观经济理论的支柱建立在心理分析基础之上难以令人信服。

1971年的诺贝尔经济学奖得主西蒙·库兹涅茨（Simon Kuznets）在1942年的时候，就指出凯恩斯的理论和统计数据相矛盾。按照凯恩斯的理论，随着人们收入的增加，边际消费倾向应该越来越低，那么，储蓄占总收入的比例应该表现出稳定增长。而库兹涅茨当时从数据中观察到，美国人的收入得到了大幅增长，但是储蓄所占收入的份额非常稳定，没有出现按凯恩斯理论所预测的稳定增长现象。

这个矛盾被认为是一个悖论，当时成为许多经济学家研究的对象。

弗兰科·莫迪利安尼（Franco Modigliani）提出了一套全新的解释家庭储蓄的理论，发表于 1954 年，也就是生命周期假说。

生命周期假说以消费者行为理论为基础，提出人们的消费是为了一生的效用最大化。也就是说，因为人是理性的，为了在一生中有比较稳定的生活水平，不至于因为经济的动荡产生大幅度的波动，并且使得这一生的总效用水平最大化，就不能根据当前收入的绝对水平来决定自己的消费支出，而是要根据一生所能得到的收入和财产来决定各个时期的消费。换句话说，每个人不仅要考虑当前的消费水准，还希望在未来维持消费水准不下降，甚至有所提高，同时还要防止由于未来经济动荡对收入的影响造成生活水准的波动，所以必须从今天的收入中拿出一部分用于储蓄，以预防将来的收入变化影响消费。人们会把他们当前和未来预期所能得到的全部收入和财产按一定比例分配到一生的各个时期，熨平未来经济周期对消费的影响。在生命不同的时期，消费支出与收入水平有不同的关系。比方说，在工作时期，收入大于消费，便会进行储蓄；在退休后，收入小于消费，储蓄就用来维持消费水平不变。

由于组成社会的各个家庭处在不同的生命周期阶段，所以，在人口构成没有发生重大变化的情况下，从长期来看边际消费倾向是稳定的，消费支出与可支配收入和实际国民生产总值之间存在一种稳定的关系。这就是为什么从统计数据上看，边际消费倾向在长期没有太大的变化。但是，如果一个社会的人口构成比例发生变化，则边际消费倾向也会变化；如果社会上年轻人和老年人的比例增大，则消费倾向会提高；如果中年人的比例增大，则消费倾向会降低，相对应的储蓄率也会和边际消费倾向反向变动。莫迪利安尼也因此获得了1985年的诺贝尔经济学奖。对宏观储蓄的解释造就了两位诺贝尔经济学奖得主，而凯恩斯由于在1946就已经逝世，无缘1969年才设立的诺贝尔经济学奖。但是凯恩斯对宏观经济学做出的革命性、开创性贡献是不可磨灭的。相信大家对莫迪利安尼并不陌生，他的另一大学术贡献就是我们在前面学习过的，有关公司资本结构的 MM 定理。

最近我留意到一些报道年轻人消费与储蓄的新闻。比方说，根据蚂蚁金服和富达国际联合发布的2018年《中国养老前景调查报告》，35岁以下的年轻人有超过半数还未开始准备养老储蓄。

相比于年纪大的人，"90后"更容易接受贷款消费的概念。伴随着互联网金融的快速发展，他们也比老一辈更容易获得金融机构的贷款支持。支付宝花呗、京东白条等网络借贷形式风靡一时，通过借贷进行超前消费，成为越来越多的年青一代的选择。用明天的钱，成就今天的梦想，成为当下十分新潮的消费观念。支付宝花呗发布的《2017年青年人消费生活报告》显示，和中国人传统习惯的"储蓄消费"不同，"90后"正养成新的"信用消费"习惯。数据显示，中国近1.7亿"90后"中，超过4500万人开通了花呗，平均每4个"90后"中就有1个人在用花呗进行信用消费。与老一辈注重"量入为出""节约才是硬道理"不同，年轻人消费观念的变化，对一直在千方百计扩大内需的中国经济来说，无疑是一个好兆头。

在莫迪利安尼的生命周期假说中，人们理性地选择平滑一生的消费。但在现实生活中，理性这点却很难做到。比如，我们也曾听到报道说，一些年轻人没有理性规划，而是超前消费、虚荣消费，误入了校园贷、裸贷等圈套，给自己甚至家庭惹来大麻烦。

针对超前消费，你可能会辩驳说，我国的广义货币，也就是常说的M2，从2008年的约40万亿元，增长到2018年的约182万亿元。在这十年间如果过度储蓄，那么储蓄的实际购买力会随着M2的泛滥而被稀释，还不如早些花掉，超前消费更好。这个看法其实不够全面，M2的增长对我们的购买力确实会产生一定影响，但事实上，我们的 M2 增长已经稳中有降，并且逐步接近 GDP 的名义增长率，长期来看，货币购买力不断贬值的趋势是不存在的。

好了，这节课我们学习了关于宏观经济学中储蓄与消费的一些重要概念。我们谈到了凯恩斯的总需求理论、莫迪利安尼关于消费和储蓄的生命周期假说，以及库兹涅茨教授进行统计研究的发现。给大家留一道思考题：现在全球的货币市场与金融市场，都会受到美联储加息的影响，而在美联储加息周期里，通胀预期没那么强烈的情况下，你会怎么平衡消费和储蓄呢？

希望你学完这堂课以后，能做出更理性的个人消费储蓄决策。

# 增长模型：效率是经济增长的神秘因素

改革开放四十多年来，我们国家坚持以经济建设为中心，经济发展步入快车道。国内生产总值由 1978 年的 3679 亿元跃升至 2018 年的 90 万亿元，按照不变价格计算，年均增长超过了 9%，这在世界上是十分罕见的。而且我国的经济总量占世界经济的比重仅次于美国，稳居世界第二大经济体的位置。近年来，特别是 2008 年金融危机以后，全球的经济增长变得比较缓慢，平均只有 1%—2%，其中我国对世界经济增长的贡献率超过 30%，逐渐成为世界经济增长的动力之源、稳定之锚。

从人均收入来看，我国人均国内生产总值不断提高，2018 年已经接近 1 万美元，成功地由低收入国家迈入中等偏上收入国家的行列。

随着国家的进步、经济的发展，我们的生活水平有了很大的提高。所以，今天我们要来聊一聊经济增长这个话题。

以理性预期理论获得 1995 年诺贝尔经济学奖的罗伯特·卢卡斯（Robert Lucas）在 1988 年发表的一篇论文中说过一句很经典的话："一旦一个人开始思考经济增长的问题，他就很难再考虑其他任何问题了。"这也道出了经济增长在经济学研究领域中的重要性。

经济增长关注的是一个国家经济不断增长，收入不断提高的过程。除了经济增长，经济学家特别关心的另一个现象就是经济周期。经济周期反映的是经济在增长过程中产生的波动，经济有时会不景气，有时又会十分繁荣。从另一种意义上讲，经济增长关注的是长期问题，而经济周期关注的是短期波动。

长期以来，经济增长和经济周期一直处于宏观经济学的核心位置，而宏观经济学的第一大问题可以简单概述为对总产出的关注。一个经济体在某一特定时期的总产出，也就是该时期生产的最终产品和劳务的价值总和。第二次世界大战以来，最常用的测量总产出的指标是国内生产总值，也就是新闻里常常听到的 GDP（Gross Domestic Product）。

早在"现代经济学之父"亚当·斯密（Adam Smith）时代，经济学家就开始考虑经济增长问题了，这一问题具有持久的吸引力。

与经济增长有关的具体事实有：

1. 国家与国家之间的人均收入存在持久的差别；

2. 国家与国家之间的人均收入增长率也存在持久的差别；

3. 在富国中，随着时间的推移，人均收入增长率逐渐趋于稳定，且跨国间的人均收入增长率差异很小；但是在穷国中，人均收入增长率不稳定，各国的经济增长经历也有所不同。

为了解释清楚上面这些事实，经济学家需要像物理学家一样构建数学模型来进行简化分析，以便人们更好地理解这些现象。

早些时候的宏观经济学教材里，经济增长主题中会先讲述哈罗德—多马经济增长模型。在哈罗德—多马模型中，假设社会生产过程中只使用劳动力和资本两种生产要素，并且两种要素之间不能相互替代。

哈罗德—多马模型认为，在凯恩斯的收入决定论之下，决定一个国家的经济增长水平最主要的因素有两个：其一，决定全社会投资水平的储蓄率；其二，反映生产效率的资本—产出比率。怎么理解资本—产出比率呢？它表达的是，一个经济系统为获得 1 单位产出所需要投入的资本量，较低的资本—产出比率意味着可以用相对较少的资本获得相对较多的产出，代表着这个经济体运行得十分有效率。

忽略掉细节的数学表达式，哈罗德—多马模型的基本结论是：一国的经济增长率与该国的储蓄率成正比，与该国的资本—产出比率成反比。也就是说，在其他情况不变时，一个国家总收入中用于消费的部分较少，用于储蓄的部分较多，这个国家通常就拥有较高的增长率；而资本—产出比率较高，意味着经济运行不是很有效率，经济增长率自然就比较低，换句话说，一个国家想要实现高增长率，单靠加大资本投入是不够的，还需要有一个恰当有效的资本—产出比率，提高经济运行的效率。在一个高经济增长的国家中，这两个条件往往是同时成立的：储蓄率比较高，才有足够的资本积累用于投资，但如果资本的使用不够有效，资本—产出比率比较高，很多投资没有回报，经济增长率也不会很高。经济增长率可以随储蓄率的提高而增高，也会随资本—产出比率的增加而下降。由于假设前提的局限性，在哈罗德—多马模型中，要实现充分就业的稳定状态近乎不可能，被认为"充其量只能是刃锋上的均衡增长"。

在哈罗德—多马模型的假定中，资本和劳动在生产过程中不可相互替代，这与现实生活大相径庭，在现实中，资本和劳动这两种要素往往是可以相互替换的。当资本比较贵时，有效的生产会使用更多的劳动来替代资本；而当劳动力变得越来越贵时，有效的生产便会使用资本来替代劳动，就像现在很多企业使用机器人替代人工，以应对日益增长的劳动力成本。在哈罗德—多马模型中，由于资本和劳动这两种要素不可相互替代，经济缺乏灵活性，想调整到实现充分就业的稳态就非常困难。

罗伯特·默顿·索洛（Robert Merton Solow）在1956年提出了一个数学方程式，用来说明资本存量的增加如何导致人均产出，也就是国民收入的增长。索洛提出的是一种线性的总量生产函数，可以用来衡量各种生产要素对经济增长所做出的贡献，这种方法为后来的新古典增长理论奠定了基础。根据这一方程式，假设一个经济体从较低的发展水平开始，在远离稳态时，依靠加大资本与劳动的投入，经济会加速增长，呈现粗放型增长的特征；而在接近稳态时，加大更多投入对经济增长的贡献就很小，经济增长又开始放缓，国民经济最终会收敛到一个稳定状态。在稳定状态下，经济增长将仅仅取决于外生的技术的进步，而不是依靠资本和劳动力的投入。索洛经济就类似于一次飞机航行，起飞时快速爬升，到了一定高度，也就是人均收入到达一定水平时，就进入稳定飞行的阶段，也就是索洛经济的稳态。

鉴于索洛对经济增长理论做出的贡献，提出长期的经济增长主要依靠技术进步，而不是依靠资本和劳动力的投入，他被授予1987年诺贝尔经济学奖。诺贝尔奖委员会主席林德贝克认为，正是由于索洛的理论，很多工业国家愿意把更多的资源投入大学和科研机构，而这些机构又是促进经济发展的"突击队"。即使在发展前期，一个经济体可以通过加大要素投入拉动经济增长，随着人均收入的不断提高，经济增速不断放缓，长期的经济增长必然收敛到稳态，此时增长的动力只能来源于技术进步，而技术进步来源于研发创新，只有对科技研发加大投入，才能推动技术的进步。

索洛认为，经济存在着实现充分就业的稳定均衡增长率，从长远观点看，在不受到外部干扰的情况下，任何一个经济体的长期增长率必然收敛到该均衡增长率。索洛提出的经济增长模型分析了劳动、资本和技术进步在经济增长中的作用，得到了经济学界的一致认同，也使索洛名声大噪。

与哈罗德—多马模型相比，索洛模型假设在生产过程中，资本和劳动是可以相互替代的。当资本丰富而劳动稀缺时，作为劳动价格的工资就会比作为资本价格的租金上升，为了降低成本提高利润，企业就会增加资本的使用，减少劳动的使用，提高资本—劳动比率，发展出资本密集型经济。而当劳动相对丰富，资本相对稀缺时，相对于租金工资就会下降，从而增加企业对劳动的使用，减少资本的使用，降低资本—劳动比率，发展出劳动密集型经济。在过去的四十年中，得益于丰富的劳动力供给和低廉的劳动力价格，我国通过发展劳动密集型产业，出口劳动密集型的商品，靠劳动代替资本而获利，实现了经济的高速增长；随着经济发展与资本的不断积累，资本与劳动的相对价格发生了变化，越来越多的企业开始使用资本替代劳动，实现了生产的自动化。这样，通过劳动—资本相对价格的不断调节，可以不断调整资本—劳动比率，从而实现经济的长期稳定增长。

在用美国的历史统计资料验证模型的过程中，索洛发现经济增长中有一半不能被劳动和资本所解释，这就是著名的"索洛残差"，今天我们也称之为全要素生产率（Total Factor Productivity）。索洛本人对于索洛残差的确切含义并没有给出明确的答复，现今索洛残差常常被经济学家认为是技术进步对经济增长的贡献。

索洛在检验过程中发现，随着经济的不断增长，技术进步越来越重要。技术进步包括机器设备的改进和人的知识水平的提升。促进科学技术进步，把这种进步用于生产，以及增加人力资本投资，是实现经济增长的关键。索洛指出，只要能维持技术进步，就可以获得长期经济增长的动力。另一位诺奖得主保罗·克鲁格曼（Paul R. Krugman）将索洛的发现概括为"汗水和灵感"，"汗水"是要素的投入，而"灵感"则是技术的进步。

索洛创建的模型价值很大，今天已成为世界银行和一些国家测度经济增长速度，解释增长原因的重要依据。我国在经历了通过房地产以及基础设施建设拉动经济增长的阶段后，现在需要更高质量的发展，特别是通过科学技术进步来实现的高质量发展。

在索洛模型中，技术进步是假设进去的，索洛模型并没有讨论技术进步是怎么得来的。所以也有人夸张地说，"索洛模型是通过假定增长来解释增长的"。

而在后续的研究中，经济学家们构建了更深入的模型来分析探讨技术进步的来源，也就有了内生的经济增长理论，2018年的诺贝尔经济学奖也因此颁发给了研究内生经济增长的罗默教授。

本节课我们简单介绍了经济增长的模型，这里面需要用到一些数学知识。如果你想更深入地学习经济学家是怎么分析、探索经济学的奥秘的，建议你自己动手仿照教科书进行一些数学推导与计算。

# 失业是个自然现象吗？

从 2018 年下半年至今，不断有企业传出裁员消息，从美团、京东等互联网企业，到近期的多家跨国经营的汽车企业，如福特、通用，可以说，现在的就业市场非常不平静。每逢毕业季，应届生就业难的问题也备受关注。负面消息让劳动力市场人心惶惶，许多劳动者都担心自己会成为下一个"被失业者"。今天我们就来聊聊失业的问题。

从统计上准确地定义失业不是一件容易的事。每个国家都有测算失业的统计指标，但失业无法靠普查测算，只能通过调查或失业登记对总体失业情况进行估算。中国长期以来通过城镇登记失业率对失业状况进行测算。登记失业率来源于失业登记，失业登记即失业者到相关部门进行登记，领取失业保障。长期以来，我国的登记失业率没有太大的波动，保持在 4% 左右，这也引起了一些经济学家对数据准确性的质疑。从 2018 年起，我国开始公布城镇调查失业率，即在选定的一些城镇地区进行失业调查得到的数据。城镇调查失业率在 5% 左右，比登记失业率高出 1 个百分点。根据奥肯定律，经济下行时失业率会有上升趋势，但是无论从登记失业率还是从调查失业率上看，总体的失业情况都没有变化，这与现在经济下行的趋势不大相符。一种可能的解释是，中国经济的结构正在发生变化，移动互联网的发展创造了更多新的就业机会，吸纳了传统部门的失业人员，使整体就业结构发生了大幅度转变。

所谓失业指的是劳动者具有就业能力和就业意愿，却没有就业机会的情形。这些人往往没有工作，但是在不断地积极寻找工作。失业是反映宏观经济状况的一个重要指标：当经济下行，产出下降时，一般伴随着失业增加；而当经济回暖，产出增加时，一般伴随着失业减少。

对大多数人来说，失业意味着丧失经济来源，这种经历多数是痛苦的。在工薪阶层中，夫妻双方哪怕有一方失业，对整个家庭而言都是致命的。为什么会产生失业呢？从宏观层面来看，往往是经济进入衰退周期时失业率会上升。美国经济学家奥肯提出的奥肯定律认为，相对于潜在 GDP 增长率，实际 GDP 增长率每下降 2 个百分点，失业率大约会上升 1 个百分点。所谓的潜在 GDP 指的就是当经济中的资源被充分利用时企业的最大产量，一般也被认为是劳动力充分就业时的产量。而产生失业是由于劳动力过多，工作岗位过少，从而导致多个劳动力角逐同一岗位。如果把劳动力看作是我们日常生活中的普通商品，那么失业产生的过程就会变得很容易理解。当劳动力的消费者即厂商出于各种原因减少对劳动力的购买时，劳动力的价格即工资就会下降，从而劳动力的供给即愿意在当前工资水平下工作的劳动者就会减少，直至对劳动力的需求和供给达到平衡。然而这只是理论上的情形，现实中往往是某一个行业在现行工资水平上没有足够的劳动力，而与此同时，另外一个行业有大量的劳动力在现行工资水平上愿意提供劳动却没有劳动机会。这说明现实中劳动力市场远没有理论中灵活，不同行业间往往存在一个行业劳动力过剩，而另一个行业劳动力紧缺的状况，而由于行业的专业性，劳动力则不能顺畅地在各个行业间转移。为了理解这一现象，我们需要进一步分析产生失业的原因。

诺贝尔经济学奖得主保罗·萨缪尔森（Paul A. Samuelson）曾撰写过一本名为《谈失业与通货膨胀》的书，在书中他详细探讨了失业产生的各种情况。萨缪尔森的大名可谓是如雷贯耳，相信很多朋友都对他有所了解，他是美国历史上第一位获得诺贝尔经济学奖的经济学家。在二十世纪四十年代，他写过一本书叫《现代经济分析的基础》，奠定了现代西方主流经济学的框架。可以说他是美国经济学界的教父级人物，也是一位全能的经济学家，至今无人能超越他的水平。按照萨缪尔森在书中所论述的理论，从供求的角度来分析失业，可以将现实中存在的失业情形划分为均衡失业和非均衡失业两类。均衡失业指的是失业劳动者为自愿失业的情况，比如一位在快餐店打工的员工，因为觉得工作时间太长且工资较低，而选择辞职，重新寻找工作。那么该劳动者在重新寻找工作过程中经历的短暂性失业现象就是均衡失业，因为在这种情况下，劳动者往往是在权衡了当前工作收入、预期工作收入以及闲暇的偏好等因素之后做出的自愿失业决策，是厂商和劳动者在现行薪酬水平下按照供求决策的结果，所以是均衡状态。

但实际生活中许多情形下的失业并不是上述描述中的均衡状态。比如一些劳动者自身愿意在当前的薪酬水平下工作，但是由于企业裁员被辞退而失业；又比如另一个行业的企业愿意在当前或者是更高的工资水平下招聘劳动力，但是没有劳动者愿意从事相关工作，这都不是均衡状态。根据萨缪尔森的分析，这种非均衡失业存在两种典型的状况，一种是结构性失业，另一种是周期性失业。

产生结构性失业的原因就是我们前面所说的劳动力供给和需求不匹配。如果市场对一种类型的劳动力需求上升，同时对另一种劳动力的需求下降，虽然从总量来说可能空缺岗位数量和劳动力数量是匹配的，但是由于劳动力技能种类无法及时调整，此时依然会存在失业。通常这种情况是由产业的兴衰更替所导致的，所以结构性失业需要劳动力技能在长期内进行调整，无法在短期内消除。

产生周期性失业的原因则是经济的周期性波动，当经济进入衰退阶段时，整体上对劳动力的需求会大幅下降，由此导致周期性失业的出现。比如2008年美国次贷危机期间，由于危机波及范围广，许多国家受危机的影响都出现了周期性失业。在这种情况下，往往表现为各行各业的失业率都在上升，而不像结构性失业那样只集中在某一个或某几个行业。

结构性失业和周期性失业构成了非均衡失业的两种最重要的类型。在现实生活中，并不是所有的失业都是自愿失业，非自愿失业，也就是非均衡失业总是存在的。为什么非均衡失业无法通过劳动力工资的调整在短期内消除呢？除了劳动力技能匹配这一原因之外，还有一个十分重要的原因就是工资的调整具有刚性。工资向上调整，也就是加薪比较容易，而向下调整，也就是降薪比较困难。在理想情况下，我们想象劳动者和用人单位面对面聚集在一个巨大的劳动力市场中，劳动者可以报出自己的技能水平、工作时间以及可以接受的最低工资等，用人单位根据自己的用工需求进行支付。这种情况下，无论是劳动者还是用人单位都可以迅速调整自己的供求策略，达到均衡。但是实际上劳动力市场不可能实现这一模式。由于工会的存在，劳动者和企业进行集体谈判，为了保护劳动者的权益，在通常情况下，企业雇用员工时往往会通过合同的形式规定劳动者的薪酬以及在一定期限内的调整方式，同时由于工资调整的协调成本较高，所以工资调整不会太频繁，在这种情况下，工资就具有了黏性。当工资具有黏性时，企业往往会通过调整用工数量而非工资水平来实现利润的最优化。这也能够解释为何企业在经济萧条时往往选择裁员而不是降薪。

此外，工资作为一种特殊的价格即劳动力的价格，区别于普通商品的价格还有一个重要的特征，就是工资水平向下调整的黏性远大于向上调整的黏性。企业为了和员工保持一种良好的合作关系，往往会采用较高的效率工资激励员工努力工作，在签订合同时，工资水平随着时间的推移逐渐上升是可以被接受的。在效率工资的情况下，超过基础工资外的部分即使偶有下降也可以被理解，但是如果工资水平呈现出缓慢下降的趋势则是无法被接受的。所以当企业面临压缩成本的调整时，也会选择裁员而不是降薪。举一个简单的例子，假设某个企业每天支付 8000 元雇用 10 个劳动力，这 10 个劳动力每天工作 8 个小时，获得 800 元的收入，那么就相当于企业花费 8000 元购买了 80 个小时的劳动时间。若企业缩小生产规模，只需要 40 个小时的劳动时间，那么企业往往会选择裁掉其中的 5 个人，而不会选择保留全部 10 个人，将每个人的工资水平减半或者劳动时间减半。

此外，还有一个影响企业工资调整的因素就是最低工资，最低工资一般由政府制定，反映了劳动监管部门对劳动者权益的保护。企业必须履行政府对最低工资的要求，遵守工资调整的下限，这就使得本就不够灵活的劳动力市场更加难以调节。很多经济学家批评政府的最低工资政策只注重政治考量，而忽略了最低工资对经济效率和劳动力市场灵活性的影响。如果最低工资制定不够得当，就会极大威胁劳动力市场的弹性，给企业以更大的自由权去裁员，导致比没有最低工资时更加严重的失业。将失业现象完全归咎于最低工资虽然有夸大的成分，但是也让我们看到了保障劳动力市场的灵活性对确保就业市场均衡的重要性。

总结一下，本节课我给大家讲了失业的定义与统计指标，不同的失业类型以及产生各种类型失业的原因。我们发现，失业虽然简单来说就是由于劳动力供求不匹配所导致的问题，但是在现实生活中非常复杂，经济结构变化、经济周期、最低工资等都会影响失业，政府不可能完全消除失业，只能将其控制在一个可以容忍的水平，以保证社会的正常运转。当失业率超过可以容忍的水平，存在市场失灵的现象时，就需要政府通过一些经济刺激的手段来降低失业率，诸如货币政策以及财政政策等。

# 物价上涨都是因为钱变多了吗？

2019年5月初以来，全国的苹果价格大幅上涨，许多网友开玩笑说过去是实现不了"车厘子自由"，如今连"苹果自由"都做不到了。据调查，苹果2019年的平均价格是2018年的3倍。苹果作为日常重要消费品，其价格的上涨是物价水平变动的一部分。物价水平是大家在日常生活中最关心的问题之一，而物价上涨是多数消费者不愿看到的。物价为什么会上涨，是否只是单纯地因为钱变多了？这是我们今天要讨论的问题。

诺贝尔经济学奖得主弥尔顿·弗里德曼（Milton Friedman）曾说："通货膨胀在任何地方，任何时候都是货币现象。"弗里德曼认为在纸币时代，长期来看，通货膨胀即经济中物价总水平的上涨都是货币超发导致的。但在讨论今天的主题之前，我们首先来区分两个非常近似的概念，一个是物价上涨，另一个是通货膨胀。通货膨胀在一定程度上会表现为物价上涨，但是物价上涨却并不一定都能够被定义为通货膨胀。

通货膨胀简单来说就是发行的货币量超过了实际流通所需要的数量，导致货币相对于商品实物的价值下降，以货币度量的商品价格上升。而引起物价上涨的原因是否一定是央行货币超发则需要进一步讨论。

严格来说，当各类商品价格普遍上涨时才能被称为总体的物价上涨，也就是通货膨胀，但在实际生活中，我们较难在短期内观察到这种现象，当然发生恶性通货膨胀的情况除外。

大多数情况下我们所感受到的物价上涨是某类或者某几类商品价格在短期内的上涨。我国的统计局每个月都会公布CPI指数，即消费者价格指数，用来衡量日常消费品篮子中具有代表性的商品和服务价格上涨的情况，这个指标也成为我们度量通货膨胀最简单的指标。但是从严格意义上讲，CPI也不能完全反映通货膨胀。因为食品在我国CPI消费品篮子中占有很大权重，而食品（尤其是蔬菜水果）的价格会由于气候的变化发生机械性的上涨，尽管CPI指数会因为食品价格的变动而上涨，但是这种情况并不反映通货膨胀现象的发生。举一个例子，当你在春节期间走进超市，会发现各类商品的价格相对于平日都有一定幅度的上涨，但超市里依然人头攒动，顾客络绎不绝。这种情况下物价水平的普遍上涨就是短期内供需关系的变化引起的。春节期间，由于居民整体购买力大幅上升，短期内需求快速扩张，在需求大于供给的情况下，物价自然上涨。这种物价上涨就不能简单地归因于货币超发。

除了同一商品短期内的物价上涨，在长期中，我们也会观察到同类商品价格水平的上涨，比如说二十年前购买一台彩电大约需要几百元到上千元不等，而今天购买一台彩电却往往需要几千元甚至上万元。这种物价上涨背后的原因更多是技术进步促使同一产品所蕴含的价值发生了变化，进而体现在了价格上。相比于二十年前，现在市场上出售的电视机无论是在外观还是功能上都有巨大的改进。这种改进背后蕴含的是技术的进步和劳动价值的提升，价格水平自然随之上涨，而并非单纯由于流通货币增多所致。诚然，在这二十年间确实存在货币超发、总体物价上涨的现象，在刨除物价因素影响后，按购买力来计算，今天一台彩电的价格不见得比二十年前一台电视机的价格高。

对于多数人而言，流通中的钱多就意味着货币超发，但是实际上在央行发行货币量不变的情况下经济当中的货币供应量也会发生变化。因为央行发行的基础货币与经济中的货币供应量之间有一个重要的系数就是货币乘数，为了理解这个货币乘数，我们举一个简单的例子。

假设甲有100元存入银行，由于银行需要储存一部分现金以备客户提款，所以有法定存款准备金率的要求，这使得银行不能将100元的新增存款全部贷出。假设法定存款准备金率为20%，那么银行只能将100×（1–20%)即80元贷给乙，乙又将这80元存入银行，那么银行可以再将80元的80%即64元贷出给丙，如此循环往复之后，市场上的实际货币供应量为一个首项为100，乘数为0.8的等比数列，最后这个数列之和应当为100÷0.2=500元。

这是最简单的货币创造过程，只受到法定存款准备金率的影响。现实的货币创造过程当中，人们不会将自己拥有的货币全部存入银行，而会保留一部分现金，这部分被居民自己持有的现金无法参与后续的货币创造过程，因此被称作"货币的漏出"。此外，银行为了应对突发情况也会有一些法定准备金之外的储备，即超额准备金，这也会影响货币创造的过程。因此，从央行发行的基础货币到最终流通中的货币供应总量受到多方面因素的影响，央行增发货币也并不一定就会导致流通中的货币供应量按乘数效应上升。

经济学中有一个十分简单的用来描述货币数量与物价水

平之间关系的公式，被称为古典货币数量论，简单来说就是货币数量乘以货币流通速度等于物价水平乘以实际总产出。若认为短期内货币流通速度和总产出不发生变化，那么物价水平的变动就完全来源于货币数量的变动。但货币流通速度实际上受到多方面因素的影响，譬如说金融体系的运转效率、消费者的支付习惯等，所以货币流通速度并非一个稳定的系数，而是会随着实际情况的变化而发生变化的。

此外，古典货币数量论暗含了一个假设，即货币最主要的功能就是用来支付，所以当货币数量增多，而经济中的商品数量不发生变化时，必然会导致商品的价格上升，从而吸纳掉多余的货币。事实上，在现实中，货币所承担的重要职能并不仅限于支付，另一个重要的职能就是贮藏功能，对于居民或者企业来说，实际上就是储蓄。当央行增加货币发行，居民和企业手中的货币增多时，新增的货币并不一定会转为购买力，而可能会被居民和企业转化为储蓄，或者以现金的形式被居民或企业持有，或者进入金融体系。

由于现在金融体系的复杂度越来越高，资金进入金融系统之后存在严重的空转现象，并不一定会最终流入实体经济。在这种情况下，即使存在货币超发，也并不一定会出现物价上涨，日本就曾出现过类似的情况。日本经济在 1990—1991

年房地产泡沫破裂之后，为刺激经济增长，日本央行实施了多轮量化宽松货币政策，但与此同时日本一直存在通货紧缩的现象。直到今天，所谓的"安倍经济学"最核心的政策也是进行超量的货币量化宽松政策，以求刺激日本的总需求，摆脱几十年以来的通货紧缩现象。虽然大家对日本经济发展过程中产生量化宽松与通货紧缩并行的原因并没有形成一致的观点，但是这恰恰说明货币超发并不一定会导致物价上涨。

总结一下，这节课我主要给大家讲述了物价上涨和货币超发之间的关系，首先我们应当对物价上涨和通货膨胀这两者做出区分。虽然经济学界对于弗里德曼关于通货膨胀的论述尚未形成统一的定论，但是我们此处所讨论的物价上涨并不等同于通货膨胀。

其次，通过前文的举例论证我们可以发现，物价上涨并不一定都是由于货币超发所造成的，短期内的季节因素、商品供求关系的变化、商家的营销策略都会导致部分消费品价格集中上涨。长期中看似商品的价格出现了普遍上涨，但是这不完全是因为货币的超发，在很大程度上也是因为技术进步导致商品质量和价值上升，表现为商品价格的上升。在开放经济条件下，外在因素的冲击，如石油等重要原料价格的上升也会导致生产成本上涨进而导致物价水平的上升，也就是说，通货膨胀也可以由输入的他国商品价格上涨导致。二十世纪七十年代中东石油危机之后，石油价格大幅上升，几乎所有国家都受到了冲击，在之后很多年里都经历了持续的通货膨胀，这种通货膨胀就是典型的输入型通货膨胀。

最后，通过从相反的角度考虑这一问题，我们可以发现，从央行发行的基础货币到最终的经济社会中流通的货币供应量之间有着复杂的关系，受到货币乘数、金融体系效率、居民储蓄习惯等多方面的影响，所以即使货币超发也不一定会导致物价上涨，有时候还会漏出相当数量的货币变为储蓄，严重时甚至会导致通货紧缩。因此，我们的结论是物价上涨和货币超发之间并不具有必然的因果关系，对于物价上涨原因的探究还需要从实际情况出发。

# 经济波动每二十年一个周期？

即便你对经济一无所知，有一样东西，你也能像经济学家一样感知到，那就是经济有好的时候，也有坏的时候，它会有繁荣，也会有萧条，而且这种起起伏伏有长有短。

我们总是在想办法去破解经济周期波动的秘密。比如说，有一种流行的说法叫"逢8有灾"。1998年发生了亚洲金融危机，2008年又发生了全球金融危机，2018年，日子也不太好过。

当然了，这种简单的说法并不可靠，但十年存在一个经济周期，这件事到底是不是对的呢？也对，也不对。

为什么对呢？实际上，9—10年的经济周期最早是由法国经济学家克里门特·朱格拉（Clèment Juglar）提出的，所以也叫朱格拉周期。朱格拉认为，经济周期不是政治、战争、气候这类外部因素影响导致的，它的驱动力是资本和设备的更新换代，是经济自动发生的一种现象。朱格拉周期在学界和投资界的影响力都很大。

那为什么又说他不对呢？因为经济学界对周期的研究其实并没有得出公认的确定结论。

在经济学界，对周期的研究已经有 150 多年了，除了刚刚提到的朱格拉周期，还有三种周期影响力都很大。

其中最短的周期是由一位叫约瑟夫·基钦（Joseph Kitchin）的英国经济学家提出的，他认为，企业调整生产的短期行为会导致经济周期。当产品过剩时，企业就会减少生产安排消化存货，从而带来产出的下降；反过来，当需求不能被满足的时候，企业就会扩大生产，带来产出的上升。这种周期长度大概是 3—4 年，所以也叫短波周期。

最长的周期长达 50—60 年，是俄国经济学家尼古拉·康德拉季耶夫（Nikolai D. Kondrattieff）提出的，被称为康波周期。他认为每 50—60 年会出现一次集体的科技创新浪潮。比如，自工业革命以后，已经历了五个长波，分别是：十八世纪七十年代出现的以蒸汽机改良为代表的工业革命时代，1825 年英国第一条铁路开启的铁路时代，十九世纪七十年代以电力、钢铁的大规模应用为代表的第二次工业革命时代，1908 年福特汽车装配线的出现代表的汽车工业时代，以及 1969 年互联网鼻祖阿帕网诞生开启的网络传播和信息时代。

依照这套理论,世界现时正处在第五个长波的转折点,第六个长波就要展开。

最后一个比较长的周期,是由美国经济学家库兹涅茨(Simon Smith Kuznets)提出的,时间是二十年左右。它是以建筑业的兴旺和衰落为驱动的,因此也被称为建筑业周期。在全球房地产商品化程度提升之后,房地产业对于库兹涅茨周期影响更大。

刚才提到的四大周期研究都很有影响力,有趣的是,我曾经看到一个分析师的报告里提到,康波周期由苏联人提出,50—60年一轮回,因而具有苏式的宏大和虚幻;库兹涅茨周期由美国人提出,20年一轮回,具有美国人的豪迈;朱格拉周期由法国人提出,10年一轮回,比较有法式浪漫;基钦周期由英国人提出,3—4年一轮回,有英国式的谨慎和传统。

说了这么多不同的周期,你肯定好奇,我们要分析中国的现状,哪个周期比较有用呢?实际上,没有确定性的答案,你去看金融分析师的报告,就会发现他们习惯用哪种周期,也基本取决于他们个人的偏好。

在这里,我想跟你分享我的一个观察:研究中国的经济周期,不能漏掉另一个视角,就是政治周期,因为中国的宏观经济带有比较明显的政治色彩，这个周期的长度大概是3—4年。

怎么理解这种政治周期？很多的经济过热现象又是怎么来的呢？其实都是因为中央在某个会议上确定了一个经济发展的目标，做出相应规划，比如五年计划，然后从中央到地方一层一层去贯彻这个目标。地方政府为了完成目标，就要把这个目标放大。中央如果定8%的经济增长率，那各省就要定9.5%，甚至定到10%；到地级市，到县这一级甚至就调高到12%—14%，中央制定的经济增长目标被层层放大，最后地方"大干快上"，形成一片经济繁荣的局面，但很快就会演变为经济过热。经济过热的一大表现就是油、电、煤、运输等基础设施的供给跟不上（我们叫作"卡脖子"的一些行业），短期内投资不能大量扩张，产能和供给是给定的，但是需求又一下子大幅上升，这时候就会带来涨价。涨价从上游基础行业开始往下游传递，全面地推动成本和价格的上升，导致经济严重过热，出现通货膨胀。

这个时候，中央政府一旦看到经济过热的现象，就会采取宏观调控的办法，开始收缩信贷，让银行不要给企业贷款，不要给地方政府贷款。同时，中央减少批准地方申报的项目，地方的基建项目逐渐停工，经济的需求侧慢慢冷却，基础产业的价格开始回落，整个经济慢慢地进入一个冷却，乃至萧条的阶段。

在经济回到低迷阶段后，宏观经济政策也会做出反应，进行调整，强调经济还要进行增长，开始启动宽松的信贷政策，开始增加政府开支与投资，推动经济进入新的繁荣阶段。

中国的宏观经济的周期带有明显的政治色彩，中央政府跟地方政府之间形成的这种机制是中国宏观经济周期形成的根本原因。在过去四十多年中，我们经济的平均增长率是9.6%，但是如果你去分析数据，会发现我刚才所讲的这种几年一次的起起伏伏一直没有中断，很多年份的经济增长率都在 10% 以上，有些年份甚至达到 14% 的增长率，但有些年份又下调到 8% 以下，个别年份还出现了只有 3% 或 4% 的增长。

当然了，在每个国家经济的短周期当中，多多少少都会有一些政治因素，只不过因为美国、欧洲的很多国家没有中央政府跟地方政府之间的传导机制，经济增长不那么依赖地方政府的投资，经济周期的政治色彩也就会弱很多。

另外，宏观经济也会受一些外部条件变化的影响。外部环境的作用，可能会使我们的经济周期变得更加明显，或者把时间拉长。比如中美贸易战的出现，有可能拉长现在中国经济的下行阶段，阻碍经济可能出现的探底回升。

中国经济从 2012 年以后一直处于下行阶段，已经六七年了。正常情况下中国经济应该早已企稳回升，结果由于现在的中美贸易战制造了很多的不确定性，市场的悲观情绪又起来了，所以经济低迷的尾巴就拖得更久。

最后，关于经济周期，我还想跟大家分享一点，就是抓住周期，是不是真的能发大财？我们常常在网上看到一些言论说，把握住了上升的大周期，抓住了正确的机会，就可以很快积累到巨大的财富。

我的看法是，这是很难实现的。虽然我们知道经济有周期，可是我们很难把握这个周期。周期什么时候开始？什么时候结束？现在的下行会持续几年？我们不知道，很大程度上只能靠猜测。对于这件事情，我相信 10 个经济学家会有 15 个观点。

周期告诉我们的最重要的一件事情是我们从事的经济活动是有风险的。在经济有周期的背景下，投资也好、理财也好、从事经济活动也好，都有相应的风险。不要觉得今天的形势会永远地持续下去。同时，因为你无法准确地预测周期，也不要妄图去追逐一种大势，追逐大势永远无法获利，等你发现大势了，也一定是大家都已经知道的事情了。

所以我认为，无论是上行还是下行，无论是繁荣还是萧条，每个人最终还是要根据自己拥有的优势条件、掌握的优势信息，来做出独立客观的判断和决定。"随大溜"这件事情永远是最糟糕的。

# 政府干预能在多大程度上抚平经济波动？

本节课我们继续聊一下经济周期这个非常重要而又有趣的经济学话题。

最经典的经济周期理论是凯恩斯提出的。1929年的大萧条，动摇了之前传统的古典经济学理论。古典经济学认为，市场是十分有效的，哪怕在宏观层面上，市场也能做到供给与需求的匹配，不可能出现供给过剩或需求不足的危机。这种理论无法解释1929年的大萧条，很多国家的经济学家开始反思宏观经济为何会出现问题，不少经济学家也开始接受马克思的经济周期理论。这个时候，凯恩斯提出了一种重要的思想，他认为消费在总量上可能达不到维持宏观经济平衡所需要的水平，这就是他的"消费不足"理论。

他在1936年出版的《就业、利息和货币通论》一书中提出：资本主义发生经济危机的一个重要原因是有效需求不足，人们对商品总需求的减少，导致了生产过剩，以至爆发危机。

为什么会出现有效需求不足呢？他认为主要是有三大心理规律影响了人们的消费与投资行为：边际消费倾向递减规律、资本（投资）边际效率递减规律和流动性偏好规律。

所谓边际消费倾向递减规律是指，随着人们收入的增加，最后一块钱收入中用于消费的比例在减少。这很好理解，赚钱少的时候大部分收入甚至全部收入都要花出去维持生存，当赚的钱越来越多的时候，不需要全部花完就可以生活得很好，那么花出去的比例肯定是越来越低的。比方说，在上海这样的一线城市生活，每月赚两三千元时，可能全部用于消费却只够基本生活；每月赚七八千元时，可能能够存下部分剩余；每月赚一两万元时，可能存下的剩余更多。收入增长较快时，消费增长却比较稳定，不会以收入的增长速度增长，增加的收入中大部分会用来储蓄。边际消费倾向递减也可以理解为边际储蓄倾向递增。

所谓资本边际效率递减规律是指人们预期从投资中获得的利润率（即预期利润率）将因为新增添的资产设备的成本提高和生产出来的资本数量的扩大而趋于下降。这也很好理解，比方说进行金融投资，一个普通投资者运作几万块钱和几十万块钱可能获得的收益率要大大高于一个基金经理运作上亿元甚至数十亿元的基金可能获得的收益率。如果是投资实业的情况下，扩大厂房和设备规模时，可能因为管理成本越来越高导致资本的边际收益率在下降。

凯恩斯认为，引起资本边际效率递减的原因主要有两个：

1. 投资的不断增加必然会引起资本品供给价格的上升，而资本品供给价格的上升意味着投资成本增加，从而会使投资的预期利润率下降。

2. 投资的不断增加会使生产出来的产品数量增加，而在市场需求不变的情况下产品数量增加会使其市场价格下降，从而投资的预期利润率也会下降。比如生产电子产品，随着产能的扩大，生产的电子产品越来越多，市场上的价格也越来越低，投资的预期利润率也不断下降。

资本边际效率的递减规律使资本家往往对未来缺乏信心，从而引起投资需求的不足。

所谓流动性偏好规律是指人们愿意持有更多的货币，而不愿意持有其他的资本形态的心理法则。凯恩斯认为，流动性偏好是对消费不足和投资不足的反映，具体而言由三方面的动机决定：

1. 交易动机，是指为了日常生活的方便所产生的持有货币的愿望。

2. 谨慎动机，也叫预防性动机，是指为了应付各种不测所产生的持有现金的愿望。

3. 投机动机，是指由于利息率的前途不确定，人们愿意持有现金寻找更好的获利机会。

这三种动机，尤其是谨慎动机，说明面对诸多不确定性时，人们通常不敢轻易使用自己的存款。人们总是希望在银行保有一定数量的存款，以确保有一定的应对不确定性的能力。这种预防性动机，对于中国的高储蓄率有一定的解释力，刨除文化上的原因，中国人愿意储蓄很大程度上是为了应对未来的不确定性，比如养老。

凯恩斯理论在当时被认为能够充分解释经济周期，补充了传统经济学理论的不足。凯恩斯被后人誉为"宏观经济学之父"。他虽然在诺贝尔经济学奖设立之前的1946年就去世了，无缘诺贝尔经济学奖，但是他关于经济周期的理论，是现代宏观经济学研究的基础。

和凯恩斯理论针锋相对的，就是由他的老对头，1974年诺贝尔经济学奖得主哈耶克（Hayek）提出的"投资过度论"。

哈耶克是奥地利学派的传人，是一位很有趣的经济学家。他认为，判断一个社会好坏的标准不是经济福利，而是人的自由程度。他特别反对把经济福利作为理想社会的目标。如果追求经济福利，那么将必然导致国家干预经济。哈耶克心中的理想社会是通过法治来实现的，前提条件就是思想解放，把人的思想从崇尚国家的现代蒙昧主义下解放出来，自觉为实现理想而奋斗。如果你想了解更多细节，可以阅读他的书《通往奴役之路》。

与哈耶克的理论不同，凯恩斯的理论则要求国家干预经济，通过国家推行适当的经济政策以抚平经济波动的波峰和波谷。所以两位经济学大师在思想层面上是死对头。

哈耶克在 1931 年发表的《价格与生产》(Prices and Production) 和 1941 年发表的《资本的纯理论》(The Pure Theory of Capital) 两本著作中认为，经济周期的根源在于信贷变动引起的投资变动。

银行信贷的扩大刺激了投资，一旦银行停止信贷扩张，经济就会由于缺乏资本而爆发危机，而经济周期的波动就源于信贷的扩张与收缩。这也是很多经济学家在解释 2008 年金融危机时提到的信贷收缩理论的来源。哈耶克相信资本主义经济本身有一种自行趋于稳定的机能，反对国家对经济生活的干预。虽然造成经济萧条的原因是投资过度、货币供应不足，但是只要顺其自然，经济萧条所引起的物价下跌就会改变储蓄率下降的趋势，从而扭转货币供给不足的状况，经济也就自然而然地走向复苏。

他的这套理论带有强烈的古典色彩,被后人称为"奥地利学派商业周期理论"。

1929年爆发的经济危机使资本主义世界长期不能实现复苏,哈耶克的资本主义市场经济能够自动调节的论点受到严重打击。所以,凯恩斯在世的时候,哈耶克常常被凯恩斯驳斥得没有招架之力。但是,在凯恩斯去世后,到了二十世纪七十年代,西方资本主义世界出现了严重的滞涨现象,也就是通货膨胀和经济发展停滞两种现象同时出现。而这两种现象在凯恩斯的经济理论框架中是不能同时出现的。滞涨的出现表明,国家干预经济的需求管理政策在长期并不能稳定资本主义市场经济,哈耶克的理论重新成为一些经济学家和政治家信奉的经典。

其他还有熊彼特(Joseph Alois Schumpter)提出的"创新周期论"。他在1939年出版了一部著作,书名就叫《经济周期》,他可谓是专业研究这个课题的经济学家。他认为,创新是社会发展的动力,也是经济周期性波动的根源。有了创新,才会有超额的利润,而超额的利润引起模仿,并打破垄断,刺激了大规模的投资,使经济周期进入繁荣阶段。当创新扩展到足够多的企业时,超额的利润则趋于消失,经济周期由此进入衰退阶段。当经济周期衰退到谷底时,一部分企业退出市场导致部分盈利机会恢复，使得市场上生存下来的另一些企业有能力进行新一轮的"创新"以获得超额利润，整个经济进入到新一轮的创新周期。在熊彼特看来，整个经济周期带有一种鲜明的特点——"创造性毁灭"，今天在很多地方都能听到这个词，它的来源就是熊彼特。

中国经济和全球经济在过去的几年中也进入了一个下行周期，何时能够复苏？全球经济的前景如何？欢迎大家以此为话题积极讨论。在这里，我还想和大家分享一点看法。现在大多数经济学家对欧美和全球经济有一种"三低"的基本看法，一是增长率低，经济危机已经过去十年了，全球的经济增长率依然很低，只有1%—2%；二是生产率很低，尽管技术创新不断进行，"互联网+"、互联网赋能经济发展得很快，创造了大量福利，但是我们核算的生产率增长依然非常低；三是失业率低，虽然全球经济增长持续在低位徘徊，但是却没有造成大量人口失业，不论是发达国家还是新兴市场经济国家，包括中国，这些年的经济增长下行压力很大，失业率却没有太大的变化。这种"三低"现象对现有的经济周期理论提出了不小的挑战，需要我们重新思考、研究现在的经济波动发生了什么变化。

# 平等和效率是矛盾的吗？

长期以来存在这样一种说法：在一个经济体中效率和平等是无法兼得的。如果你想要效率多一些，那就需要牺牲掉一部分平等；如果你希望平等多一些，那就需要损失掉一些效率。举个例子，假如存在甲和乙两个人，并且甲的生产率比乙高。如果两个人独自进行生产活动，甲的收入会比乙高一些。假如你希望两个人的产出总量最多，那就不要对他们的收入进行再分配，也就是把甲的收入分一些给乙，以免影响甲的生产积极性，但这样甲乙两人之间的收入差距就会最大，也就是说平等程度最低。反过来，如果你试图通过再分配来减小他们的收入差距，那就会同时降低两人的生产积极性，从而导致总产量下降。

这个故事建立在经济学传统的理性人假定之上，根据理性人假定，每个人只对自己的福利水平感兴趣，所以每个人都只会最大化自己的福利水平。但是，美国的行为经济学家理查德·塞勒（Richard Thaler）和丹尼尔·卡尼曼（Daniel Kahneman）对这个假设提出了质疑，并对此进行了实验研究。他们对这个问题长期的好奇心使他们获得了诺贝尔经济学奖，也从根本上改写了关于效率和平等两难选择的故事。举一个简单的例子，如果甲和乙两个人在一张桌子上吃饭，甲每天都比乙吃得好太多，那么，无论这种现实背后的原因是什么，乙也会有越来越强的心理动机去"掀桌子"，哪怕乙清楚自己也会同样蒙受饭菜洒一地的损失，这就是对不平等的抗拒。在微观的层面上，由于这种对不平等的抗拒，许多不平等但有效率的合作不能达成，从这个角度来看，不平等也是有损效率的。如果将个体层面的抗拒行为扩展到社会层面，就会发现，越是严重的不平等越会导致更多、更激烈的反抗，从而导致越严重的社会稳定问题。而社会稳定的丧失必然严重损害整体经济效率。

近三十余年兴起的实验经济学研究逐步确认了人类这种追求平等的策略性行为是普遍存在的。当人们面临着不平等对待时，他们常常一方面试图去解读对手不平等行为背后的动机，也就是在判断"对方是有意在伤害我吗"，另一方面又在评估这种不平等程度是否能接受。如果人们认为对方制造不平等的行为是有意在伤害自己，那么人们宁愿牺牲自己的物质利益也要对对方进行惩罚；相反，如果认为对方的动机并不是有意在伤害自己，则人们心中的愤怒或不满就会小得多。然而，即便对方无意伤害自己，若不平等的程度太大，也可能会引发人们的拒绝行为，也就是拒绝对双方有利的行为，在损害双方共同利益的基础上促进平等。

在这类研究中会广泛使用一种名为"最后通牒"的实验。在"最后通牒"实验中，每一组有两个人。其中一个是提议者，另一个是回应者。假设有 100 美元将在提议者和回应者之间分配。分配规则是：提议者有权提出任何一个分配方案，比如他可以提出分给回应者 X 美元，从而自己得到 100–X 美元。这里 X 最低是 1 美元，最高是 99 美元。在收到提议者的"最后通牒"后，回应者可以选择接受或否决该分配方案，如果接受，则按提议者提出的方案分配；如果否决，则这 100 美元将被收回，双方都将一无所获。

以前基于理性人假定的标准经济学理论给出的预期是，提议者的分配方案里会给回应者尽可能少的钱，也就是 1 美元，自己得到 99 美元。其道理在于：回应者如果拒绝"最后通牒"，则 1 美元也得不到，所以他应该接受；而预见到回应者必然会接受 1 美元的方案，提议者就可以只分给他 1 美元。

但是，实验结果与预测的并不一样。大量的实验表明，提议者只给 1 美元而回应者不得不接受他的"最后通牒"的情况出现的频率极低。一个典型的事实是：大多数提议者分配给回应者 30—50 美元不等；分配给回应者 50—70 美元的情况极少见；分配给回应者小于 20 美元的方案被拒绝的概率很高，有 40%—50%；极端不平等的分配方案，比如分配给回应者小于 10 美元的，则几乎都会遭到拒绝。这说明，人们大致上可以接受适当不平等的分配方案，但是对很不平等的分配方案，则表现出较大的抗拒程度，且越不平等则拒绝概率越高。

有意思的是，"最后通牒"博弈的实验结果是相当稳健的，承受住了来自各方的质疑。比如，有人认为，这一结果可能跟不同国家和地区的文化传统、道德习俗等有关，但来自欧洲、美洲、亚洲许多国家的研究得到了大致相同的结果。也有人认为，这个结果可能跟受试对象通常是学生有关，于是有些最后通牒实验利用了学生以外的对象，比如公司的 CEO。实验结果并未受到挑战，这是因为人们在实验中发现，CEO 表现出比学生更强的公平倾向。

最大的批评来自对利益刺激强度的质疑。有批评者认为分配利益仅有 100 美元，回应者拒绝的代价最大也不过 99 美元，如果分配利益是 10 万美元，分给回应者 1 万美元这样的不公平方案回应者还会拒绝吗？当然，这样的实验很难做，因为需要的实验经费太高了。但是，实验经济学家还是找到了解决办法。虽然100美元在美国不算巨款，但是在其他一些国家，比如印尼，却很有购买力。于是他们以相当于印尼一个普通工人三四个月工资收入的利益在印尼做"最后通牒"实验，结果依然与前面提及的典型事实无太大出入。

"最后通牒"实验的结果说明，真实世界人类的行为模式中，效率与平等可能并不是一个单调的交替关系：一方面，不可否认，追求平等有时会伤及效率；但是，另一方面，有时追求平等也可能会促进效率，公平可以使更多的人接受社会的结果，从而不会抗拒有利于效率改进的办法。前面的分析，正是显示了越是不平等的分配越可能导致拒绝行为的产生，从而使得经济生活中有效率的合作因为分配的不平等而不能达成。

举一个简单的例子，有一件价值100元的物品，需要甲乙两人合作才能制造出来。显然，该物品的生产将是有效率的，因为甲乙会共同获得100美元收入，而社会也会增加100美元产值。但是，如果对这100美元的分配方案是不平等的，那么很可能导致甲乙无法达成合作，该物品也无法被生产出来，效率就受到了损害。因此，有时效率并不是单纯地靠降低公平来换取，因为事后的分配是否平等往往影响着事前的效率水平。如果一个人知道蛋糕做大了，但是自己能得到的只是很小的一个份额，他可能会因为不平等而拒绝参与蛋糕的制作，或者降低制作中的努力投入，甚至可能为避免不平等而展开破坏行为，这都会影响蛋糕究竟能做到多大。

总而言之，在反思效率与平等的时候，我们有必要将视野拓展到社会层面，这往往是过去经济学家在分析中忽略掉的。如果一个社会出现了系统性的、广泛的不平等，那么会出现什么情况？如果社会中群体的行为是从个人行为累积而成，那么我们就有理由推测这个不平等的社会将产生系统性的、广泛的社会拒绝，这样一股股的拒绝力量一旦汇集就可能会破坏社会效率的基石，而这可能就是政治家关注收入平等的主要原因。

最后给大家留一道思考题。政府主导的收入再分配并不是减少收入差距的唯一手段。在很多国家，富裕者往往会将自己相当多比例的财富捐赠给社会而不是留给子女。与此同时，一个社会的个人收入透明程度会影响到人们对自己收入相对水平的判断，能否知道富裕阶层收入的来源，也会影响人们对社会公平程度的判断。你认为个人收入透明度的增加是提高了富裕阶层的捐赠倾向，还是降低了他们的捐赠倾向呢？

| 第六部分 |

# 政治也会用到经济学思维?

# 意大利黑手党都逃脱不了的"路径依赖"是什么?

意大利的黑手党是历史最悠久、影响最大的黑社会组织之一。电影《教父》系列就是以黑手党为背景,表现了三代教父艰难成长与成熟的心路历程,及其坎坷不平的人生轨迹。但是,黑手党的发家史远不止这么简单。黑手党的行迹神秘莫测,特别是关于它在十九世纪中后期兴起于西西里岛的过程,更是众说纷纭。而经济学家往往把黑手党的诞生和影响看成阐释新经济史的先声,1993年诺贝尔经济学奖得主道格拉斯·诺斯(Douglass C. North)的国家理论中就把黑手党作为国家起源的经典案例。

相信大家对诺斯教授并不陌生,我个人也和他有过多次面对面的交流。我第一次和他见面是在法国巴黎出席新制度经济学会议时,后来在旧金山、澳门、上海也都和他见过面。在他访问上海时,我和他还有过一次深入的交流。诺斯教授虽然年事已高,但十分幽默,爱喝红酒。每次见面时,我们都免不了要一起品尝当地的红酒。诺斯教授和张五常教授的关系也十分融洽,张五常先生在哈佛大学做助教时,诺斯是他负责的一门课的学生,尽管诺斯先生的年纪比他要大。总而言之,诺斯教授的一生十分精彩。他和我是忘年之交,他与人交往时完全没有长者的架子,就像朋友一样坦诚布公。

从二十世纪八十年代开始,诺斯就开始运用新制度经济学派的产权理论,探讨西方世界经济增长的原因。在诺斯的眼中,国家如果可以发挥自身在暴力潜能上的比较优势,有效地保护人们的财产权利,就会为个人的创新提供适当的激励,从而实现经济的长期增长。反之,如果现有国家制度不能做到这一点,甚至利用暴力优势侵犯个人的财产权利,那么,这种国家就是人为造成经济衰退的根源。在诺斯看来,国家可能是经济繁荣的原因,也可能是经济衰退的根源。更重要的是,他还发现,在制度变迁过程中存在着某种自我强化机制。这种机制使制度变迁一旦走上了某一路径,它的既定方向会在以后的发展过程中得到自我强化。

换言之,人们过去做出的选择决定了他们现在可能的选择;而未来做出的每一个选择,都摆脱不了过去已有选择的影响。沿着既定的路径,经济和政治制度的变迁可能进入良性的循环轨道,不断优化;也可能顺着错误的路径往下滑,最终被锁定在某种无效率的状态中而导致经济长期停滞。

受诺斯的理论启发，一些经济学家对西西里岛上独特的制度演进过程进行了研究。他们发现，由于意大利处于地中海的中心，自有人类文明以来，其战略与商业地位就使其成为众多强人觊觎的宝地。但地中海丰富的商业资源也使得意大利被一个个商业城邦分割成无数独立的政治实体。尽管意大利曾先后被罗马、拜占庭、阿拉伯、诺曼、西班牙以及法国等帝国统治，但是本地的领主与城邦精英凭借着强大的金融资源顽强地抵抗着外来的侵略者，这带来的一个意外后果就是，意大利国家制度的建构过程极其缓慢。

而经济学家的基本共识就是，意大利迟缓的国家建构导致政府无法有力地控制与深入基层社会。由于基层的权力网络出现缝隙，自发的暴力组织就得以出现并取代政府。研究者普遍认为，十九世纪的西西里出现了某种经济冲击，比如市场突然对西西里的柠檬有了大量需求，或者西西里的硫黄矿出口骤然增加等。这种正面的经济冲击使得本地产品和土地的价值上升，产权也就变得相当重要。由于需要保护自己不断升值的财产的安全，西西里的商人在政府软弱的情况下转向了黑手党。

上述研究比较好地解释了黑手党的早期起源问题。在国家构建不到位的情况下，经济产品的热销使得商人不得不雇用社会暴力组织来保护产权变得有利可图，因此催生了民间自发的黑恶势力。但是这种解释的一个弱点在于，按照上述逻辑，黑手党应该只分布于商业中心、出口导向的城市或者矿区，这无法解释为何后来黑手党逐渐扩散到整个意大利。这个问题在美国麻省理工学院的阿希莫格鲁（Daron Acemoglu）等三位经济学家近期对制度演进中的"路径依赖"的研究中，得到了解释。

他们研究的背景仍然是意大利孱弱的国家构建，而故事的起点是一次极具灾难性的旱灾与农作物歉收，这是一次负向的经济冲击。在十九世纪末期，小麦是西西里最为广泛种植的农作物，其土地的40%都用于种植小麦，用以出口。但是在国际市场上，西西里的小麦受到美国与俄罗斯小麦的双重夹击。这种国际竞争压力在国内体现为农业工人与农民悲惨的生活境遇。这些农业工人大多数是短工与散工，这意味着大农场主能及时根据国际市场的需求来调整租赁合同与灵活雇用农业工人。

但是在1893年，西西里发生了严重的干旱，当地谷物减产过半，不仅如此，其他经济作物也受到了同样的冲击。严峻的经济形势给农民与农业工人的生活带来了极大冲击，导致意大利出现了历史上第一次普遍的追求社会平等的农民运动。在1893年农业歉收的冲击下,这场农民运动迅速蔓延。贫困的农民愤怒地要求地方豪强将强占的公共土地重新进行分配,这使得农村的大地主与农村有产阶级开始恐慌,因此他们开始求助于黑手党来镇压农民运动。这场农民运动最终在意大利军方与黑手党的联合镇压下惨遭失败。而借助镇压农民运动,黑手党也开始扩张到整个西西里。

黑手党的扩张给西西里当地的社会经济发展造成了巨大障碍。阿希莫格鲁等人的研究发现,二十世纪初黑手党的扩张使得当地的识字率在之后20年内明显下降,1900年黑手党活动每增加一次,1921年的识字率平均下降10%!之所以如此,是因为黑手党的猖獗削弱了原本就发育不足的政府能力,因此政府无法很好地提供公共服务,包括供给水利资源、降低婴儿死亡率以及保障发展性支出等。

另外一个更为重要的影响是,当黑手党势力逐渐生长时,便开始干预地区政治。研究发现,在黑手党活动频繁的地方,当地选举的竞争性受到了显著影响,更为重要的是,这一影响持续到了当代。研究显示,1900年黑手党活动指数每增加一个点,就会使得1961年以及1971年的高等教育水平减少33%。

综上所述，目前学者在关于黑恶势力产生的原因和后果的研究上具有一致的基本结论，那就是在国家力量薄弱的环境下，财产权利往往得不到有效保护，而富有者将被迫接受黑恶势力半强盗半保镖式的庇护。更重要的是，富有者和黑恶势力的结盟存在严重的"路径依赖"效应，在无形中会强力助推黑恶势力的扩散，最终影响当地经济的长期增长。

今天我和大家分享了1993年诺贝尔经济学奖获得者诺斯教授在分析国家的制度框架中引申出的"路径依赖"概念，这个概念被后来的经济学家用来研究意大利的黑手党为何会在西西里发端，最终蔓延到整个意大利。诺斯的"路径依赖"理论说明了当国家构建先天不足时，其产生的负面效果会不断地自我强化，最终导致结局难以挽救。

类似的例子就是旧上海。在二十世纪20—30年代的时候，上海处在国内外多种政治势力的夹缝中，由此也导致了黑社会势力的猖獗，而最终导致其瓦解的是之后的战争和革命。

最后给大家留下一个问题：你觉得黑社会势力内部是否会存在抑制其发展，甚至导致其瓦解的因素呢？

# 如何让自己变得更有领导力？

1937年，新制度经济学的鼻祖罗纳德·哈里·科斯发表了《企业的本质》一文，试图回答为什么企业等各种非市场组织会大量存在。当时正是苏联革命之后，整个西方思潮受到苏联的影响，认为这种大型企业组织的存在有其合理性。列宁曾经说过，苏联就等于苏维埃加上托拉斯。而托拉斯不仅是苏联经济中的重要部分，在整个西方资本主义世界，大的企业组织作为托拉斯也在蓬勃发展。在年轻的科斯的头脑中，一定会产生一个疑问：既然在经济学教科书中一直强调，市场是资源配置最有效的方式，那么为什么我们会在市场上看到大量的非市场组织，它们的存在又是为了什么？在科斯的眼里，市场是当事人之间通过谈判订立契约来配置资源的方式，而企业内部不存在市场，是当事人之间通过权威，也就是下达和服从命令，来配置资源。举个例子，假定你是一个生产者，你有两种获得零部件进行产品生产的方式。一种是通过市场向上游企业购买零部件；另一种是动用权威，直接指挥部下生产所需的零部件。科斯认为，当通过价格谈判来获取资源的代价很大时，比如上游企业总是无法及时供货，你就可以考虑买下这个上游企业，让它成为你的一个部门，然后用下达行政命令的方式来及时获得所需资源。

但是，很多时候利用权威来组织生产活动依赖于下属是否愿意顺从领导者。美国著名经济学家、1972年诺贝尔经济学奖得主肯尼斯·约瑟夫·阿罗（Kenneth J. Arrow）就对通过权威在使用中所面临的困难有过仔细的观察。他认为，尽管作为领导者的企业管理层确实拥有权威，但员工"有组织，或者无组织的，对命令的不服从态度往往极大地限制了领导者的权威"。阿罗是一名数学家，也是一名经济学的天才，能够在经济领域取得如此成就，得益于他对经济问题的敏锐直觉和对数学方法巧妙的运用能力，甚至有人说阿罗可以第二次获得诺贝尔奖。我有幸在五六年前见到过这位非常慈祥可爱的老人。

回到阿罗的研究，也许你会问，只要领导者权威足够大，大到可以随时解雇不服从指示的下属，下属是否自愿顺从又有什么关系呢？事实上，对于一些高度依赖于下属主观能动性的工作，强迫他去完成和他自愿去完成，最终的结果会天差地远。另外，权威再大，在现实中也是有限度的，而行使强制力本身也是有成本的。所以，在今天的组织经济学研究中，我们更多地强调如何通过提升领导力来使追随者自觉地执行上级指示，而不再单纯地依赖强制力。

美国加州大学伯克利分校的哈姆林教授认为，领导力的关键是要有自我牺牲精神。这种说法听上去似乎违背了经济学对人性的自私假定，但实际上完全不是。我来举一个小小的例子。

假如小王在路上偶遇熟人小张。小王说自己有一个通过向伊拉克出口防弹背心来赚钱的想法，但需要另一个人来给他跑腿才有可能成功，就问小张愿不愿意给他跑腿，今后挣到钱大家平分。小张在听了小王的想法后开始在心里盘算，以决定自己是不是要去给小王跑腿。他发现小王的计划如果实施的话会存在两种可能的结果，一种情况是中东的安全局势变差，对防弹衣的需求增加，这样两个人就会在一个月里挣到 10000 美元，每人可以分到 5000 美元，此时两人皆大欢喜。另一种情况是中东的安全局势不变或者变好，这样的话一个月里只能挣到 4000 美元，每人分到 2000 美元。问题在于，2000 美元对小王而言是可以接受的，但对小张来讲，如果让他出入伊拉克，顶着战区的危险却只拿到 2000 美元，那这个腿跑得就一点也不值了。

所以现在的问题就在于对防弹衣需求的估计。如果需求变高,小张就愿意追随小王,给他跑腿,反之则拒绝给他跑腿。对于中东的安全形势,小王是清楚的,但小张一点也不清楚。有读者就会问,既然这样,小王直接告诉小张,小张不就也清楚了吗?但问题的麻烦之处在于,因为小王可以接受2000美元的回报,所以,哪怕他知道需求不高,他也有动机谎称需求很高,骗小张去给他跑腿。小张也意识到了这个问题,所以他不会信任小王。最终的结果很可能是,尽管中东的防弹衣需求确实会变高,但小张因为不知情且担心被小王利用,会拒绝追随他去完成这个计划。

眼看小张要掉头离开,小王亮出了传说中的"骚操作"。他当着小张的面走进附近的中国银行,兑换了2000美元,然后用打火机把这2000美元当场烧毁,之后再问小张,现在愿不愿意帮他跑腿。小张想了想,表示现在愿意了。

注意,小张现在愿意追随小王不是因为他被小王的奇葩举动震惊了,而是意识到,小王如果不是百分之百地确信每人一定能挣到5000美元,那焚烧这2000美元的举动就毫无意义。

换句话讲,小王通过牺牲自己的财富,向小张承诺自己绝对没有骗他去跑腿的动机,从而可信地传达了关于该计划商业前景的信息，并让小张确信无疑。当然，在现实中，小王未必需要采用这种直接破坏自己财富的办法。他可以慷慨地把 2000 美元直接送给小张，或者捐赠给社会，或者为了这个项目成天没日没夜地陪客户喝酒。总之，关键在于要让小张确信自己的确付出了价值 2000 美元以上的物质或者精神牺牲。

现在你可以理解为什么说实现领导力的关键是自我牺牲了吧。我们可以看到，在现实中，具有领导力的人往往具有慷慨、乐善好施和身先士卒的人格魅力。在经济学家眼里，他们的行为其实和焚烧 2000 美元背后的逻辑完全一致。如果想让别人追随你，那就要有毫不犹豫地毁灭自己的真金白银的眼界和意志力，毁掉的越多，你传达的信息就越可信，你的追随者就越忠诚，越愿意执行你的命令。

经济学家经常讲，世界上没有免费的午餐，从小王焚毁这 2000 美元来看，同样也没有免费的领导力。回到一开始，在科斯的眼里，这 2000 美元其实就是使用权威来组织生产活动的代价。每一个生产者都要仔细地比较究竟是通过市场谈判来配置资源的代价高，还是通过权威或领导力在组织内部配置资源的代价高。需要注意的是，通过权威来配置资源的代价在边际上会随着组织规模的增加而不断增加，当其恰好和使用市场的边际代价一样大时，企业的规模，也就是企业和市场的边界就确定了。

今天和大家讨论了利用组织内部配置资源和利用市场来配置资源这两种方式之间相对的优势,用1991年诺贝尔经济学奖得主罗纳德·科斯的理论来解释,其关键就是利用市场配置资源的成本到底有多大,科斯将这种成本定义为交易成本。在企业组织生产的直接成本之外,还存在着利用市场与市场合约分配资源的代价,这种代价可以被非市场组织内部化,靠领导力或权威在组织内部配置资源可以节省市场的交易成本。当然,在组织内部配置资源也有其代价,特别是当组织规模比较大时,管理的成本会大幅上升。所以企业的规模,也就是企业和市场的边界,往往就是在边际上两种成本比较接近时,慢慢趋于稳定。从经验上我们常常观察到,市场上的企业有时会并购其他企业以扩大规模,有时也会将部分业务卖出以缩小规模,对于这种问题,我们常常需要从市场上交易成本的变化中寻求答案。

最后给大家留一个问题:

以企业为代表的非市场组织在利用权威或领导力来配置资源的时候会面临各种障碍。除了下属有可能阳奉阴违,选择不服从上级的既定方案以外,你还能想到其他导致权威无效的可能吗?

# 博弈论：威慑战略与边缘政策

我们设想一下，在一条长长的、笔直的大道上，两辆汽车分别从两头出发，以飞快的速度面对面疾驰而来。此时，两辆车的车主一方面都希望不会发生两车直接碰撞以致车毁人亡的悲剧，但另一方面又都希望对方能首先避让，以使自己获得"勇敢者"的名声。那么，我们的问题是，你如何才能迫使对手首先避让，使自己成为一个"勇敢者"？

美国经济学家托马斯·克罗姆比·谢林（Thomas Crombie Schelling）致力于回答此类问题。在其经典著作《冲突的战略》一书中，谢林首次定义并阐明了威慑、强制性威胁与承诺、战略行为等概念，并开始把博弈论作为一个统一的分析框架来研究社会科学问题。

2005 年，他因为"通过博弈论分析改进了我们对冲突和合作的理解"而被授予诺贝尔经济学奖。凭借对预防核战争的相关策略的研究，他也深刻地影响了美国在二十世纪后半叶的外交和国防战略，并因此被授予"美国国家自然科学奖"。

谢林发现，在"勇敢者游戏"中，车毁人亡发生的概率很低。而获胜的一方，从来都是有办法让对方明白"在任何情况下我不可能选择避让"的那一方。谢林分析道，一旦有一方通过某种行为率先准确地传递了"任何情况下都不避让"的信息，另一方在最后时刻总会选择退让。这是因为，在对方看来，即使成为游戏中的"胆小鬼"，也略胜于车毁人亡的结局。由此，谢林认为，当实力相当的双方发生利益冲突时，既要保证己方利益，同时又不想因冲突导致两败俱伤，双方一般都会运用战略威慑行为，以迫使对方让步。而威慑能否成功，则取决于给对方的战略威慑的"可信程度"。假如你在"勇敢者游戏"中率先拆下自己的方向盘，并扔出车外，你的对手就会认为你的威慑是可信的。既然你在任何情况下都无法选择避让，那么为了避免更坏的结果出现，对手只有选择让步。

1962年10月，苏联领导人赫鲁晓夫开始在古巴部署核导弹，而那里距离美国本土只有90英里（1英里≈1.61公里）。如果苏联抢先对美国的政治中心实施核打击，美国将缺乏足够的预警时间。在处理古巴导弹危机过程中，谢林作为危机处理团队成员，直接参与了决策咨询。当时肯尼迪政府有下面这些选择：一是什么也不做；二是向联合国投诉，这和什么都不做其实没有什么两样；三是用海军封锁古巴；四是对古巴的导弹基地发动空中打击；五是抢先向苏联发动全面的核打击。

哪一种做法最有可能迫使赫鲁晓夫撤出在古巴部署的核导弹呢？显然，我们可以先排除选择一和二，也就是如果什么都不做，赫鲁晓夫一定不会撤走核导弹。那么，换一个最强硬的选择是不是就会立竿见影呢？比如，肯尼迪政府可以威胁说，如果不在某个期限之前撤走核导弹，那么美国将对苏联进行核打击。现在的问题是，赫鲁晓夫会相信肯尼迪的威胁吗？很可能不会。因为到了期限后如果美国不退让，对苏联进行核打击，苏联就会对美国进行核报复，最后的结果就是大家同归于尽。肯尼迪不想毁灭世界，他就一定会在期限到达后把手从核按钮上移开，并宣布新的最后期限，等到了新的期限，他还是不会发动核打击，还会继续拖延。实际上，这种威胁如此之严厉，以至于没有人相信发出威胁的人会去实施他的承诺，既然宣称的核打击永远不会到来，赫鲁晓夫必然会赢得这场"勇敢者"的游戏。

谢林建议，在这场游戏里，要迫使赫鲁晓夫让步，就不能直接威胁进行核打击，而是要采用某种边缘政策，逐步提升核战争的风险，然后迫使对核战争风险更敏感的一方率先让步。所以可以先考虑用海军封锁古巴，使苏联船只无法进入古巴去支持部署在古巴的导弹部队。苏联船只要强行突破封锁，那美国就承诺扣留船只。如果美国兑现承诺，核战争的风险就会进一步升级。如果赫鲁晓夫认为肯尼迪扣留船只的威胁是可信的，那么他就要选择是否要命令船只强行突破封锁，提升核战争风险。假如美苏在封锁线上擦枪走火，美国就会袭击古巴，而苏联就会保卫古巴，核战争风险就继续上升，直至双方发生全面核战争。

聪明的读者一定会问，为什么用这种逐步升级核战争风险的边缘政策就可以让肯尼迪的威胁在赫鲁晓夫眼里变得可信了呢？在"勇敢者"的游戏里，如果你仅仅是拆下了方向盘，那你的威胁的可信度还是有限的。你的对手会想，方向盘既然可以拆下，你也可以在最后关头再装回去。所以，威慑成功的关键是把方向盘扔出车外，从而使得对手相信，让车子转向已经不在你的控制能力之内。同样的道理，如果直接升级到核打击威胁，那就等于让肯尼迪本人完全掌控了核按钮。这意味着，肯尼迪完全可以在最后一刻撤销核打击指令，而这一点恰恰使得他对赫鲁晓夫的威胁不再有效。但如果实施边缘政策，肯尼迪本人就需要授权给他的部下，从而使他本人无法完全掌控一切。

比如说，肯尼迪无法确定他的士兵会不会在和苏联船只对峙的时候走火并导致双方发生武装冲突。一旦冲突升级，他就没有理由阻止好战的将军们空袭古巴，一旦冲突蔓延到古巴，他也无法确信某个将军会不会无意或者故意去打击驻扎在古巴的苏军，并导致损失惨重的苏军报复，然后这样你一拳我一脚，世界开始无可挽回地向核大战滑落。正是这种超出肯尼迪控制的不确定性使得赫鲁晓夫必须认真地考虑，是否需要赶在世界滑向毁灭之前结束这个危机。事实上，赫鲁晓夫最终选择在事态变得无法挽回前从古巴撤出导弹。

谢林提出的战略威慑理论和边缘政策一直影响着美国的外交政策与军事斗争领域。在冷战时期，美国与苏联长期处于冲突的状态，但却从来没有酿成战争，而且没有妨碍美国国家利益的扩张，实际上就是运用战略威慑和边缘政策的结果。谢林曾说："二十世纪后五十年最伟大的事件就是——有一件事情没有发生。"这件没有发生的事情就是核战争。谢林的理论告诉我们，和常识相反，压迫对手就范的关键不在于宣示你掌控一切，而是让对手相信，你对事态其实缺乏完全的掌控，从而使得对手不得不选择主动退让。

今天，我们讨论了诺贝尔经济学奖获得者谢林教授的威慑理论和边缘政策，以及当年他参与古巴导弹危机时给出的策略性建议。在这节课的最后，我想留给大家一个问题：二十世纪九十年代初期，北京开始了大规模的城市建设，但同时，北京的小混混斗殴的死亡率突然上升。其中的一个重要原因是在城市建设中，北京市城建局大量使用水泥砖代替传统黏土红砖，而原先主要使用板砖斗殴的混混们一开始并没有意识到水泥砖的硬度远远超过了红砖，这导致斗殴中的意外死亡率大大增加。

实际上，适合打斗的武器有很多，但很少有人直接威胁要用致命性凶器杀死对方，而普遍采用抡板砖的方式，你觉得他们对板砖的偏爱可以用威胁的可信性理论来解释吗？

# 为什么论资排辈没有看上去这么糟糕？

很多在体制内工作的人经常会抱怨自己所在的组织机构僵化：自己明明比同事能力更强，工作也更努力，但上级却像从来看不到一样，还是要按规定提升那些实力不如自己，但资格比自己老的人。但如果你仔细思考一下，也许就会发现，论资排辈在很多时候并没有那么糟糕。

设想一下，如果你在某个机构的办公室里从事文职工作，而这个机构是按个人表现而非资历来提升员工的职位，那么，会发生什么呢？在很多情况下，你会发现，如果晋升的规则是"用人唯贤"，那么你和你的领导的关系就变得非常重要。

首先，文职工作的业绩在考核上具有很强的主观性，没有办法用很多可以量化的指标来衡量。你的工作态度是好是坏取决于你的直接领导对你的主观感觉。其次，如果你和你的领导关系不好，他就很可能总是把一些最糟糕的任务交给你，而把容易完成、容易出业绩的任务交给和他亲近的人。所以，你会发现在那些标榜用人唯贤的机构里，实际上通行的是用人唯亲的法则。

如果故事是这样的，那么，论资排辈看上去就没有那么糟糕了。至少，这种制度约束了领导的权力，保证了你只要勤勤恳恳工作，不出大的差错，即使不去巴结领导，也一定可以得到应有的晋升，而不必成天担心有一些善于钻营的同事通过巴结领导来加塞，挤走本该属于你的机会。

也许你会问，既然论资排辈约束的是领导的权力，那为什么很多领导也喜欢采用论资排辈，而不是其他什么规则呢？难道领导不喜欢自己有更大的权力吗？在很多情况下，确实是这样。领导本人更在意他掌管的组织的业绩，所以他也希望下属把精力放在认真完成工作上，而不是放在如何巴结自己上。

美国麻省理工学院的经济学教授本特·霍姆斯特罗姆（Bengt Holmstrom）就认真研究过这种情况。1979年，他在《贝尔经济学杂志》上发表的经典论文《道德风险与可观察性》，奠定了其在信息经济学领域的权威地位。霍姆斯特罗姆提出的"信息量原则"，明确地论述了最佳契约应如何将对代理人的奖励与绩效相关的信息联系起来。基于在信息经济学领域的开拓性贡献，他和哈佛大学的奥利弗·哈特（Oliver Hart）一起分享了2016年的诺贝尔经济学奖。

霍姆斯特罗姆的"信息量原则"有着非常重要的现实含义。在激励合同的设计上，如果有两个变量，一个容易度量而另一个不容易度量，给容易度量的变量提供非常强的激励，不容易度量的那个变量就不会有任何激励。如果同时考察两个变量导致的行为扭曲非常严重，那么，无视那个容易度量的变量也许是最好的。

在前面的例子里，积极地完成领导布置的工作可以向领导发送关于自己努力程度的信息，而和领导喝咖啡可以让他更全面地了解自己，使领导获得关于自己比如个性、爱好、人际交往能力等其他方面的信息。从领导的角度来讲，假如获取这个信息是没有代价的，他当然知道得越多越好。但问题在于，如果下属发现通过和领导闲聊来发送信息要比自己认真做好工作来发送信息更容易，那他就没有动力去完成自己的本职工作。而且工作业绩越是难以精确度量，这个问题就会变得越严重。

打个比方，如果你是销售人员，你的工作业绩是销售额，那你完全可以不陪领导喝咖啡。但如果你是坐办公室的文职人员，你的业绩评估是基于多个项目的主观打分，那和领导的闲聊就变得重要了。

霍姆斯特罗姆的理论指出,尽管一个领导经常和下属喝咖啡可以通过闲聊获得这个下属更多的私人信息,不过,一旦下属认为用这种方式也可以达到获得奖励的目的,领导试图获取这些信息就会扭曲下属在精力上的分配——理性的员工就会把大量的精力从干好本职工作转移到琢磨如何陪领导喝好咖啡这件事上来。换句话说,只要领导试图获取下属信息,下属就一定有扭曲时间配置,甚至扭曲信息本身的激励。

在这种情况下,领导主动切断这种非正式的信息渠道也许是对整个组织最有利的。所以,如果你发现你的领导很少和你们交流本职工作以外的事情,也从不和你们一起喝咖啡吃饭,不用过于担心,这并不一定是因为他的管理风格有问题,而是因为他更希望你们每个人都能把全部精力投入本职工作当中。

在政治领域,拒绝接受任何额外信息而采用看上去非常"僵化"的方案,自古以来就是保证政治权力稳定继承的法宝。在王位继承制度上,我们中国和欧洲主要国家都有"立长不立贤"的传统。在嫡长子继承制下,政治权力就是按照论资排辈的规则来传递,而不是按照王子们的贤明程度来确定继承人。这是因为我们很难说明贤明的标准是什么，如何才能判定该王子贤明。

如果贤明靠考试，那么肯定就会有王子拉拢考官作弊，立贤就会变成谁更能拉拢考官的比拼，进而变成比较谁更擅长在朝中建立朋党，建立势力。如果诸王子在朝都是势力强横，那么皇帝怎么办？皇帝长寿的话，就有被架空、被软禁的风险了。

如果贤明靠军功，奥斯曼帝国就是例子。在奥斯曼帝国，王子们会被派往帝国的各个军区掌握那里的军队，而哪一个王子能成为苏丹则取决于军功。显然，每一次王位继承都会变成内战。因此，从十四世纪末期开始，在奥斯曼帝国皇室内部开始兴起一种十分血腥的"弑亲法"，即允许苏丹在登基后处死除自己儿子外的所有男性亲属，以此巩固国家政权。

1444年，穆罕默德二世将该习惯法正式制定成一条法律："我的任何一个儿子，由真主选为苏丹，他为了更好的世界秩序而杀死他的兄弟们，都是恰当的。"后世的苏丹都以此为根据，为自己杀兄屠弟的行为辩护。第九任苏丹赛利姆一世曾为此写过一段诗："一张地毯足够两个苏菲派信徒栖身，而这个世界却小得容不下两个国王。"类似的例子在我们中国也是有的。最著名的就是唐太宗李世民发动"玄武门之变"，杀死兄弟，软禁父亲唐高祖李渊而夺取权力。这种悲惨局面的产生和唐高祖李渊在一开始让他的儿子们参与到指挥战争和管理百官等"业务部门"的做法显然是有关的。

既然获取哪一个王子更贤明的信息的代价是如此之大，那不如干脆就彻底斩断这个信息渠道，完全按照出生顺序来选择继承人。如果嫡长子的执政能力有限，那就通过科举考试，把有才能的人找出来，形成一个职业化的文官集团来辅佐未来的君主，这就是中华帝国的君王"与士大夫共治天下"。相对于立贤引起的父子反目、手足相残，立长显然可以让君主和所有的王子都更安全，让国家更稳定。从这个意义上，我们也许可以更好地理解，为什么那些看上去僵化的官僚制度实际上是真正有效率的制度设计。

经济学家的研究，包括霍姆斯特罗姆的论文讨论的这些问题告诉我们一个道理，一个制度是不是一个有效的设计，在很大程度上依赖于我们能不能杜绝在这个制度之下可能会出现的扭曲的或者事与愿违的结果，如果能够杜绝，那么这个制度设计就是有效的。

最后留给大家一个问题：在一个组织的内部，上级对下级来说，什么样的信息可以去获取，什么样的信息不可以去获取，依然是信息经济学领域的一个热门话题。假如你是一个领导,而你又确实需要和下属进行业务上的沟通,那么,根据今天讲的内容,你觉得哪些方面的信息你需要听取,而哪些方面是需要策略性地过滤掉的?特别是不要给下属造成错觉,从而使下属会去揣摩你的动机,出现扭曲自己行为的非意愿结果。

| 第七部分 |

# 为什么会出现全球化？

# 生产率最低的国家也能从国际贸易中获益

相信你对清政府的"闭关锁国"政策并不陌生。闭关锁国政策是大清帝国落后的一个重要原因,之后才有了被列强侵略,再被迫打开国门等一系列屈辱事件的发生。

宏观经济学家常常把 GDP 挂在嘴边。有学者研究发现,一百多年前的晚清时期,我国的 GDP 并不低,反而还排在世界前列。经济史学家麦迪逊做过一个研究,在他的数据当中,1820 年中国的 GDP 在全球 GDP 份额中占到了 30%,这是一件非常了不起的事情。因为富有,所以没必要打开国门,关起国门过自己的小日子似乎也挺好的,那为什么要打开国门呢?不谈政治、科技、军事,仅仅算经济账,打开国门能获得什么好处呢?国家是怎么从国际贸易中获利的呢?经济学家们往往从绝对优势和比较优势两点来解释。

绝对优势由英国古典经济学家亚当·斯密在绝对优势理论中提出。意思是,在某种商品的生产上,一国所耗费的成本绝对地低于另一国在该商品生产上的成本，这个国家在生产这种商品上就拥有了绝对的优势。这很好理解，比方说你比我会理财，那么你在理财方面拥有对我的绝对优势；中国的冰箱彩电制造技术比越南强，那么中国在冰箱彩电制造上拥有对越南的绝对优势。

我们平时买的香蕉，往往是在海南种植的，或者是从菲律宾进口的，这也是一种绝对优势的体现。因为在热带地区种植香蕉的成本，要远远比那些需要用温室或其他人工方式来维持必需热量的地区低得多。

那么，比较优势又是什么呢？比较优势也叫相对优势。在讲比较优势之前，我们先要回顾一下机会成本的概念。一件事物的机会成本，是为了得到它而放弃的别的事物所能带来的最大收益。比如说，一块地既可以种植玉米，又可以种植小麦。农民选择了种植小麦，那么他种植小麦的机会成本就是拿这块地去种植玉米可能带来的收益。

比较优势由此派生而来，它指的是，一个生产者以低于另一个生产者的机会成本生产一种物品的行为。如果一个国家生产一种产品的机会成本（用其他产品来衡量）低于其他国家生产该产品的机会成本的话，则这个国家在生产该种产品上就拥有比较优势。也可以说，当某一个生产者以比另一个生产者更低的机会成本来生产某种产品时，我们称这个生产者在这种产品和服务上具有比较优势。

比较优势是大名鼎鼎的经济学家大卫·李嘉图（David Ricardo）在其代表作《政治经济学及赋税原理》中提出来的。比较优势理论认为，国际贸易的基础是生产技术的相对差别（而非绝对差别），以及由此产生的相对成本的差别。每个国家都应根据"两害相权取其轻，两利相权取其重"的原则，集中生产并出口其具有"比较优势"的产品，进口其具有"比较劣势"的产品。

回到前面中国人和越南人进行电视机和冰箱的生产上，假设中国人用 100 小时能生产一台电视机，用 200 小时能生产一台冰箱，所以中国人如果有 300 小时，就分别能够生产一台电视机和一台冰箱；而越南人用 300 个小时才能生产一台电视机或者一台冰箱。显然，无论是生产电视机还是冰箱，中国人用的时间都比越南人少，在这两件工作上，中国人都具有绝对优势。照这么看，中国人似乎应该亲力亲为，既生产电视机又生产冰箱；如果是这样，越南人也只好亲力亲为，既生产电视机又生产冰箱。这是分工和交易前的情况。现在我们来计算一下中国人和越南人生产冰箱的机会成本。时间上，中国人每生产 1 台冰箱，就得放弃 2 台电视机；而越南人每生产1台冰箱，仅需要放弃1台电视机。越南人每生产一台冰箱所放弃的电视机数量，比中国人每生产一台冰箱所放弃的电视机数量要低，所以越南人生产冰箱具有比较优势。那么在固定的一个月720小时内，越南应该全力生产冰箱并出口到中国，中国应该全力生产电视机并出口到越南，只有这样，两国的电视机和冰箱总产量才是最高的。

再举几个例子。

大家都知道苹果手机卖得不便宜，几乎每部都要人民币5000元以上。在苹果手机的研发、生产、销售上，品牌和研发归苹果公司，富士康公司只负责生产装配。在价值链上，每生产装配一部苹果手机，富士康公司仅仅赚取三四十元，利润的大头都被苹果公司拿走了。为什么富士康要给苹果打工，为什么不自己做手机的研究开发呢？还有，为什么苹果公司不自己装配苹果手机呢？

事实上，在现实生活中，苹果公司雇用的员工大都是进行研究、开发、设计的工程师，那么它装配苹果手机的机会成本是很高的，反而苹果公司研发苹果手机的机会成本较低。而富士康公司拥有大量的生产线和大量的产业工人，装配苹果手机的机会成本很低，反而研发手机的机会成本却很高。只有当富士康与苹果都去生产它们认为机会成本最低的产品，进行分工合作的时候，两家公司才能获得各自最大的利益。

在家庭生活中，也可以看到比较优势理论的应用。家庭中的家务劳动分配往往是家庭矛盾的重灾区。那么家务到底该如何分配呢？套用比较优势理论，如果女方炒菜做饭是把好手，而刷碗和男方差不多，那么女方在炒菜做饭上就存在比较优势，所以应当女方炒菜，而男方就自告奋勇地刷碗吧。如果家庭中的男性更趋向于理性，那么家庭财富中的理财投资或许就应该更多地由男性来主导。

投资大师巴菲特，因为投资方面的过人天赋，导致他做其他事情的机会成本都太高了。他做任何一件事的机会成本都是他用同样的时间做投资可以赚的钱。那么，世界上99%的事情，巴菲特都没有比较优势了。无论他做什么，机会成本都非常高，所以在除了投资以外的任何事上他都没有比较优势。

在职场打拼的你，不断学习、充电、投资自己，实际上也是在变相增加做其他事情的机会成本，降低在琐碎小事上的比较优势，最终把价值不太高的事交给机会成本更低的人去做，然后在某一个点上集中爆发，成就职场的核心竞争力。

再比如工作中，张三和李四都能做产品和搞推销，并且张三在两方面都比李四厉害，那么在分配任务时，是不是都应该分配给张三呢？当然不能，因为根据比较优势理论，张三只能在一个方面存在比较优势，所以应让张三、李四各自执行具有比较优势的任务。

需要注意的是，比较优势也有局限性。因为它是建立在工作时间一定、生产率一定的情况下，如果这两个因素有变动，比较优势理论就不再适用。比如生产在工作量不饱和的情况下，就存在剩余时间，完全可以执行其他任务。此时，前面例子中的张三就可以胜任做产品和搞推销两项工作，而李四则可以被辞退。

所以正在起步阶段的创业公司，更需要啥都能干的"斜杠青年"，而一旦公司成长到一定规模之后，就应该向专业分工发展。

好的，今天我们学习了经济学中的重要概念"比较优势"，还结合了"绝对优势"的概念讨论了比较优势适用的情形。实际上，在国际贸易当中，比较优势理论始终占有十分重要的地位，往往成为帮助我们理解经济发展的重要理论。当然，比较优势理论不仅可以帮助我们理解国际贸易、经济发展、产业升级等，还可以在我们的微观层面，包括家庭、企业的决策中有很好的适用场景。

最后给大家留一道思考题：企业里很多管理者都喜欢事

必躬亲，比如说一件事来了，小心思一算，叫下属办理至少得一天，而自己做只需要半小时就可以搞定，索性就自己来做了。但凡这么想的管理者一定会把自己累个半死，然后团队管理得乱七八糟，绩效非常差。那么，这种情况下比较聪明的做法是什么呢？

# 为什么国际贸易大量发生在发达国家之间？

上一节课中，我们了解了国际贸易中的两个概念，绝对优势和比较优势。复习一下，绝对优势主要由现代经济学鼻祖亚当·斯密提出。他的主要观点是，分工可以极大地提高劳动生产率，每个人专门从事一种物品的生产，然后彼此进行交换，对每个人都有利。这个原理放到国家与国家的贸易中，毫无疑问，每个国家应该生产自己具有绝对优势的产品，然后拿本国生产的优势产品去和别国交换本国不具有生产优势的产品。

有一个问题，如果一个国家相对其他国家在产品生产上没有绝对优势怎么办？就不进行生产，不参与国际贸易了吗？大卫·李嘉图（David Ricardo）以机会成本为基础，提出了比较优势的概念。他主要认为：任何一个国家，不论它的经济力量是强是弱，产品生产方面是具有绝对优势还是不具有绝对优势，都能根据比较优势原则确定自己具有比较优势的产品，安排生产，进行贸易，使贸易双方都可以从国际贸易中获得比自身生产更多的产品。

按照李嘉图的比较优势原理，在国际贸易中，各国出口具有比较优势的产品，进口具有比较劣势的产品。因此，贸易应该在资源禀赋差异最大的国家间发生。比如说，发达国家出口工业品，而欠发达国家出口初级农产品。这也意味着，贸易应该发生在不同的行业间。

然而，自第二次世界大战以来，国际贸易中增长最快的部分却并没有发生在发达国家与欠发达国家之间，反而是发生在要素禀赋极为相似的先进工业化国家之间。差异比较大的发达国家和欠发达国家之间的贸易在国际贸易中的比重却不断降低。同时，大量的贸易并不是在不同的行业之间发生，而是发生在同一行业内部。一个国家可能既出口汽车又进口汽车。举例说，瑞典就是一个大量出口，同时又大量进口汽车的国家。这些事实都与李嘉图的传统贸易理论相悖，对传统的国际贸易理论构成了严峻的挑战。

为了解释这些现象，克鲁格曼、迪克西特、诺曼、赫尔普曼等经济学家不断尝试把新的理论应用到新古典贸易理论中来，逐渐形成了新国际贸易理论。新国际贸易理论的代表人物是美国经济学家保罗·克鲁格曼。

2008年10月13日，瑞典皇家科学院宣布将2008年度的诺贝尔经济学奖授予美国普林斯顿大学的保罗·克鲁格曼，以表彰其"在贸易模式和经济活动的区位方面的分析做出的贡献"。瑞典皇家科学院在公告中称："贸易模式和区位是经济讨论的两个主要问题。自由贸易和全球化有什么影响？世界范围内城市化背后的驱动力是什么？保罗·克鲁格曼构建了回答这些问题的新理论，并因此将国际贸易和经济地理这两个此前相对独立的研究领域结合在了一起。"

我与克鲁格曼先生曾经见过面。他的大名可谓是如雷贯耳，因为他不仅是一位经济学家，还是《纽约时报》的特约评论员，经常撰写精彩的财经时评，在媒体上有着巨大的影响力。多年前他访问上海时，我有幸和他一起吃饭，面对面交谈。

今天我们就来学习一下克鲁格曼的新国际贸易理论。

克鲁格曼用"规模经济"原理重新解释了国际贸易发生的原因。规模经济是指通过扩大生产规模而引起经济效益增加的现象。可以简单理解为，企业生产过程中，随着产量的增加，长期平均总成本不断下降、收益不断上升。规模经济又可以分为内部规模经济和外部规模经济。内部规模经济指企业本身扩大产量带来的额外报酬；外部规模经济则是因为行业规模扩大而给企业带来的额外报酬。无论是哪一种规模经济，企业都可以降低成本，从而取得价格上的优势。

外部规模经济是参与国际贸易的重要优势所在。企业有无贸易优势的原因不在于各国之间绝对的要素优势的差异，而在于它的发展规模。如果一国在某个行业上发展的规模较大，相应地会形成一个行业的规模优势，这有利于资源或生产要素的共享，从而能够在自身企业规模不变的条件下获得经济效益。企业的内部规模经济可以使企业自身产生竞争优势，而企业的外部规模经济则是借助行业优势产生的企业优势，最终这两种优势都会促使国际贸易的产生。

具体来说，在规模经济的前提假设下，企业倾向于扩大生产规模，对生产者来说，产品差别越少越容易生产，而消费者则恰恰相反，要求产品要具有多样性，也就是具有产品差异性。这个时候，国际贸易就可以解决生产者和消费者的矛盾：各国专业化大规模生产具有某一方面差异的同种产品并进行贸易，既利用了规模经济性获得比较优势，又满足了消费者对差异产品的需求。也就是说，国际贸易并不一定是技术或要素禀赋差异的结果，而可能仅仅是扩大市场和获取规模经济的一种途径。

国际贸易的意义就在于能够形成一个一体化的世界市场，

企业可以打破单一狭小的国内市场限制，在世界范围内扩大产品销售市场，从一体化的国际市场中获利，即获得规模收益。某国虽然在某一行业中具有比较优势，但在出口本行业某种规格的产品的同时，仍会进口一些其他规格的产品，在实现行业内的高度专业化的同时从别国进口其他差异性产品，以满足本国消费者的多样化需求。即使在各国的偏好、技术和要素禀赋都比较相近的情况下，也会产生差异产品之间的产业内贸易。

规模经济使各国不再独自生产某一行业内所有的产品，使国与国之间的贸易往来除了行业间贸易还有行业内贸易。为了获得价格优势，先进入的企业可以通过逐步扩大自己的生产规模，即生产大批量的同质产品来获得成本优势。我们都知道，垄断就意味着高额利润，企业在市场上竞争都想获胜，最终获得垄断地位，从而获得高额利润。而获得垄断地位的便捷途径是生产差异化的产品，也就是生产小批量的异质产品，或者说非标准产品。然而在一国市场范围内，既追求规模经济效应又追求差异产品是矛盾的，企业为了解决这一矛盾，开始开展国际贸易。因为国际贸易可以使大批量生产的产品销往不同国家的市场，最后这些产品在每个国家都会成为小批量且差异化的产品，满足消费者对产品多样性的需求。因此两国进行产业内贸易的结果，往往是出口方获得市场势力与规模经济利益的总和，进口方从消费差异产品中获得消费上的满足，进而提高福利水平。

举个例子，1965年以前，加拿大和美国的关税保护使加拿大成为一个汽车生产基本自给自足的国家，进口不多，出口也少得可怜。加拿大的汽车工业被美国汽车工业的几个大厂商所控制。这些厂商发现，在加拿大大量建立分散的生产体系比支付关税要划算。因此，加拿大的汽车工业实质上是美国汽车工业的缩小版，规模大约为美国的1/10。

但是，这些美国厂商在加拿大的子公司也发现小规模带来的种种不利。一部分原因是在加拿大的分厂比在美国的分厂规模小，但更重要的原因可能是美国的工厂更加"专一"——集中精力生产单一型号的汽车或配件，而加拿大的工厂则不得不生产各种各样不同的产品，以至于工厂不得不经常停产以实现从一个产品项目向另一个产品项目的转换，不得不保持较多的库存，不得不较少采用专业化的机器设备等，这导致加拿大汽车工业的劳动生产率比美国的要低大约30%。

为了消除这些问题，美国和加拿大政府通过努力在1964年建立了一个汽车自由贸易区。这一举措使汽车厂商得以重组生产：这些厂商在加拿大的各子公司大力削减其产品种类，但是加拿大的总体生产及就业水平并没改变。加拿大一方面从美国进口自己不再生产的汽车型号，另一方面向美国出口加拿大仍生产的型号。在自由贸易前的 1962 年，加拿大出口了价值 1600 万美元的汽车产品，进口了 5.19 亿美元的汽车产品；但是到 1968 年，这两个数字已分别成为 24 亿美元和 29 亿美元。也就是说，加拿大的进口和出口在建立自由贸易区之后均大幅度增长。

好的，今天我们简单学习了克鲁格曼教授的新国际贸易理论，把规模经济的因素引入到了国际贸易研究当中，从而可以解释为什么我们看到的大量贸易活动往往不是发生在发达国家和欠发达国家之间，而是在发达国家之间；不是在不同行业之间，而是在同一行业内部。规模经济效应可以很好地帮助我们解释这些现象。从今天所讲的内容，我们可以明白，不论是从传统的比较优势理论，还是从当前的新贸易理论的角度来说，开放和国际贸易是多赢的方案，那种闭关自守，或者降低开放度的做法，从长远来讲都会损害消费者的利益，也会损害国家经济的发展。

今天，经济学家发现大量的贸易活动发生在产业链条之上，由此创造了"全球生产链"的概念。这也是我们今天观察国际贸易发展和国际贸易格局发生变化要用到的一个非常重要的概念。"全球生产链"即把同一个行业在生产链上的不同区段，通过专业化分工在不同国家之间进行重新分配。很多国家参与国际贸易的方式其实就是由其企业在全球产业链中参与的程度和参与的区段所决定的。最后，我希望大家在生活中多留意"全球生产链"这个重要概念，相信你们一定会有所发现。

# 汇率：蒙代尔不可能三角

本节课我们来聊一聊国际贸易中有关汇率的问题。什么是汇率呢？简单地说，汇率就是两种货币相互贸易的价格。用教科书上的说法，汇率就是以本币计量的外币的价格。打个比方，生活中我们说橘子 6 元一斤，就是说买 1 斤橘子需要 6 元钱；而当我们说人民币对美元的汇率是 6.7 的时候，则是说买 1 美元需要花 6.7 元人民币，所以 6.7 就是以人民币衡量的 1 美元的价格。

美元作为一种国际货币，其价格的变化会对国际贸易产生直接的影响。那么，在实际的经济运行中，我们怎么对汇率及其相关的经济政策进行调控和取舍呢？今天我给大家介绍国际贸易理论中一个非常有意思的概念，这个概念叫作"蒙代尔不可能三角"。

蒙代尔不可能三角，也叫"三元悖论"，是由罗伯特·蒙代尔（Robert A. Mundell）和马库斯·弗莱明（John Marcus

Fleming）于二十世纪六十年代提出的，而美国经济学家保罗·克鲁格曼于 1999 年根据其原理画出了具体的图形。这是一个等边三角形，三角形的三个角分别是货币政策的独立性、固定汇率制和资金的国际自由流动，这就是"蒙代尔不可能三角"。要想深入理解这个三角形，首先我们需要认识一下这三个角有什么意义。

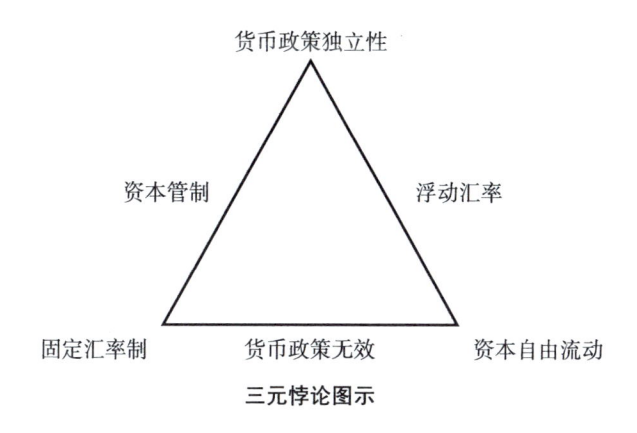

```
                货币政策独立性
                     △
                    / \
                   /   \
            资本管制    浮动汇率
                 /       \
                /         \
               /_____\
        固定汇率制  货币政策无效  资本自由流动
```

**三元悖论图示**

这三个角看似简单，其实背后有着丰富的含义。我们首先来说说货币政策的独立性。顾名思义，独立性一方面是说货币政策的制定不能受到财政政策的干扰，不能说财政有了赤字，就要向央行透支，要求央行去印钞票买单；另一方面则是说货币政策也要不受汇率政策的影响，被动地扩张或者收紧货币发行量。货币政策与汇率政策的协同安排，正是"蒙代尔不可能三角"研究的核心问题。

说完货币政策的独立性，我们来谈谈固定汇率。一国的汇率可以分为官方汇率和市场汇率两种，官方汇率是由国家管控的，市场汇率则是由市场供求决定的。固定汇率是说官方汇率是固定不变的，但是市场汇率依然会根据货币的供求状况发生变化。也正是因为官方汇率和市场汇率的差异会产生套利空间，容易被国际游资利用，导致金融动荡，所以央行必须采取手段维护固定汇率。在1997年的亚洲金融危机中，率先爆发危机的泰国就是因为泰国货币泰铢的汇率存在套利空间，被索罗斯等投机客狙击，而泰国政府没有当机立断地进行干预，导致泰国的外汇储备耗尽，被迫放弃固定汇率制，从而成为亚洲货币危机爆发的导火索。

最后我们来看资金的国际自由流动，乍一看，这个概念不是很简单吗？不就是钱在国家间自由地流进流出吗？其实，严谨地说，这里的自由流动是指国际贸易中资本项目下的自由流动。我们知道，国际贸易收支平衡表分为经常项目和资本与金融项目，但两个项目其实都会涉及资金的流动，它们有什么区别吗？其实很简单，经常项目下的资金流动是说报酬或者投资收益，以及无偿提供的金融资源转移，比如给你在国外留学的孩子寄的生活费，就属于经常项目下的资金流动；资本与金融项目下的资金流动则是说资产所有权的转移，比如你的专利卖给外国人，或者你在纽交所买卖苹果公司的股票等。说到买卖股票，大家可能更能感受到我国现行的资本管制，因为你个人不能去买亚马逊或者谷歌的股票，而外国投资者也不能轻易进入A股去买茅台或者平安的股票。

我们聊完这三个角的含义，再来讲"蒙代尔不可能三角"。它的基本含义是说在经济运行过程中，这三个角不可能同时满足，只能选取其中两个角，舍弃另一个角。

为什么一国政府不能同时占有这三个方面呢？理解了三个角的含义，我们就能很轻松地回答这个问题了。我们通过一种情形来解释。假设一国政府已经实行了固定汇率制度，并且保证资本的国际自由流动，那该国央行能够做到货币政策的独立性吗？答案是不能。当一国的国际贸易处于顺差时，大量外汇流入本国，而由于外汇不能在本国使用，必须兑换成本币，外汇市场会形成对本币的大量需求，给本币造成升值压力，导致官方汇率和市场汇率形成套利空间。此时资本是自由流动的，市场参与者可以自由买卖远期外汇、外汇期货等汇率产品进行套利，购买本币，抛售外汇，加剧汇率的波动。此时，为了维持固定汇率，央行会做一个"接盘侠"，被迫地购买外汇，抛出本币来应对市场需求，导致本国货币过度发行，货币政策被固定汇率的政策绑架，失去独立性。同样的道理，当一国的国际贸易处于逆差时，本币会有贬值压力，央行为了维持固定汇率，被迫地购买本币，抛出外币，从而导致外汇储备减少，本国货币供应量下降，货币政策同样会失去独立性。

我国 1994 年推行的汇率并轨制度改革便是一个很好的例子。"94 汇改"的核心是官方汇率和市场汇率并轨，以及实行有管理的浮动汇率制度和强制的银行结售汇制度。有管理的浮动汇率制度是什么呢？我们可以简单地认为政府允许汇率在一定区间内波动，但波动的幅度不能很大，因此外汇的价格相对比较稳定，跟固定汇率制的效应相似。由于我国一直实行资本管制，因此强制的银行结售汇制度使得中央银行必须对国际贸易产生的外汇进行兑付，而兑付外汇的方式就是"打开印钞机"，发行人民币。虽然这样的制度使得 1994 年我国的外汇储备增加了 304 亿美元，翻了一番，但是人民币超发也导致消费物价上涨 24.1%，零售物价上涨 21.7%。因此，在管控汇率和资本自由流动的条件下，中央银行便会失去控制货币供应量的主动权，也就是会失去货币政策独立性。

根据"蒙代尔不可能三角"，我们可以更加清晰地认识当下中国汇率政策的选择。在"94 汇改"之后，我们实行有管理的浮动汇率制度，选择了汇率稳定的一角；另一角，毫无疑问的是选择了货币政策的独立性，对于中国这样的大国来说，维持独立的货币政策，不被外汇政策所绑架是十分重要的。由"蒙代尔不可能三角"可知，三者不可兼得，因此，我们必须放弃资本自由流动，我国现行的资本管制也就在情理之中了。随着改革开放的不断推进和人民币国际化的需要，资本的自由流动是我国迈入经济强国行列的必经之路，而货币政策也是一国政府调控经济发展的重要手段，所以必须保持其独立性。因此，根据"蒙代尔不可能三角"，逐步实行浮动汇率制将是必然选项。

好了，总结一下。今天我给大家讲了"蒙代尔不可能三角"的概念、具体内容和相关案例。通过现实的例子我们可以发现，看似深奥晦涩的经济学理论，其实跟身边发生的故事都息息相关。在宏观经济领域中，我们经常讲到货币政策和资本自由流动，这些问题都可以用这个小小的三角形加以诠释，而且它与我们所关心的股票投资、物价指数，乃至经济政策的制定和运行都有着密切的关联。经济学也像是一门艺术创作，源于生活，更高于生活，唯愿我的课程，能为诸君搭起一座沟通经济理论与现实的桥梁。

# 棉花种植、奴隶制与美国内战

美国南北战争是人类历史上伤亡最惨重的内战之一,南北方伤亡总数高达 130 余万人,超过了包含一战、二战、朝鲜战争、越南战争等美国所有对外战争伤亡的总和。当时美国的总人口仅 3100 余万人,若按人口比例,相当于如今 3 亿人口的美国损兵折将近 1300 万人。这场战争的影响一直持续到了现代。比如,在内战之前,南方密西西比州在全美各州富裕榜上名列第五;战争期间,该州 60% 的白人青壮年阵亡,90% 的城镇和种植园化为焦土灰烬;战后,该州不但沦落为美国第一贫困州,而且这种贫困落后的状况一直持续到二十一世纪的今天。

在传统的教科书里,内战前,美国南方经济是建立在棉花种植产业上的。由于大量使用缺乏劳动积极性的黑奴,种植园经济的劳动生产率非常低下。而这场代价空前的内战解放了黑奴,使得美国北方高效率的现代工商业获得了足够的劳动力。所以，南北战争彻底摧毁了妨碍美国经济增长的制度因素，为美国的世界强权奠定了基础。

问题是，这种说法是事实吗？二十世纪七十年代初，芝加哥大学教授罗伯特·福格尔（Robert W. Fogel）调查和搜集了浩如烟海的南方种植园档案、家庭账本、商业记录等原始经济数据，运用现代计量经济学和数理统计方法，使用大型计算机分析数据，重新研究美国南方奴隶制。

福格尔发现，南北战争前夕，南方奴隶制并未行将就木，恰恰相反，奴隶制作为一种经济制度表现出前所未有的效率和强大，并出现持续巩固的趋势。南方种植园主的经营管理以及对奴隶和其他资产的定价能力，与北方任何一位资本家相比都毫不逊色。由于规模经济、有效管理以及对劳动与资本的密集使用，南方奴隶制农业比北方家庭农场的生产效率高出35%。福格尔的发现在当时引起了轰动，也获得了学术界的普遍认可。由于在计量史学和美国经济史领域做出的杰出贡献，他获得了1993年度的诺贝尔经济学奖。

数据显示，典型的黑奴并非传统观念认为的那样懒散、无能和低效。实际上，黑奴比自由的白人农业工人更加勤奋和高效。这是因为，南方种植园主也认识到，受到良好照顾、得到激励、心情愉快的奴隶往往具有更高的劳动生产率。根据福格尔教授的计量史学研究，平均而言，南方奴隶主对待自己的奴隶要比北方的工厂主对待自己的工人好得多。在南方黑奴日常饮食中，热量和蛋白质摄入量达到了相当高的水平。据统计，在1860年，黑奴年度人均肉类消费量高达179磅，同期意大利产业工人的年度人均肉类消费量仅为9磅。实际上，黑奴的营养水平甚至高于美国人在1864年的平均水平。除了饮食，奴隶往往享有终生的住房、教育和医疗保障，这些发现改变了大家通常对黑奴与南方种植园主关系的传统观念。

从经济学原理来思考，其实这一点也不难理解。如果你的车是自己家买的，那你就会更谨慎，不会粗暴驾驶，还会定期去保养，发现有毛病还会迅速去修理。但如果是租来的车，就没有积极性善待这辆车，即使发现车子有毛病，只要不影响当前的驾驶，就不会多管。所以买来的车的车况通常要比租来的车好一些。如果用买来的车类比奴隶，用租来的车类比工人，福格尔的结论就没有那么令人惊讶了。

除了良好的待遇和福利，奴隶主还灵活使用奖金、休假和年终奖等激励机制。比如，亚拉巴马州一位种植园主与他的奴隶达成的一个奖励和利润分享协议显示，奴隶将拥有这个种植园生产的 2/3 的玉米和棉花以及同样多的小麦作为奖励；奴隶主获得 1/3 的产出并承担奴隶房屋装修以及衣物的费用、农场的税费和医疗费。

可能有人纳闷，南方奴隶主为奴隶提供了如此良好的生活待遇和福利，还有"联产承包"奖励和利润分享协议，他们为何不顺应历史潮流，改弦更张，采取自由雇佣制经营种植园呢？如果采取北方的"血汗工资制"或"工资奴隶制"，那就是契约自由，冠冕堂皇，愿打愿挨，完全可以避免北方义愤填膺，干涉反对，最终导致南北分裂，兵戎相见。

美国乔治城大学教授佩特拉·瑞沃利（Pietra Rivoli）认为，当年美国南方如果依靠劳动市场自由雇用农业工人，种植园的棉花生产将难以为继。这是因为棉花的生长环境独特，气温高了不行，低了也不行；水多了不行，水少了也不行；经不起冰雹摧残，也受不了狂风呼啸和暴雨突袭；棉苗很容易被杂草侵害，有数十种害虫可以置棉花于死地，所以棉花的市场价格波动很大。棉花生产的劳动时间和艰苦程度均受天气制约，事先很难准确预料需要多少劳动力投入。

如果赶上春季多雨，棉田除草将高达六到七次，比正常年景多一倍。收获期则更难预料。棉花不能在雨天或潮湿天气采摘，棉絮需要三到四个晴日才能完全干燥。如果赶上多下了几天雨，农业工人可能会一个星期无所事事。一旦放晴，棉花晾晒干了，必须赶快采摘。否则柔软蓬松的棉絮会被风吹走或掉到地上，淋了雨的棉花则会出现污损，失去韧性，完全丧失商业价值。因此，如果没有黑奴，种植园主必须雇用大量的季节性农业工人才能迅速将棉花采收完毕。

显然，这种非常苛刻、不可预期、地区性和季节性都很强的劳动力弹性需求极度依赖于高效率的劳动市场，而当年的美国南方地广人稀，交通不便，信息流通和传播不佳，种植园和农场分散在各地，全年农业劳动需求极不均衡。即使存在某种劳动力市场，也没有良好的运作空间。由于田野辽阔，地价低廉，南方自由白人或黑人可以轻易拥有自家农场，种植园主若想凭借工薪吸引自由人成为价廉物美的季节性农业工人，堪称"难于上青天"。

换句话说，如果单纯依赖自由市场来满足劳动力需求，南方种植园主可能付出任何代价都无法及时采摘棉花或其他农作物。南方农业之所以采用奴隶制，原因不仅在于缺乏农业工人和工资成本很高，而且在于缺少自由雇工与种植园主进行有效交易、健全运作、便捷及时的劳动市场。换言之，假如市场机制逐步完善到可以在适当的时间、适当的地点提供适当数量的农业工人，奴隶劳动在南方就会慢慢变得无利可图，而奴隶制度就会走向灭亡。

当然，福格尔并不是在为南方的奴隶制度辩护。他的研究只是让我们重新思考，如果只是为了提升经济效率，打一场代价空前的内战是否值得？如果林肯总统穿越到现在，看到了福格尔的研究，也许会重新考虑是否打这场战争。如果他得知，南方种植园经济并不是美国国家实力提升的障碍，并且，总有一天，南方的劳动市场会成熟起来，以至于南方种植园主发现雇用一个短期劳动工人收棉桃要比包养一个奴隶一辈子更划算，奴隶制度终将在经济的力量下自行消失，那么，很多年轻人就不会死于战争，他自己也不会死于政敌的暗杀。而一个研究具有阻止战争，拯救几十万条生命的潜力，这就是经济学的魅力所在。

今天给大家分享一道思考问题：从理论上讲，只要劳动力市场上的工资超过了奴隶主从奴隶身上获得的净收益，奴隶制度就会瓦解。因为只要奴隶主给奴隶自由，让他进入劳动力市场，他从奴隶那里获得的工资补偿就有可能比直接使用奴隶更划算。这一点可以解释为什么绝大多数古罗马的奴隶最终都成了自由民。不过，美国修正史学派学者认为，与古罗马的奴隶制相比，美国南方的奴隶制在相当程度上其实只是文字表述的问题,称其为"家长统治长工制"或"奴隶劳工福利制度"可能更为妥帖准确。在现代社会,日本长期流行终身雇佣制度,中国的计划经济时代由于社会契约也实行了终身雇佣制度,西方经济学家称之为"在计划经济体制下个人拥有就业权,国家不能随意解雇工人"。改革开放以后,随着劳动力市场不断发展成熟,自由雇佣开始逐渐取代"铁饭碗",日本也发生了类似的变革,只不过它的终身雇佣制度变革得比较缓慢。通过本课的介绍,你觉得日本的终身雇佣制度会不会最终也走向消亡呢?促使它走向消亡的重要条件又是什么呢?

# 结语
# 让经济学帮你更好地决策

我们终于来到了最后的总结课。

通过我们前面的学习，你了解到了经济学大体上分为微观经济学和宏观经济学。

微观经济学的主要分析对象是微观个体的行为，比如个人、家庭、企业的行为。在分析微观个体的行为之前，经济学家先要假设一个微观个体行为的目标，并且假设他的行为是为了实现这个目标的最大化。比如说，对于个人和家庭，经济学家要求他们的行为是为了实现短期的收益最大化，或者长期的效用最大化这一目标。

所谓的效用也就是个人的主观满意程度。经济学里常常拿"饥饿的人吃包子"这个例子来解释边际效用递减规律。一个人感到非常饿，开始吃包子充饥，刚开始吃第一个包子，感觉很好，很满足，我们说他吃第一个包子的效用很高。接着吃第二个包子、第三个包子，也很开心，但是满足感、开心程度已经没有吃第一个包子那么强烈了，边际效用在减小。

当这个人吃饱了，吃不下去了的时候，边际效用就到了一个临界值，此时如果让他再多吃一个包子，他很可能会不舒服，也就是产生了负的边际效用。

我们学过的信号理论中，劳动者为了在劳动力市场上获得尽可能高的工资，会参加各种等级考试考各种证书，展示文凭，向潜在雇主发送信号表达自己是高能力者。

而在对企业的分析中，经济学家往往假设企业的目标是实现利润最大化。在信号理论中，厂家需要用商标来向消费者发送信号，把自己的商品和市场上其他厂家的商品区别开来，更好地卖出自己的产品，以实现利润最大化。效率工资一讲中，老板在雇用员工的时候，好像短期付出了更高的工资、压缩了利润空间；但是长期看，员工会因为较高的薪资而更珍惜这份工作，一方面员工更卖力地工作以防被解雇，提高了劳动生产率，另一方面，由于员工珍惜这份工作，保持工作的稳定，老板也节省了由于员工频繁跳槽所需要花费的招聘费用和新员工培训费用，从最终结果来看，给员工高工资后，企业的利润反而更多了。

针对个人效用最大化和企业利润最大化的前提假设，往往招致一些批评意见，说这些假设不符合现实。针对企业利润最大化假设，批评意见认为，有的企业可能是以客户关系为重中之重，或者以公司股票价格最大化为目标。

而个人效用最大化的假设，更是有很多反对的案例。比方说，生活中我们常常会看到很多人不懂得最大化一生的效用水平，而是"今朝有酒今朝醉"，图一时的快活。在犯罪经济学中介绍过，对于年轻人的犯罪倾向，由于年轻人冲动、考虑问题不周全等因素，他们往往考虑不到犯罪后重刑重罪的惩罚，相比较于犯罪后重刑重罪的惩罚，政府更应该事前派驻更多警力以威慑年轻人无法实施犯罪行为，这种配置手段可能更有利于提高全社会的安全福利。

其实这些效用最大化、利润最大化的假设中隐藏着一个前提条件，就是理性人假设。这个理性人假设，要求个体在行动之前做出恰当的预判，进行得与失的计算，然后再做出对自己最有利的行动。那么，如何才能做出恰当的预判呢？套用《孙子兵法》里的"知己知彼，百战不殆"来解释，就是尽可能地去获取更多的相关信息，才能做出恰当的预判。

微观经济学里的效用最大化和利润最大化假设，就像是初中物理课本里面假设的没有摩擦、光滑的平面，或者没有空气阻力的自由落体运动一样，这些假设可以帮助我们将问题高度简化，充分认识到在假设情况下会发生什么。虽然假设的理想情况远离现实世界，但是一旦我们走进现实，头脑中所留下的标准模式，可以帮助我们对照现实的现象，发现有待改进的地方，这也是做出假设的另一个好处。

经济学有一个分支，叫作行为经济学。行为经济学拓展了经济学的边界，修正了经济学关于人的理性、自利、完全信息、效用最大化及偏好一致等基本假设的不足，主要研究人们在有限理性下的行为。比如在有限理性中学到的，人们并非总是去寻求诸如利润最大化、效用最大化的最优解，相反，人们选择一个满意解、次优解就够了。

总结完微观经济学的大致逻辑，我们来看看宏观经济学的思路。

在宏观经济学分析中，更多介绍的是经济增长和经济波动的一些内容。宏观经济增长，或者说 GDP 的增长，是非常重要的现象。增长可以让我们摆脱贫困，增加我们的收入，改进我们的福利。改革开放四十年来，中国经济的增长让全球减少了 7 亿多的贫困人口，对世界做出了巨大贡献。增长往往是从总供给和生产的角度来讨论，那么是什么因素使得经济不断发展呢？增长模型中介绍了，技术进步才是长期经济增长的核心发动机。

除了长期的经济发展，经济在短期往往会有忽高忽低的波动，而短期波动又是从总需求的角度讨论。在经济周期中，我们学习了9—10年设备更新换代的朱格拉周期，2—4年厂商库存调整的基钦周期，20年左右以建筑业的兴旺和衰落这一周期性波动现象为标志的库兹涅茨周期，还有按每50—60年出现一次集体的科技创新浪潮为分割的康波周期。

当然不能忘记很多国家都有的政治周期——由于领导人的更替所造成的政策上周期性的调整。我们在课程中特别谈到了中国的政治周期，主要表现形式是，中央订立一个目标计划，比方说五年计划，传导到地方政府，然后地方政府为了表现自己，会超额完成计划，从而导致经济过热。中央政府看到经济过热，则会采用收缩信贷、停止批复基建项目等一系列宏观调控政策以压制总需求，而一年多之后，经济萧条了，中央政府又重新强调保增长，宽松信贷，增加政府开支，最后又把总需求推高，经济回到繁荣的上升轨道。这种周期带有很强烈的政治色彩。

对于我们每个微观个体来说，学习宏观经济学可以帮助我们更好地理解决策层推出的各项宏观经济政策，这也有助于政策的顺利推进，甚至你还可以提出更好的政策建议。当然你也可以通过更深入地理解政府目标政府行为，预期可能出台的经济政策，进行提前布局，从而获得高额收益。

我们的课程一直围绕着诺贝尔经济学奖得主以及他们在

领域中的贡献和开创性的思想展开。你可能会发现，很多诺奖得主都在统计数据方面有很深的造诣，比如罗伯特·索洛、西蒙·库兹涅茨、弗兰克·莫迪里阿尼等。大量的经济理论需要现实中的数据去支撑，要么证明，要么证伪。

所以，除了微观经济学和宏观经济学之外，我们现代经济学的第三大基础就是计量经济学（Econometrics）。计量经济学是以一定的经济理论和统计资料为基础，运用数学、统计学方法与电脑技术，以建立经济计量模型为主要手段，定量分析研究具有随机性特性的经济变量关系的一门经济学学科。在过去的三十年中，计量经济学获得了突飞猛进的发展。当你面对一大堆看似杂乱无章的经济数据时，计量经济学可以帮你有条不紊地进行经济数据分析。计量经济学是一门方法论学科，有点像统计学。如果用现在时髦的语言来说，计量经济学跟人工智能、大数据机器学习中的内容，关联度非常高。

好了，本节课我们就总结到这里，希望你在学完这一系列课程后，对经济学的兴趣会更浓，而且能够使用经济学思维来考虑、解答生活中遇到的有趣的问题。在过去的日子里，我们进行了很畅快的交流；在今后的学习生活中，我也希望和广大读者有更深入的交流机会。谢谢大家！

# 张军下午茶

# 马丁·沃尔夫：美国并不过分依赖中国市场

我想跟大家分享一场讲座，主讲人是英国《金融时报》的著名财经评论员，叫马丁·沃尔夫（Martin Wolf）。他因为要到北京参加即将举行的中国发展高层论坛，顺道先到了上海。我跟他其实是多年的朋友，多次在一些国际的场合同台演讲。

他在整个西方世界是非常有名的，其中一个原因就是他的口才特别好，语速特别快，讨论问题也比较尖锐。更重要的一个原因就是他在英国的 *Finacial Times*（《金融时报》）上面定期写专栏，写评论。我们国内的读者会在中文版的英国《金融时报》上看到他的文章，有的时候也会在比如说《参考消息》或者其他的中文财经媒体上看到他的名字。

那天他在复旦大学所做的报告讨论了关于中国在当下应该如何跟欧美的发达国家，特别是美国和欧盟等处理好关系，处理好中国的经济崛起跟它们之间可能产生的潜在冲突。

他讲了差不多一小时，我觉得还是蛮有意思的。他用大量的数据来说明，中国的经济崛起是一个历史性的事件。我记得当年，哈佛大学的前校长，也担任过克林顿总统时期美国财长的劳伦斯·萨默斯曾经说过，二十一世纪其他事情都不重要，只有一件事情是重要的，那就是中国经济的崛起。马丁·沃尔夫在讲座当中，用大量的数据来说明，中国经济的崛起是史无前例的，而且因为它的规模特别大，所以中国崛起对整个全球经济的影响，可以说超过了之前美国超越英国成为世界第一，以及其在全球发挥的重要影响。

在他看来，中国的崛起必然要跟现有的经济霸主，比如说美国，产生摩擦、冲突。

马丁在讲座当中提出，中国跟美国可能要保持长期的博弈或者摩擦状态。当然，应对摩擦需要智慧。但同时，他认为中国对美国提出的要求，也不能一味地满足，因为那样会伤及欧盟以及其他像澳大利亚、日本等这样的发达经济体。所以他认为中国要更有策略地应对中美之间发生的贸易战，要从全球的角度来考虑应对美国贸易战的政策和策略，而不是简单地答应美国提出的各种要求。

他认为中国在某些方面的让步是必要的。但是每一个让步，都要考虑对美国以外的其他发达经济体可能产生的影响。

他在讲座当中使用了一个概念，他说中国应对美国的所有策略、政策，包括适当的必要的让步，都要想到如何来"划分"中国所谓的敌人，要分裂这些敌人。有一些国家要跟中国更多地做生意，它们更依赖中国的市场，而有一些国家可能更依赖美国的市场，在这种情况下，就要讲求应对战略的长远性。

他还展示了一张图表，显示到目前为止全球的主要经济体当中，哪些国家更依赖中国市场，哪些国家更依赖美国市场。美国在这个数据当中大概处于中位的水平，也就是说它并不过度依赖中国的市场；相反，其他国家，比如说像澳大利亚、韩国，其实更多地依赖中国的市场。所以中国在应对跟美国的贸易战的时候，要充分考虑到世界上还有大量依赖于中国市场的国家。

中国要更多地考虑这些国家在中美贸易战的过程当中的立场和选择。

如果大家有兴趣，可以在网上阅读马丁·沃尔夫的文章，有相当多都是关于全球经济与中国经济的。

我觉得马丁·沃尔夫虽然不是一个职业的经济学家，但是他的视野、他的眼光、他的深度，是非常值得我们关注的。

# 匈牙利经济学家为何能深刻影响中国？

大家都知道，布达佩斯过去是一个很重要的城市，特别是奥匈帝国时期。我们在电影上也看到过一些布达佩斯的镜头。我们最了解的当然是茜茜公主，茜茜公主其实就是伊丽莎白皇后，她长期生活在布达佩斯的皇宫里面。我有次出差住在皇宫边上的一个酒店里，所以也有机会到皇宫周边去散步。

当然我最感兴趣的还是匈牙利这个伟大的民族。我的匈牙利朋友告诉我说，其实匈牙利有很多重要的发明，对人类、对整个世界做出了巨大的贡献。我当时就问他能否举个例子，他说例子很多，比如匈牙利人发明了火柴，就是自来火。看起来火柴并不是什么重要的发明，现在大家基本上也不用了，但是在我小的时候，火柴对我们的生活很重要，我们还要花一两分钱去买火柴。还有一些发明离大家就不是那么遥远了，是比较近代的事情。他告诉我说，匈牙利人发明了**魔方**——**魔方**大约在二十年前就非常流行了，在全世界都能看到有人手上拿着魔方。

我后来和他说,其实过去在上海有一位匈牙利建筑师,为上海的城市建设立下了汗马功劳,这个建筑师就是匈牙利人邬达克。邬达克是个军人,他在第一次世界大战的时候参加了战争,后来做了战俘,他想方设法逃离了战俘营,历经千辛万苦来到中国。当时通往上海的交通并不是很方便,据说他穿越了西伯利亚。大家可以想象一下,从西伯利亚辗转到中国的上海是多么艰辛。最终他在上海的一个美国建筑事务所找了工作,从此一发不可收拾,为上海设计了很多的建筑。据说现在在上海保留完好的邬达克设计的建筑有三四十幢,最著名的就是南京西路的国际饭店,叫 Park Hotel,还有旁边的大光明电影院,也是邬达克的作品。

邬达克的作品实在是太多了,还有一片比较集中地展现邬达克风格的建筑群,在今天的圆明园路外滩源,里面有很多邬达克设计的建筑。邬达克在上海留下了一些非常漂亮的建筑,成为今天上海重要的文化遗产,对此匈牙利人也感到无比荣耀,非常开心。现在上海恢复了邬达克的旧居,如果大家想了解邬达克的生平及他在上海的工作情况,可以去邬达克的纪念馆,据说是在新华路附近,我还没有去过。

其实,匈牙利民族也出了很多的数学家,早期研究博弈论（Game Theory）的创始学者当中主要就是匈牙利人约翰·冯·诺依曼（John von Neumann），所以匈牙利人的数学水准也非常高超，具有优良的数学天赋，跟中国人、印度人是一样的。我还知道匈牙利有很多文学艺术领域的杰出人才，为世界艺术事业做出了巨大的贡献，比如说音乐家李斯特就是匈牙利人。我在布达佩斯国家美术馆看到了李斯特的一尊半身像，匈牙利也有李斯特音乐学院，足以见得李斯特在匈牙利人民心中的地位。总而言之，匈牙利具有非常灿烂的文化，是一个伟大的民族。

除了文艺、建筑之外，在我念大学的时候，我就知道一位著名的匈牙利经济学家，这位经济学家的名字叫 János Kornai，中文叫科尔奈，科尔奈仍健在。之前我到布达佩斯，去过一所大学，考文纽斯大学，过去叫卡尔·马克思大学，在大学的主楼里面有一间科尔奈的办公室。后来我问学校的负责人为什么科尔奈在这里有一间办公室，他们告诉我，科尔奈从哈佛大学经济系退休后，就回到了布达佩斯，因为他是匈牙利人，过去又是在卡尔·马克思大学读书的，所以他又回到了这个大学。当然他并不是每天在这里上班，因为他年纪已经很大了，只是偶尔来坐班。

科尔奈在1985年出席了我们著名的"巴山轮会议"，会议的主题就是讨论中国的改革模式和宏观经济的管理。这个会议可以说是改革开放之后我们举行的第一个关于宏观经济管理的高级别的国际会议。除了科尔奈，出席会议的外方学者还包括了诺贝尔经济学奖获得者托宾（James Tobin）、英国经济学家凯恩克劳斯（Alex Cairncross）、布鲁斯（Wlodzimierz Brus）、美国经济学家琼斯（Leroy Jones）和日本学者小林实等。中方经济学家有薛暮桥、安志文、马洪、刘国光、高尚全、吴敬琏等，有一些当时比较年轻的学者如楼继伟、郭树清等也参加了这次会议。

科尔奈在这个会议上发表了关于从计划经济向市场经济转型的不同道路、不同模式的比较研究，据说对我们国家在二十世纪八十年代制定经济转型的策略产生了很大的影响。当然，我认为科尔奈对我们这一代中国经济学家最深刻的影响，还是来源于他对匈牙利的计划经济所做的研究。他在20多岁的时候就写了一本书（这本书也是他的博士论文，后来出版了英文版）研究匈牙利的纺织产业，书名叫《经济管理中的过度集中》。在这本书中，他以匈牙利的纺织业为例，来研究匈牙利的计划体制当中中央过度集权的弊端。我在经济学院的二手书店里发现了这本书，把它买了回来。

科尔奈在二十世纪七十年代末，写了一本大部头的著作，也是基于匈牙利的计划经济发展总结出的一些经验或者教训,这本书的书名很有意思,叫《短缺经济学》,因为他认为,或者说他观察到,匈牙利的计划经济所产生的一个最严重的问题就是产能不足,出现严重的、全面的短缺——无论是消费品、资本品还是中间品都出现短缺。《短缺经济学》这本书就是研究短缺是怎么出现的,把计划经济体制下的微观主体之间的关系,也就是国有企业跟政府之间的关系做了一个非常清晰的分析,还建立了一个完整的分析框架,提出了一些著名的概念,比如"预算软约束"这个概念就是他提出的。另外,在这本书中,科尔奈还提出了"投资饥渴""父爱主义"等概念,用来描述在计划经济下政府跟国有企业之间的关系。由于国有企业面临预算软约束,政府对国有企业有一种父爱主义的关联,这就导致国有企业总是具有一种投资的饥渴,永远不能满足它的投资欲望,所以经济就出现高积累、低消费的特点。在我念大学的时候,由于同学们普遍家境不太宽裕,这本书被偷偷地复印过,在我们这些学生中广为流传,影响深远。我印象中很多年青一代的经济学家都因为受到这本书的影响,开始更实证地研究中国二十世纪八十年代,包括之前计划经济时期的微观经济行为。在当代中国经济学家的心目当中,科尔奈可以说是一位很伟大的学者。我个人也有幸于二十年前在哈佛大学访问的时候，拜访过科尔奈，后来《短期经济学》中文版出版十周年之际，他又受我的邀请，到复旦大学发表了演讲。

不过因为科尔奈是匈牙利人，他英语口语的匈牙利口音很重，在我的印象中他的演讲很多人都听不太懂，但是他和他夫人都非常友善、慈祥，当时他们夫妇在上海受到了热烈的欢迎，我相信他们也感受到了中国经济的很多变化，中国之行给他们留下了很好的印象。最近十年我没有再见过科尔奈，不过他在美国出版了一本自传，后来也被上海人民出版社翻译成中文出版，书名叫《思想的力量》。我一口气读完了他的这本自传，书中对科尔奈在匈牙利读书、工作，后来如何到西方去，最后如何到美国哈佛大学任教的整个过程有一个非常有趣的交代。对于为什么他早期是研究马克思经济学的，后来却可以在西方发表论文，取得在哈佛大学任教的资格等问题，这本书也给我们提供了答案。

总而言之，我觉得匈牙利人民非常具有创造力，他们对世界的科学、艺术等方方面面都做出了巨大的贡献。布达佩斯也是一座历史文化名城，多瑙河两岸的景色也非常优美，国家博物馆、国家艺术馆这些古建筑都值得大家去看一看。

今天就给大家做这样一个分享，也算跟大家一起喝了一次下午茶。谢谢大家！

# 后 记

　　这本书的原型是我2019年3月应邀在喜马拉雅开设的音频公开课。这个课程最早的设想是为了系列介绍诺贝尔经济学奖获得者的贡献，同时我也是按这个思路来准备的，但是经过多次与喜马拉雅制作方的协商，最终做了方向性的调整，把课程名称确定为"复旦张军的经济学思维课"，并且仅把诺贝尔经济学奖获得者的相关重要理论和思想巧妙地嵌入了课程中。

　　每次的上线课程并不长，大约10分钟，但我要为每次课程做不少准备，尤其是要确定每次课的主题和重点，尽量能把经济学的不同思维方式与经济学原理的趣味性结合起来，这并不总是容易做到的。而且每次录制方式也不是那么固定，很大程度上取决于我在什么地方以及当时周围的环境怎么样。更多的情况是，我在出差下榻的酒店或在办公室拿出随身携带好的耳机直接在手机上录音，然后发给制作方。一开始感到非常不适应，觉得周围环境不稳定，心也静不下来，但慢慢自己也就接受了这个方式，甚至有间断地录音一节课也能

## 后　记

接受了。就这样，用了半年的时间录制完成了整个课程。课程有 45 节，除了开场和结语，主要内容分成了职场、家庭、投资、商业、财务、宏观经济、政治及国际贸易等 8 个方面。

2019 年 3 月 6 日这个课程正式上线，为此喜马拉雅安排了一场推介分享活动，邀请了我的好友吴晓波从杭州赶来捧场。我和晓波在主持人的引领下就什么是经济学的思维方式以及经济学家如何看待观察到的现象做了各自的分享，我们还就中国经济热点问题进行了讨论。据说活动在线上吸引了极其众多的听众参与。而且为了这个课的推出，我经济学界的老朋友林毅夫教授、陈志武教授还专门写了推荐语。课程也得到财经媒体红人吴晓波、秦朔和马红漫三位好友的大力推荐。对各位好友的捧场和推荐，在此我表示由衷感谢。

推出一门音频课的工作量当然远远超越了我个人付出的范围。实际上我的这门课在准备过程中已经形成了一个团队。除了与喜马拉雅商业财经制作团队在内容、形式和后期等方面的频繁沟通，我自己的几位学生张延人、刘晓罡、文倩玉、崔海涛、张慧慧、李涛、杨洋和黄一宸等也参与了进来，他们为我的每次课要讲的内容准备基本的素材和写出初稿供我参考。最难能可贵的是，当课程需要对某个经济学家早期的经典文献进行介绍时，他们还要去把这些经济学家早期的重要论文找出来阅读，工作量不小。对此我深表歉意和谢意。

我要感谢喜马拉雅商业财经制作部的总监陆伟飞先生、内容主编罗淑锦女士的鼎力推荐和倾心投入，没有他们俩，这门课不可能做出来，我要感谢他们。我的学生文倩玉作为课程内容的制作人做了全身心的付出，房靖颖和吴曦后期接手这一制作工作，其耐心和敬业给我留下深刻印象，一并谢谢他们。

东方出版社的李烨女士为编辑本书付出了辛劳并为本书的装帧设计煞费苦心。我与她合作了多本书，也多次被她的职业精神和执着的个性所打动和感染。感谢她和她的团队为本书出版所做的努力。

最后，我当然也要感谢我的家人，特别是我的太太，在我繁忙工作的背后为我默默地付出。这些年我工作的热情不仅仅来自做了自己喜欢的事情，也来自我拥有的幸福的家庭——我的儿子、儿媳和两个可爱的宝宝乔者与乔玮。

张 军

2020 年 1 月谨记